Philipp Krohn

Ökoliberal

Naturwissenschaften haben keine Parteifarbe, Symbolpolitik ändert die Märkte nicht, Handlungsfreiheit auf einem toten Planeten ist nicht viel wert. Philipp Krohn zeigt, warum es so viel Sinn macht, Denkschablonen zu hinterfragen und dabei Gemeinsamkeiten für die Gestaltung unserer gemeinsamen Zukunft zu entdecken: Danke!
Maja Göpel, Politökonomin, Expertin für Nachhaltigkeitspolitik und Transformationsforschung

Was für ein wichtiges Buch für die ökologische Transformation! Philipp Krohn denkt Freiheit und Verzicht, Liberalismus und Maßnahmen fürs Klima, Kapitalismus und ökologische Lebensweise zusammen, also Konzepte, die meistens ideologisch in jeweils anderen Welten verortet werden – eine Spaltung, die bisher wesentlich dazu beiträgt, den Klimaschutz zu verhindern.
Hedwig Richter, Professorin für Neuere und Neueste Geschichte, Universität der Bundeswehr München

‚Ökoliberal‘ ist ein schönes Plädoyer für die Marktwirtschaft – und für den Klimaschutz. Krohn legt theoretisch sehr fundiert dar, warum dies keine Gegensätze sind und verstaubte politische Lager-Schubladen endlich entrümpelt werden sollten. Lesetipp!
Johannes Vogel, MdB, Stellvertretender Bundesvorsitzender der FDP, Erster Parlamentarischer Geschäftsführer der Fraktion der Freien Demokraten

Degrowth oder Green Growth. Das ist der bisweilen ermüdende Gegensatz, der in der Klimadebatte immer wieder polarisierend ins Schaufenster gestellt wird. Dabei sind die Zwischenräume durch viele Ökonomen und Akteure doch ganz hervorragend herausgearbeitet. Philipp Krohn hat genau dort hingeschaut und mit viel Sachverstand aufgezeigt, was ins Zentrum der Debatte rücken muss, wenn wir erfolgreich sein wollen. Unbedingte Leseempfehlung!
Andreas Kuhlmann, Vorsitzender der Geschäftsführung der Deutschen Energie-Agentur GmbH

Viele überzeugende Gründe dafür, Liberalismus als politische Praxis zu verstehen, die bei der Lösung der Klimakrise hilft, und diese nicht behindert.
Christoph Möllers, Professor für Öffentliches Recht und Rechtsphilosophie, Humboldt-Universität zu Berlin

Inhalt

Vorwort

2002 erschien in der Wissenschaftszeitschrift Nature ein Artikel unter der Überschrift „The Geology of Mankind". Der Autor: Paul Crutzen, Direktor des Max-Planck-Instituts für Chemie in Mainz. Die zentrale Aussage dieses Aufsatzes, der zu einem der meist zitierten wissenschaftlichen Beiträge geworden ist: Der Mensch ist immer tiefer in die Natur und das Leben eingedrungen, hat mit diesen Kenntnissen das letzte Naturzeitalter, das Holozän, als Auslaufmodell identifiziert, hat das erste Menschenzeitalter, das Anthropozän, eingeläutet. Der Mensch wurde zu einer „quasi geologischen Kraft". „Nature is over", so wurde und wird in zahlreichen wissenschaftlichen Untersuchungen herausgestellt und zur alltäglichen Erkenntnis.

In diese Epochenwende hinein und dadurch entscheidend beeinflusst, hat eine Reihe von Zeitenwenden den Umbruch erzwungen. Die Corona-Pandemie gehört ebenso dazu wie der Klimawandel, auch die massiven Flüchtlingsströme als Konsequenz von wachsenden Wohlstandsunterschieden zwischen den Nationen und innerhalb der Gesellschaft.

Crutzen folgert in seinem Aufsatz: „A daunting task lies ahead of scientists and engineers to guide the society through the area of the Anthropocene. That will require appropriate human behaviour!" Ein angemessenes menschliches Verhalten ist für Paul Crutzen erforderlich, um diese Zeitenwende zum Anthropozän von Wissenschaftlern und Ingenieuren zu gestalten, vor denen eine gewaltige Aufgabe liege. Wie und durch wen das „appropriate human behavior" entwickelt und durchgesetzt wird, lässt Crutzen offen.

Seine zentrale Herausforderung verbindet sich mit der Feststellung, dass Wissenschaft in der Bemühung zur Falsifizierung bisheriger wissenschaftlicher Erkenntnisse besteht. Die Verpflichtung zu falsifizieren resultiert aus der Erkenntnis, dass jede menschliche Entschlüsselung von Natur und Leben bei unvollkommener Information getroffen wird. Daher ist stets eine Wahrscheinlichkeit zu vermuten, dass bisheriges Wissen und die darauf aufgebauten Entscheidungen fehlerhaft sein könnten.

Die Offenheit, Wissen zu revidieren oder zumindest weiterzuentwickeln, ist daher verpflichtend – die Forschung nach Verifizierung trägt die gefährliche Tendenz in sich zu ideologisieren. Dies verpflichtet, Entscheidungen so zu entwickeln und umzusetzen, dass sie offen und zwingend auf Veränderungen ausgerichtet sein müssen für Revision, fehlerfreundlich sind und auf die Dynamik der Veränderungen in einer Welt mit über acht Milliarden Menschen zwingend geeignet sein müssen.

Der Leser mag diese Anmerkungen zum kritischen Rationalismus in diesen Zeitenwenden überraschend finden. Sie hat für die Gestaltung der Zukunft jedoch eine zentrale Bedeutung. Von entscheidender Bedeutung bleibt festzustellen, dass „Nachhaltigkeit" nicht ein allein „grünes" Konzept ist, der Verpflichtung also gerecht werden muss, die bisher in die Wohlstandsrechnung der Menschheit nicht eingepreisten Abschreibungen und Reinvestitionen in das Naturkapital erhält.

„Nachhaltigkeit" verpflichtet zur Optimierung von drei herausfordernden Zielsetzungen: der ökonomischen Stabilität, der sozialen Gerechtigkeit und der ökologischen Zukunftsfähigkeit. Es ist daran zu erinnern, dass die marktwirtschaftliche Ordnung zunächst allein aus der ökonomischen Leistungsfähigkeit heraus gedacht wurde. Die Einbindung des Sozialkapitals, die Kosten, die den arbeitenden Menschen aufgebürdet wurden, ist durch Gewerkschaften in oft dramatischen Kämpfen um Arbeitszeit und Löhne, um Arbeitsbedingungen und Mitbestimmung erkämpft worden.

Ordnungsrechtliche Verpflichtungen begründeten die Soziale Marktwirtschaft.

Die christliche Soziallehre wurde zur wissenschaftlichen Absicherung. Sie war sich stets bewusst, dass die soziale Komponente des Marktes nie abschließend fixiert werden darf, dass sie vielmehr offen sein muss für die Anpassung an Veränderungen und Umbrüche mitgestalten muss – dass sie einen entscheidenden Beitrag dazu liefert, das von Paul Crutzen geforderte „appropiate human behavior" immer wieder auf den Prüfstand und damit zur Weiterentwicklung qualifizieren muss. Dies wird bestätigt durch den parallel zu den Zeitenwenden weltweit höchst aktuellen Kampf um soziale Gerechtigkeit mit Streiks, Protesten bis hin zu den Gelbwesten in Frankreich. Dieser Kampf bleibt in unterschiedlicher Ausprägung weltweite Realität.

Das Bewusstsein dafür, dass „Nachhaltigkeit" erst relativ spät als Herausforderung für ökologische Gestaltung und soziale Stabilität erkannt wurde, wird durch die aktuellen Zeitenwenden unterstrichen. Immer wieder schafft sich Natur in brutaler Direktheit die herausfordernden gesellschaftspolitischen Ausrufezeichen. Die Dynamik der Erdplattenverschiebungen lässt den „Wohlstand des Menschen" unter den Trümmern der Erdbeben verschwinden. Dramatische Überschwemmungen schaffen sich in immer kürzerer Folge durch „Jahrhunderthochwasser" einerseits, die Begradigung von Flüssen und die Ausräumung von Landschaft andererseits gebieterisch Gehör.

Jede Naturkatastrophe ist Beleg dafür, dass der Mensch seinen „materiellen Wohlstand" durch die Ausklammerung dieser Naturleistungen hoch subventioniert „genießt". Die Externalisierung von Kosten wird zur Hypothek, die von den kommenden Generationen oder von den Menschen, die von diesen Subventionen keinerlei Vorteile haben, zu tragen sein wird.

Die Verringerung dieser externalisierten Kosten stand am Anfang dessen, was als „Umweltpolitik" zunehmend an verpflichtenden Handlungsauftrag in Anspruch nahm. Herausfordernde Aufgabe der Politik wurde es, Grenzen für diese Abwälzung von Kosten durchzusetzen. Dies geschah vornehmlich durch ordnungspolitische Rahmensetzung und konkretisierte sich technologisch von der besseren Verteilung der Schadstoffe in der „High Chimney Policy". Sie entwickelte sich weiter über die „end of the pipe strategy".

Die Strategiediskussion darüber, wie dieser Subventionsabbau ökologischer Kosten bestmöglich erreicht werden konnte, war innerhalb dieses ordnungspolitischen Rahmens dem Markt mehr oder weniger überlassen. Der entscheidende Weg zum Abbau der ökologischen Kosten wurde dadurch an Forschung und Entwicklung delegiert. Die Transformation von „Invention" zu „Innovation" wurde durch diese Marktkräfte vorangetrieben. Für diesen Prozess ist angesichts der tiefgreifenden Eingriffe in Natur und Leben durch Forschung und Entwicklung Verantwortung zu übernehmen, das macht Freiheit zu einer entscheidenden Bedingung. Dafür, dass auch neun oder zehn Milliarden Menschen auf dieser Erde Zukunftsverantwortung tragen und subventionierten Egoismus abbauen.

Offenheit ist für Veränderungen erforderlich. Der kritische Rationalismus findet in einer offenen Gesellschaft mit der Bereitschaft zur zukunftsfähigen Entwicklung der bisher als gültig angesehenen wissenschaftlichen Grundlagen seine Entsprechung.

Die Anfang 2023 erschienene Titelgeschichte des Spiegel (1/2023) stand unter der Überschrift: „Hatte Marx doch recht?". Es ist zu empfehlen, dass dieser Artikel parallel zum

Buch von Philipp Krohn gelesen wird. Freiheit bedarf der Grenzen dort, wo die Freiheit anderer jetzt oder in Zukunft belastet wird. Das Verhältnis zwischen Markt und Staat ist erneut auszutarieren. Dabei gilt mehr denn je die Feststellung, die Emil Heinrich du Bois-Reymond bereits 1872 zu einer umstrittenen Feststellung brachte: „ignoramus et ignorabimus". Wir wissen es nicht und werden es niemals wissen.

Diesem Buch von Philipp Krohn sind viele diskussionsfreudige, sogar Streit nicht scheuende Leser zu wünschen. Dafür ist es keineswegs erforderlich, dieses Buch wie einen Gesetzestext zu lesen, ganz im Gegenteil. Dieses Buch sollte sein Ziel darin sehen, die zunehmende Verwirrung zwischen Fakten und Fake zu sortieren in einer Zeit, in der Freiheit als Verpflichtung zum Mitdenken und zur Bereitschaft zu Veränderungen in Verantwortung ihre Bestätigung finden muss.

Prof. Dr. Dr. h. c. mult. Klaus Töpfer, Februar 2023

Einführung

Noch ein Buch übers Klima? Buchhandlungen sind voll davon. Und von jemandem, der kein Experte ist? Ja, das stimmt. Seit einem Vierteljahrhundert nehme ich am Klimadiskurs teil. Nicht als jemand, den man zu Details des Gasmarkts befragen oder Fahrpläne zur Klimaneutralität aufstellen lassen kann. Dafür habe ich mich mit den fundamentalen Wertfragen des Diskurses beschäftigt, für die in der Debatte selten Zeit ist. Daraus ist ein konsequenter roter Faden in meiner Erzählung entstanden.

Als die Ampel-Parteien im Herbst 2021 Koalitionsverhandlungen aufnahmen, habe ich im Feuilleton der Frankfurter Allgemeinen Zeitung Hoffnungen aus einer ökoliberalen Perspektive formuliert. Die drei Ökonomen John Stuart Mill (1806–1873), Friedrich August von Hayek (1899–1992) und Amartya Sen (geboren 1933) habe ich als Vorbilder empfohlen. Liest man sie zusammen, lässt sich ein Konzept des Ökoliberalismus ableiten, um das es hier geht.

Die ermutigenden Reaktionen auf den Artikel haben mich bestärkt, Bedingungen für eine marktwirtschaftliche Position zu untersuchen, die wirtschaftliche Entfaltung nur innerhalb zum Teil schon überschrittener biophysikalischer Grenzen zulässt. Der Markt als Ordnungsprinzip hat sich als überlegen erwiesen, allerdings war er blind gegenüber dem Raubbau, der uns eine Ökokrise von lebensbedrohendem Ausmaß beschert hat.

Eine Umfrage des Instituts Allensbach im Sommer 2021 ergab, dass die Zustimmung zur Sozialen Marktwirtschaft größer denn je war. 60 Prozent der Befragten gaben an, dass Anreize sinnvoller seien als Verbote, um etwas für die Nachhaltigkeit zu tun. Es gibt große gesellschaftliche Gruppen, denen die Zerstörung der Umwelt und die ungebremste

Erderwärmung Sorgen bereiten, die aber nicht sofort eine Fahne mit der Aufschrift „System Change, not Climate Change" hissen würden. Die mit der FDP nicht um Fleisch, Porsche und Fliegen kämpfen würden, aber auch nicht die grüne Position zum Verbrennerverbot teilen.

Dieses Buch ist eklektizistisch. Verschiedene Perspektiven kommen zusammen: Ökonomik, Alltag, Philosophie, Naturwissenschaft, politische Praxis, Sprachwissenschaft. Es gibt gute Bücher, in denen experimentiert wird, wie sich klimaneutral leben lässt, oder in denen Instrumente vorgeführt werden, die auf einen Pfad der Klimaneutralität führen. Doch wir scheitern gerade alle gemeinsam. Deshalb möchte ich Dinge zusammendenken, die bislang getrennt sind. Mit einem Fußabdruck von unter 4 Tonnen CO_2 im Jahr weiß ich, wie es sich anfühlt, Klimaneutralität anzustreben, ohne sie zu erreichen.

Technokraten sehen nicht, welche Wertvorstellungen jemand wie Amartya Sen anbietet, Wirtschaft anders zu gestalten. Politiker erkennen nicht, wie sie seit sechs Jahrzehnten die von Kenneth Boulding und Nicholas Georgescu-Roegen entwickelte Sicht ökologischer Grenzen durch Sprache aus der Welt zu schaffen versuchen. Und wer nur über seinen eigenen Fußabdruck nachdenkt, nimmt nicht das Potenzial bewährter Instrumente wie des Emissionshandels wahr, einen Pfad nachhaltigeren Lebens und Wirtschaftens zu determinieren.

Ich hatte das Privileg, dass ich Wachstumsgrenzen, das Leidenschaftsthema meiner zwei Abschlussarbeiten, als Redakteur der F.A.Z. weiter verfolgen konnte, ohne dass es in mein Berichterstattungsgebiet fiel. Von der ökologischen Wachstumskritik Herman Dalys kam ich zur konservativen Meinhard Miegels. Ich durfte Dennis Meadows, den Autor von „Die Grenzen des Wachstums", Joseph Stiglitz, Amartya

Sen und Partha Dasgupta interviewen. In Totnes, Bielefeld und Witzenhausen beobachtete ich, wie die Utopie der Transition Towns umgesetzt wurde. Ich stand mit Höhenangst auf dem Kohlekraftwerk Datteln 4, um mir erklären zu lassen, warum der Emissionshandel schon bald das Ende der Kohleverstromung bewirkt, und schrieb in dem Ausmaß häufiger über Nachhaltigkeit, in dem dieses Thema begann, den Diskurs zu beherrschen.

Wenn ich in der Folge über Ökoliberalismus nachdachte, fiel mir auf, dass Konzepte der Wachstumskritik unbekannt waren. Dass eine Entkopplung von Wohlstand und Durchsatz von Energie und Materie in der Ökokrise eine Menschheitsaufgabe und Kern der Nachhaltigkeitsdebatte ist, lese ich zu selten.

Durch den russischen Angriff auf die Ukraine ist deutlich geworden, dass unser fossiler Wohlstand im 21. Jahrhundert ein Auslaufmodell ist. Bis 2050 müssen wir klimaneutral wirtschaften, wenn die Erderwärmung im vertretbaren Rahmen bleiben soll. Ich selbst bin ein Kind des fossilen Wohlstands: Durch den Beruf meines Vaters ist mein Studium fossil finanziert, genauso wie seine Betriebspension und der Pflegeheimplatz meiner Mutter.

Das alles muss komplett ersetzt werden. Öl-, Erdgas- und Fracking-Infrastruktur werden in zwei Jahrzehnten zu wertlosen Stranded Assets wie die Zeche Zollverein. Wir pflegen seit Beginn der Industrialisierung einen Lebensstil, der Ressourcen und Senken in einem Ausmaß voraussetzte, die wir nicht haben – oder zumindest nicht zu dem Preis, den wir zahlen müssten.

Die dreimalige norwegische Ministerpräsidentin Gro Harlem Brundtland hat den Begriff der Nachhaltigkeit Ende der 1980er Jahre durch den UN-Bericht „Our Common Future" popularisiert. Er meinte eine Entwicklung, die

Bedürfnisse der Gegenwart befriedigt, ohne zu riskieren, dass künftige Generationen das nicht können. Im akuter werdenden Klimawandel wackelt diese Definition. Heute geht es darum, die Lebensgrundlagen der Menschheit zu sichern.

Das Konzept der biophysikalischen Grenzen wurde entwickelt, als sich zeigte, dass in einer vollen Welt (Herman Daly) wirtschaftliche Aktivitäten ein Ausmaß an Energie- und Materialdurchsatz erreichten, das nicht dauerhaft tragfähig ist. Liberalismus stützt sich auf die Freiheit des Individuums. Wenn Ökoliberalismus eine Kombination aus ihr und der Grenzen-Sicht ist, muss er sicherstellen, dass individuelle Freiheit die Grenzen respektiert. Wie das geht, diskutiert dieses Buch.

Ökoliberalismus ist etwas anderes als die ökologisch-soziale Marktwirtschaft der CDU. Diese hält um jeden Preis am Wachstumsdogma fest. Ökoliberalismus setzt sich zum Ziel, Wachstum und Naturverbrauch zu entkoppeln. Gelingt das nicht, liegt die Priorität auf dem ökologischen Ziel. Denn es geht um das gute Überleben der Menschheit.

In Kapitel 1 werde ich die ökologisch-ökonomischen Grundlagen meines Konzepts legen. Dennis Meadows, Kenneth Boulding und Nicholas Georgescu-Roegen werden zu Wort kommen. Was bedeuten Ökogrenzen für den individuellen Fußabdruck, ist Verzicht notwendig oder reicht der technische Fortschritt? Diese Fragen beantwortet Kapitel 2. Im Anschluss wird Kapitel 3 eine ökoliberale Traditionslinie von John Stuart Mill über Friedrich August von Hayek bis zu John Rawls und Amartya Sen legen. Nach diesen theoretischen Kapiteln wird es praktischer: Kapitel 4 problematisiert den Ökomoralismus, der in einem Vakuum politischen Handelns entsteht. Dass über den Klimawandel hinaus gravierende Ökokrisen – allen voran das Artensterben – zu lösen sind, ist Thema von Kapitel 5. In Kapitel 6 folgt das aktualisierte Ergebnis meiner älteren linguistischen Analysen: Tief liegende Metaphern hindern uns bis heute, die Grenz-Sicht in unsere Denkmuster zu integrieren.

In Kapitel 7 wird es lustig: Es zeigt, wie Ökomoralismus mich für zwei Tage zur Witzfigur auf Twitter gemacht hat. Kapitel 8 dringt in unsere Lebenswelten ein und zeigt den Unterschied zwischen einer Nachhaltigkeitspolitik durch Verbote und einer durch Anreize, was zu Kapitel 9 überleitet, das den Emissionshandel als Verkörperung einer ökoliberalen Herangehensweise vorstellt. Warum Ökoutopien für eine Mehrheit keinen positiven Impuls gesetzt haben, erörtert Kapitel 10. In Kapitel 11 erweitere ich das ökoliberale Konzept um ökologisch-ökonomische Überlegungen meines Professors Malte Faber aus Heidelberg, um in Kapitel 12 zu fragen: Wie bekommen wir die ökoliberale Wende hin?

Mein Beruf hat es mir erlaubt, wunderbare Vordenker dieses Buchs zu treffen. Zweimal sprach ich mit Amartya Sen und Herman Daly, ich begleitete Nachhaltigkeitsforscher Uwe Schneidewind in seinem ersten Jahr als Oberbürgermeister von Wuppertal. Mit Maja Göpel, Angelika Zahrnt, Dennis Meadows, Ralf Fücks, dem Unternehmer Eduardo Gordillo, Joseph Stiglitz, Veronika Grimm, Brigitte Knopf, Meinhard Miegel und Fred Luks habe ich fruchtbare Gespräche geführt. Malte Faber und seine Schüler aus Heidelberg sind mehr als das: Inspiration zu allem, was hier steht: Andreas Kuhlmann, Reiner Manstetten, Stefan Baumgärtner, Andreas Löschel, Christian Becker. Was für eine ergiebige Schule!

In diesem Buch verwende ich abwechselnd das generische Femininum und generische Maskulinum, was ich am praktikabelsten finde, um Geschlechter fair zu erfassen. Nicht nachzählen bitte. Nicht-binäre Personen sind auch ohne Sternchen mitgedacht. Dies ist ein Buch für alle, die die Klimaziele von Fridays for Future teilen und mitdemonstrieren könnten, wenn nicht das beste Instrument das wir haben, als untauglich beschrieben würde: der Markt. Und für diejenigen, die es ganz anders sehen. Und ein offenes Angebot, die Lager zu verlassen und gemeinsam eine klimaneutrale Gesellschaft zu bauen.

1 Die Ökologie und wir

Woo mercy, mercy me
Ah, things ain't what they used to be, no no
Oil wasted on the ocean and upon our seas
Fish full of mercury

Marvin Gaye — Mercy Mercy Me (The Ecology)

Wir sind zu spät. Eigentlich kein schlechter erster Satz eines Buchs über die ökologischen Krisen und ihre mögliche Bewältigung. Hier ist er aber absolut wörtlich gemeint. Wir kommen zu spät zu einem Termin. Das ist für uns als fünfköpfige Familie an solchen Tagen fast unvermeidlich. In den sechs Wochen vor Weihnachten häufen sich die Feste, und die drei Einrichtungen unserer Kinder stimmen natürlich ihre Termine nicht aufeinander ab. Es nieselt. Fünf Grad Kälte. An der Grundschule unserer Ältesten feiern wir das St. Martinsfest, mit Umzug und anschließendem Umtrunk.

Wir haben Übung im Laternelaufen – bei Regen, Frost und manchmal auch bei Mai-Wetter in diesem November 2018. Fast sitzt der Text der Lieder auswendig („Ich geh mit meiner Laterne" könnte ein paar Strophen weniger haben). Viertklässler schenken Glühwein aus und reichen Weckmänner aus Hefeteig. Viel Gelegenheit zum Quatschen mit anderen Eltern, die Kinder toben über den Schulhof. Doch irgendwann müssen mein Mittlerer und ich aufbrechen, denn sein Kindergarten feiert gleichzeitig mit der Schule – auf dem Lohrberg, einem beliebten Ausflugsziel im Frankfurter Nordosten.

Wir fahren etwa eine Viertelstunde mit dem Fahrrad, so wie wir es wahrscheinlich 325 Tage im Jahr tun. Doch als wir den Parkplatz erreichen, strömen uns Kinder, Erzieher und Eltern entgegen. Der Nieselregen hat die Freude an der Geselligkeit zunichte gemacht. Ein paar Gesprächsfetzen hier, ein paar Scherze da, wir sind irgendwie dabei gewesen. Dann machen sich die Autos auf den Weg – die sieben Kilometer zurück ins Frankfurter Nordend.

Das ist einer dieser linksökologischen Stadtteile deutscher Großstädte. Bei der jüngsten Kommunalwahl steigerten die Grünen hier ihren Stimmenanteil um 7,5 Prozentpunkte auf 35,4 Prozent. Gemeinsam mit der Partei Ökolinx und den Linken bilden sie im Nordend die Mehrheit. Ihren Widerstand gegen ein Wohnprojekt auf derzeit unbebauten Flächen begründen sie mit der Frischluftzufuhr für die Stadt, dem Stadtklima und der wertvollen Fauna in den zahllosen Schrebergärten.

Diese konnten errichtet werden, weil das Areal lange für ein Verkehrsprojekt vorgesehen war, das dann doch nicht umgesetzt wurde. Ein Gutachten der Uni Frankfurt sagt, dass die Artenvielfalt in den Gärten überschaubar ist. In den Kitas und Kindergärten des Nordends streiten Eltern über einen höheren Bioanteil im Essen der Kinder. Die Frage, ob man auf Festen wie unserem an diesem Abend Einwegbecher benutzen darf, hat zu Zerwürfnissen geführt. Doch wenn man mit dem Fahrrad durch den Stadtteil fährt, ist der Platz rar, weil Straßen von zwölf Metern Breite locker zu zehn Metern von Autos besetzt sind.

Wer allerdings jetzt eine Predigt erwartet, die sich aus Ökomoral speist, sieht sich getäuscht. Das moralische Verurteilen von Verhaltensweisen ist eine der anstrengendsten Erscheinungen des Nachhaltigkeitsdiskurses – und führt zu nichts. Die Jugendbewegung Fridays for Future hat die Politik zu Recht aufgefordert, effektive Klimaschutzmaßnahmen umzusetzen, um Individuen zu entlasten. Im besten

Fall würde das auch moralisches Missionieren überflüssig machen. Doch das darf umgekehrt nicht dazu führen, dass die Bedeutung des Verhaltens für den Klimaschutz ausgeklammert wird. Vorbilder, die sich einen nachhaltigen Lebensstil aneignen, sind wichtig. Klimaschutz muss bottom-up und top-down sein, von unten befürwortet, von oben unterstützt. Vom Staat und vom Bürger getragen.

Eine ressourcenschonendere Fortbewegung insbesondere im innerstädtischen Verkehr sollte Teil jeder positiven Zukunftsvision sein. In diesem Buch wird es um Positiventwürfe gehen. Was dient der Nachhaltigkeit als politischem Ziel? Was ist nur ideologische Pose? Im Freundeskreis unterhalten wir uns oft über Bio-Ernährung, aber selten über Wärmedämmung – und mehr über Plastikvermeidung als darüber, in den Herbsturlaub mit der Bahn zu fahren. Etwas mehr Gespräche darüber gab es seit dem russischen Angriff auf die Ukraine im Februar 2022, aber immer noch nicht in dem Ausmaß, wie er zum nötigen Umbau unseres fossilen Wohlstands passen würde.

Unser Lebensstil wird sich verändern müssen, wenn wir das Ziel des Pariser Abkommens erreichen wollen, die Erderwärmung im Vergleich zum Beginn der Industrialisierung auf möglichst nicht mehr als 1,5 Grad Celsius zu begrenzen. Denn bis dahin werden wir gar keine Treibhausgase mehr ausstoßen können. Also gar (!) keine (!). Wir werden anders wohnen, uns anders fortbewegen, andere Energie beziehen, uns anders ernähren, anders konsumieren. Mal hilft Technik, mal ein anderes Verhalten.

Innovationen gedeihen besser in freiheitlichen Marktwirtschaften als unter geplanter Politik. Ingenieure können besser einschätzen, welche Technik weiterführt, als Abgeordnete. Auf der anderen Seite werden technische Sprünge nicht ausreichen. Wem das Konzept der Suffizienz als Verzichtslogik nicht schmeckt (warum eigentlich?), der kann sich vielleicht in der mehr als 2000 Jahre alten Idee des rechten Maßes des Philosophen Aristoteles wiederfinden. Unser Wirtschaften, also das Leben jedes einzelnen, muss biophysikalischen Grenzen gerecht werden. Muss! Es sollte aber Freiheit höher wertschätzen, als es eine ökologische Avantgarde tut. Eine strenge Ökopolitik, die Grenzen der Freiheit übersieht, bringt uns genauso wenig weiter wie eine Marktpolitik, die planetare Grenzen ignoriert. Anders gesagt: Es fehlt an einer Synthese aus ökologischem Bewusstsein und Leidenschaft für die Freiheit – also einem Konzept des Ökoliberalismus. Oder: Einer Idee von Nachhaltigkeit aus der Freiheit.

Mein Weg zur Ökologie war von Ambivalenz geprägt. Und ich glaube, das hat mir gut getan. Weil es verhindert hat, dass ich es mir im Lager der Ökologisch-Progressiven gemütlich mache. Mein Vater fuhr Tag für Tag mit einem alle zwei Jahre wechselnden Opel vom nördlichen Hamburger Speckgürtel in die Bürostadt City Nord. Dort hat der Mineralölkonzern Shell seine Deutschlandzentrale. Während seiner häufigen Reisen, die ihn nach Niedersachsen, ins Ruhrgebiet und ins Rheinland führten, freute sich mein Vater über jeden Schornstein. Sie waren ein Symbol dafür, dass Wohlstand geschaffen wurde. Er verkaufte Propan aus den Tiefen der Erde. Millionen Jahre alt. Hochgradig verpresster Kohlenwasserstoff. Reichtum aus der Natur.

Ob Schornstein oder Flüssiggastank – alles war fossil. Mein Wohlstand beruht auf fossiler Ausbeutung, mein Studium ist so finanziert, der Ruhestand meiner Eltern, das Pflegeheim meiner Mutter. Auf der Heckscheibe ihres eisbärgelben VW Käfer aber prangte in den 1980er Jahren der Greenpeace-Spruch: „Erst wenn der letzte Baum gerodet, der letzte Fluss vergiftet, der letzte Fisch gefangen ist, werdet ihr merken, dass man Geld nicht essen kann." Durch das

Knattern des Motors und seine ungewöhnliche Farbe war der kleine sympathische Spritschlucker stadtbekannt.

In unserem Bücherregal standen „Die Grenzen des Wachstums" oder „Leitmotiv vernetztes Denken" von Frederic Vester. Die vielen Fahrten in den heimeligen Opels meines Vaters und im knatternden VW-Käfer meiner Mutter haben eines nicht verhindern können: Ein eigenes Auto habe ich nie besessen. Als sich unser drittes Kind ankündigte, wurden wir häufig gefragt, ob wir nun wohl ein neues Auto brauchten. Ich musste immer grinsen. Ein Kind der Ambivalenz, ernährt von fossilen Brennstoffen, bekehrt durch Ökoliteratur.

Natürlich haben wir zu Hause herrlich gestritten über ökologische Fragen. Fundamentalkritik am kapitalistischen System ging nur durch, wenn sie die Realität des Marktes einbezog. So war es auch, als die Medien über die Proteste in Nigeria gegen die Praxis der Ölgewinnung berichteten. Schon Ende der 1980er Jahre warfen wir unserem Vater vor, dass der Fossilkonzern unzureichende Pläne vorgelegt habe, um auf erneuerbare Energien umzusteigen. Die tun aber was, hieß es darauf etwas verdruckst. Wo das hinführte, zeigte im Jahr 2021 das Urteil eines Gerichts in Den Haag, das Shell dazu verdonnerte, seine Anstrengungen für einen niedrigeren CO_2-Ausstoß zu verdoppeln. Späte Genugtuung für ökologisch denkende erwachsen gewordene Ex-Teenager.

Drei Jahrzehnte zuvor waren die Verhältnisse andere: Als die Umweltorganisation Greenpeace Aktionen gegen den Verteiler-Öltank Brent Spar in der Nordsee startete, ging die NGO fantasievoll mit Zahlen um. Deutsche Autofahrer mieden zeitweise Shell-Tankstellen (auch eine Form halbherzigen Verhaltens, schließlich war es ihr Konsumverhalten, das die Umwelt schädigte), eine Tankstelle wurde sogar in Brand gesetzt. Erst spät fanden Wissenschaftler Gehör, die das ursprüngliche Vorhaben von Shell als harmlos und ökologisch angemessen bewerteten. Da hatte die NGO allerdings längst ihren Sieg über die Köpfe der Menschen errungen. Mit effektiven Frames, die in diesem Buch eine wichtige Rolle spielen werden.

Die Ambivalenz solcher Ereignisse hat mir eine Erkenntnis vermittelt: Im Umweltdiskurs gibt es – wie in anderen Fragen auch – selten eine gute und eine schlechte Seite, sondern Interessen, die gegeneinander stehen. Unumstritten aber ist: Der Klimaschutz ist eine der größten Herausforderungen der Menschheitsgeschichte. Das kollektive Handeln aller führt dazu, dass sie ihre eigenen Lebensgrundlagen oder die ihrer Nachfahren gefährden. Gut drei Jahrhunderte lang wurden vor allem in der westlichen Welt fossile Brennstoffe für alle Zwecke des alltäglichen und industriellen Bedarfs ohne Begrenzung verbrannt.

Das ging einher mit enormem Wohlstandszuwachs seit Beginn des zwanzigsten Jahrhunderts. Wachstum und der Verbrauch an Treibhausgasen waren jahrzehntelang gekoppelt. Das zeigt die Bedeutung einer Entkopplungsstrategie. Denn der über Millionen Jahre gebundene Kohlenstoff wurde in so kurzer Zeit freigesetzt, dass dies eine fatale Wirkung auf das Klima der Erde hat. Die Emissionsmöglichkeiten für Treibhausgase hat das Intergovernmental Panel on Climate Change (IPCC), das wichtigste Beratungsgremium der Vereinten Nationen in Klimafragen, inzwischen budgetiert.

Zuvor noch hatten die Wissenschaftler eine 2-Tonnen-CO_2-Welt pro Person pro Jahr als ausreichend für den Klimaschutz beschrieben. Diese Berechnung ist veraltet, zeigt aber trotzdem interessante Perspektiven auf. In Deutschland lagen die Emissionen zuletzt bei 7,9 (Statistisches Bundesamt) oder 10,4 Tonnen (Umweltbundesamt) pro Person pro Jahr – je nachdem, ob man Vorprodukte des hiesigen Konsums einbezieht oder nicht. Was heißt das für jeden einzelnen? Zwei Tonnen Kohlendioxid bedeuten – wiederum vereinfacht: 400 Kilogramm für die Energieversorgung, 400 Kilogramm für die Ernährung, 400 Kilogramm für den Konsum, 400 Kilogramm fürs Wohnen und 400 Kilogramm für die Mobilität. Denn Zwischenschritte kann man sich besser vorstellen als die anschließende Nullemission.

Eine Dekarbonisierung von unglaublichem Ausmaß in unglaublich kurzer Zeit ist das Projekt, das mit dem Pariser Vertrag ausgeschrieben ist. Ist dieses Ziel von zwei Tonnen in den 30er Jahren dieses Jahrhunderts erreicht, wird Klimaneutralität der nächste Schritt sein. Ein Argument, mit dem Klimaskeptiker die Bedeutung der aktuellen Erderwärmung relativieren wollen, lautet: Den Klimawandel gab es schon immer auf der Welt, es sei vermessen, dass Menschen daran etwas ändern wollten. Das ist ein bequemes und sehr gefährliches Argument.

Man schaut oberflächlich in alte Klimadaten und postuliert dann, dass sich der Mensch dieser Entwicklung sowieso nicht entziehen könne. Was daran richtig ist: Der Treibhauseffekt, bei dem CO_2 eine wichtige Rolle spielt, ist eine Voraussetzung für das Leben vieler Arten auf der Erde. Dabei ist die zusätzliche Menge an Kohlendioxid in der Erdatmosphäre zum ohnehin ablaufenden Treibhauseffekt die erklärende Variable – und sie steigt erheblich, vor allem durch menschliches Handeln.

Die gravierenden Folgen der Erderwärmung

Der amerikanische Wissenschaftsjournalist Peter Brannen hat in seinem Buch „The Ends of the World" im Jahr 2017 eindrucksvoll beschrieben, wie an allen bisherigen fünf Phasen des Massensterbens in der Erdgeschichte ein Anstieg von

Kohlendioxid beteiligt war. Zum Beispiel vor 445 Millionen Jahren, als das CO_2 aus Vulkanausbrüchen zunächst von neu aufkommenden Tierarten im Meer aufgenommen wurde. Als die Ausbrüche ausblieben, gab es dann nichts mehr aufzunehmen, sodass es zu einer verheerenden Eiszeit kam. Für die Recherche zu seinem Buch hat Brannen führende US-amerikanische Paläontologen besucht, die ihm erklärten, wie es zu den fünf großen Massensterben auf der Erde gekommen ist.

In jedem Fall war der Stoffkreislauf von Sauerstoff und Kohlendioxid aus dem Gleichgewicht geraten. Brannen veranschaulicht, dass das Leben biologischer Arten über Jahrmillionen nur in einem schmalen Temperaturband komfortabel war. Erwärmte und kühlte sich die Erde außerhalb dieses Bandes ab, wurde es für biologische Arten auf der Welt ungemütlich. „Das ungewöhnlich freundliche Klimafenster der vergangenen 10.000 Jahre zählt zu den gleichmäßigsten und stabilen in den vergangenen Millionen Jahren", schreibt Brannen. Diese Langzeitperspektive liefert anschauliches Material dafür, wie Klimawandel in der Vergangenheit gewirkt hat und warum Klimaforscher dazu raten, den Temperaturanstieg zu dämpfen.

In diesem erdgeschichtlich kurzen Zeitintervall sei die gesamte aufgezeichnete Menschheitsgeschichte geschehen. Von seinen Interviewpartnern erfährt er, auf welche weitere Entwicklung die Versauerung der Meere und das Sterben der Korallen hindeuten könnten, sollten sich vergangene Zeiten wiederholen. In der Vergangenheit waren das Vorboten des Massensterbens. Als die Konzentration von Kohlendioxid in der Erdatmosphäre erstmals 400 parts per million überschritt, alarmierte das Paläontologen und Klimaforscher. Erderwärmung, Versauerung und verkleinerte Lebensräume schüfen einen „perfekten Sturm", zitiert er den Paläontologen David Jablonski von der Universität Chicago. Raubbau,

Verschmutzung und Erwärmung übten gleichzeitig Druck auf den Planeten aus. Die Menschheit schafft es in erdgeschichtlich vernachlässigbarer Zeit, CO_2-Konzentrationen zu erreichen, für die früher Veränderungen über Tausende von Jahren nötig waren.

Brannen macht deutlich, was für ein Zufall es war, dass die Erde Bedingungen schuf, hier Leben entstehen zu lassen. Immer wieder breiteten sich Arten aus – bis sie vom Kohlendioxid ausgebremst wurden. Danach sei die Erde immer nahezu sterilisiert worden. Das Argument, es habe schon immer Klimawandel gegeben, deshalb solle sich der Mensch nicht anmaßen, etwas tun zu können, wirkt angesichts dieser Erkenntnis stumpf und desinformiert. Der Mensch hat es in der Hand, nicht die Ursachen entstehen zu lassen, die mehrfach Lebensbedingungen auf der Erde gravierend veränderten. Gegen äußere Impulse, die das Kohlendioxid-Sauerstoff-Gleichgewicht stören, kann er zwar weniger ausrichten. Der anthropogene Treibhauseffekt aber geschieht zusätzlich.

Als ich die ersten Impulse zum ökologischen Denken empfangen habe, waren diese Zusammenhänge zum Klimawandel noch nicht vollständig bekannt. In den frühen 1990er Jahren betrat zum ersten Mal der berüchtigte Erdkundelehrer meiner Schule unser Klassenzimmer. Vom Pausenhof kannten wir Hilmar Moche als pingeligen Erzieher, der Schüler maßregelte. Trotzdem sagen meine Freunde heute, also mehr als zwei Jahrzehnte später, von diesem Frankreichliebhaber mit Baskenmütze hätten sie mehr Stoff behalten als von jedem anderen Lehrer. Er ist E-Scooter-Pionier und Ökorealist, eher der Windkraftexperimente-im-eigenen-Garten-als der Trockentoiletten-Fraktion zuzurechnen. Und auf subtile Weise Vordenker des Ökoliberalismus.

Wenn er am Wochenende an die Ostsee fuhr, brachte er Artefakte wie Taue oder Plastikbehälter von dort mit, um

sie als Ausgangspunkt von Referaten über globale Waren-
ströme und die ökologische Bedrohung der Kieler Bucht zu
nutzen. In der Mittelstufe stellte uns Moche als Hausaufgabe
eine einfache Frage: Welche ist die beste Energieform? In der
nächsten Stunde durften wir über Atomkraft, Erneuerbare,
Braunkohle oder Kernfusion fabulieren, bis er uns langsam
zu seiner Lösung führte: dem Energiesparen. In Deutschland
dürfte es Tausende Hilmar Moches geben, die den Impuls der
Umweltbewegung an den Bildungseinrichtungen aufgenommen und in den Köpfen ihrer Schüler ein Nachhaltigkeits-
bewusstsein verankert haben. Das ist ein Fundament einer
erfolgreichen Klimawende.

Kürzlich ist mir mein alter Erdkundeordner aus den Jahren 1994 bis 1997 in die Hände gefallen. Unter einer Klarsicht-
folie eine Deutschlandkarte, auf der Postkarten der Loreley
und der Akropolis aufgeklebt sind, dazu ein Weltraumbild
der Erde. Innendrin Gedankenspiele aus drei Jahren Leis-
tungskurs: Bergwerke des Wissens, Neg-Entropie, Gen-Ero-
sion, geistige Landschaftsversiegelung. Wir bekamen einen
Eindruck davon, dass die Gedankensprünge unseres Lehrers,
die fachliche Grenzen sprengten, einem Konzept folgten.
Mitschüler nervten wir mit einer Korksammelaktion, von der
sich nie ermitteln ließ, ob und wie viele Korkeichen in der
spanischen Extremadura sie rettete.

Vielleicht am meisten geprägt haben dürfte mich die
Leseliste des Lehrers Moche, mit der er uns den Einstieg in
das ökologische Denken ermöglichen wollte: „Der stumme
Frühling", „Die Grenzen des Wachstums", „Wendezeit",
„Leitmotiv vernetztes Denken", „Ein Planet wird geplün-
dert", „Schilfgras statt Atom", „So lasst uns denn ein Apfel-
bäumchen pflanzen". Einige Titel las ich sofort, andere liefen
mir mit den Jahren über den Weg. Frederic Vester und Fritjof
Capra blieben prägende Einflüsse.

Der heutige Nachhaltigkeitsdiskurs neigt dazu, technokratisch und geistig arm zu sein. Etwa so: Wie schaffen wir die Infrastruktur für grünen Wasserstoff, um uns genauso fortzubewegen wie bisher? Die beiden Professoren dagegen strebten eine ganzheitliche Perspektive auf den Menschen in Natur und Ökonomie an. Philosophie, Physik, Biologie, Ingenieurswissenschaften, Religion, Soziologie, Design und Volkswirtschaftslehre flossen zusammen. Diese Sichtweise fehlt heute. Dass Fächergrenzen zu undurchlässig geworden seien, sahen beide als gravierendes Problem, um die Rolle des Menschen in der Umwelt zu beschreiben. Ideales Futter eigentlich, um die Beschränkungen des Anthropozäns, des Zeitalters völliger Dominanz einer Spezies, zu verstehen: des Menschen.

Um eine Nachhaltigkeit aus dem Geist der Freiheit besser zu begründen, möchte ich für einen Moment bei diesen beiden Autoren bleiben. Schon 1988 schrieb der Physiker Capra von einer tiefgreifenden Energiekrise, die ihre Wurzeln in verschwenderischer Produktion und verschwenderischem Konsum habe. „Um diese Krise zu lösen, brauchen wir nicht mehr Energie, was unsere Probleme nur noch erschweren würde, sondern tiefgreifende Veränderungen in unseren Wertvorstellungen, Verhaltensweisen und Lebensstilen." In seinem Buch „Wendezeit" skizziert er den Übergang ins Solarzeitalter. Die Menschen müssten den Weg zu einer sanfteren Energie wählen, diese wirksamer verwenden und fossile Energie als Brücke in die neue Welt erneuerbarer Erzeugung nutzen. Wenn man seine Szenarien nachliest, nach denen sich Kraftwagenmotoren um 30 bis 40 Prozent sparsamer gestalten ließen, kann man wütend darüber werden, dass diese Einsparung verloren gegangen ist.

Dafür tragen Hersteller genauso wie Konsumenten die Verantwortung, denn Rebound-Effekte (größere Motoren, häufigere Verwendung, schwerere Autos) verschwenden Effizienzgewinne. Ein Lebensstil des rechten Maßes wird ersetzt durch einen, der immer mehr Platz, Ressourcen und Schadstoffsenken beansprucht. Alle, die sich fossil fortbewegen, sind Teil dieses Phänomens.

Der Klimawandel ist eine der Zäsuren in der Geschichte der Menschheit. Erstmals ist Mehr nicht unbedingt besser (die ökonomische Logik seit Alfred Marshall), wird die Welt nicht größer, wenn der Wohlstand zunimmt. Politische Vorgaben müssen biophysikalischen Grenzen gerecht werden, menschliches Verhalten sollte ein freiheitliches Verständnis von Nachhaltigkeit reflektieren. Das haben Marktverfechter zu wenig verdeutlicht: Nur innerhalb dieser Grenzen lässt sich frei wirtschaften.

Auch das zweite erwähnte Buch lässt sich auf diese Weise für eine Diskussion über eine ökoliberale Gesellschaft fruchtbar machen: In Frederic Vesters „Leitmotiv vernetztes Denken" wird deutlich, warum mein Erdkundelehrer mit der Baskenmütze daran so viel Gefallen gefunden hat. Darin sucht der studierte Chemiker, habilitierte Biochemiker und Kybernetiker Vester nach Ursachen der tiefen ökologischen Krise und nach Gründen, warum wir ihr nicht gerecht werden. Er erklärt sie mit natürlichen Regelkreisläufen, die nicht an künstlichen wissenschaftlichen Fachgrenzen halt machen.

An einer Stelle findet sich der Satz: „Zunächst geht es einmal darum, statt mehr und mehr zusätzliche Energie die vorhandene effizienter zu nutzen. Da ist vor allem die größte, noch weithin ungenutzte Energiequelle: die Energieeinsparung." Solch einen Satz hatte man vor dem russischen Krieg gegen die Ukraine in der Diskussion um die Energieversorgung lange nicht gehört (und erntet zum Dank das Argument, der Klimawandel sei ohne Atomkraft nicht zu bewältigen). In den frühen 1990er Jahren inspirierte sie einen Lehrer zu einer Hausaufgabe und ging einigen seiner Schüler danach nicht mehr aus dem Kopf.

Vesters Bücher sind ein Sammelsurium guter Ideen für eine ökologische Wende, deren Inspiration von der Medizin über das Design bis zu konkreten Beratungsprojekten für die Autoindustrie reichen. Für den Autohersteller Ford hat er in einer Studie aufgezeigt, wie die Mobilität der Zukunft aussehen könnte. „Warum nicht bis hin zu Tretautos mit einem Sonnendach aus Solarzellen, die einen Elektromotor antreiben, oder überdachte zweisitzige Dreiradfahrräder, Schwungradomnibusse ohne jeglichen Motor für Sonderstrecken und vieles andere, was aus einer falschen Arroganz heraus zur Zeit nur allzu gerne lächerlich gemacht wird", schreibt Vester an einer Stelle.

Die Realität der Elektromobilität sieht so aus, dass der risikofreudige Unternehmer Elon Musk der Welt beibringt, wie man durch E-Luxusautos irgendwann den E-Kleinwagen massentauglich macht. Energiekapazitäten werden ausreichen, seine Tesla-Modelle sind sexy, sportlich und halten technisch mit. Sie sind ästhetisch, aber total konventionell. Moderne Elektromobile werden auch künftig eineinhalb Tonnen und mehr wiegen, um achtzig Kilogramm Mensch zu transportieren.

Der Ökopioniergeist der 1980er Jahre klingt heute leider selten durch. Bei Vester heißt es: „Auch in Kriterien wie ‚kleiner', ‚leiser', ‚schöner', ‚langsamer', ‚gemütlicher', ‚handgemacht', ‚einfacher' können wir Fortschritt sehen." Mich erinnert der Kontrast zwischen den Visionen der 1980er Jahre und der heutigen Energiewende-Realität an eine Passage aus Robert Musils „Mann ohne Eigenschaften", in der der studierte Ingenieur Musil seinen Erzähler das Wesen des technischen Fortschritts literarisch beschreiben lässt: „Allerdings, es ist nicht zu leugnen, dass alle diese Urträume nach Meinung der Nichtmathematiker mit einem Mal in einer ganz anderen Weise verwirklicht waren, als man sich das ursprünglich vorgestellt hatte. Münchhausens Posthorn war schöner als die fabrikmäßige Stimmkonserve, der Siebenmeilenstiefel schöner als ein Kraftwagen, Laurins Reich schöner als ein Eisenbahntunnel, die Zauberwurzel schöner als ein Bildtelegramm, vom Herz seiner Mutter zu essen und die Vögel zu verstehn, schöner als eine tierpsychologische Studie über die Ausdrucksbewegungen der Vogelstimme. Man hat Wirklichkeit gewonnen und Traum verloren."

In einer Welt mit Siebenmeilenstiefeln würde man sich mit begrenzten Ressourcen und Schadstoffsenken des Planeten nicht beschäftigen. Es wäre ein Traum, in dem ein Nachdenken über Freiheit und Nachhaltigkeit nicht nötig wäre. Aber schade ist es schon, dass Entwürfe nachhaltiger Lebensstile kaum noch auf die Ursprungsfantasie vor einem halben Jahrhundert zurückgreifen. Mobilität wird nicht dadurch besser, dass Fahrzeuge mit Strom statt Benzin oder Diesel betrieben werden. Auch erneuerbare Energien werden nicht ohne ökologische Belastungen hergestellt.

In „Leitmotiv vernetztes Denken" stellt Vester drei mögliche Entwicklungspfade gegenüber: ein Zurück zur Natur (Primitivität), die vollständige Unterwerfung der Umwelt durch die Wissenschaft (absolute Technokratie) und ein fundiertes Verstehen der Wechselwirkungen zwischen Mensch und Natur, mit dem Regelkreise ausgenutzt werden. Seine Wahl ist klar: Von der Biokybernetik lasse sich lernen, wie die Umwelt zu gestalten sei. Denn sie komme seit Milliarden Jahren ohne Rohstoff- und Abfallsorgen aus, kenne keine Energieprobleme und keine Arbeitslose. Vester war ein Vordenker der Kreislaufwirtschaft, der Energie- und der Verkehrswende. Im Konzept eines Ökoliberalismus nimmt er die Rolle eines

Mahners ein, der konkrete Lösungen für planetare Grenzen erkannt hat.

Im Frühjahr 1998 setze ich mich in einen ICE von Hamburg, wo ich gerade mein Jahr als Zivi absolviere, in den Süden. Tübingen oder Heidelberg? Wunderschöne Unistädte, beide mit kilometerlangen Neckarufern. Wo kann man zwei Magister-Hauptfächer studieren: in Heidelberg. Im Oktober geht es los. Zwei Jahre kämpfe ich mich mit neuen Freunden durch Formeln und Kurvendiskussionen. Die Ökonomik entpuppt sich als elegante Wissenschaft mit interessanten Fragestellungen, aber manchmal wirkt das Rechnen auch wie l'Art pour l'Art. Nach einem Erasmus-Jahr in Montpellier kehre ich im Herbst 2001 nach Heidelberg zurück und fast alle VWL-Kommilitonen, mit denen ich bislang interessanten Austausch hatte, haben sich das Vertiefungsfach „Staatswissenschaften" ausgewählt.

Malte Faber betritt den Seminarraum im Alfred-Weber-Institut mitten am Universitätsplatz. Zu diesem Zeitpunkt ist der Professor 63 Jahre alt. Ein nicht allzu großer Mann mit lichter Stirn. Wenn er von ehemaligen Studenten berichtet, fällt häufig das Wort „Urteilskraft" – manche hätten sie, andere nicht. Über die Jahre wird mir bewusst, auf wie viele Studierendengenerationen der Volkswirt prägenden Einfluss hatte. Sie sitzen an einflussreichen Stellen in Universitäten, Verwaltungen und in der angewandten Wissenschaft. Es ist wie mit Lehrer Moche am Gymnasium: Wer bei Faber studiert hat, vergisst es nicht. Wir haben seit meinem Studienende einen stetigen, mal intensiveren, mal lockereren Austausch gepflegt. Für dieses Buch sind viele seiner Ideen ein wichtiger Impuls.

An diesem Herbsttag im Jahr 2001 beginnt der letzte Durchlauf für Studenten im Vertiefungsfach mit der Einheit „Politische Ökonomie". Am Ende dieser eineinhalb Jahre wird der Professor emeritiert. Im Seminarraum sitzen vielleicht vierzig Studierende. Sie haben sich durch zwei Jahre Mathematik und Formeln durchgeackert. Plötzlich hören sie Dinge, die sie im Grundstudium kaum vorgestellt bekommen haben, lesen Aristoteles, Hobbes, Smith und Marx in Auszügen. „Modelle müssen die Realität um viele Kontexte reduzieren, um Aussagen machen zu können", sagt Faber ein ums andere Mal. „Im Anschluss müssen wir die Kontexte wieder einbeziehen."

Eigentlich ist er ein konventioneller Ökonom, der sich auf die österreichische Kapitaltheorie (Carl Menger, Eugen von Böhm-Bawerk) spezialisiert hat und betont, alle seine Mitarbeiter müssten die Allgemeine Gleichgewichtstheorie der VWL im Schlaf beherrschen. In den 1970er Jahren aber beunruhigte ihn die Umweltkrise immer mehr, er nahm wissenschaftliche Beratungsprojekte für Unternehmen und Verwaltung an. Je mehr er sich mit den komplexen Problemen der Abfallwirtschaft und der Chemieindustrie beschäftigte, desto mehr stellte er fest, wie beschränkt seine Perspektive als Ökonom war. Deshalb suchte er den Austausch mit Philosophen, Physikern und Biologen. Auf dem Weg zu einem freiheitlichen Verständnis von Nachhaltigkeit hat er sein Lager verlassen und sich auf den mühsamen Dialog mit anderen eingelassen.

Die zwei Jahre mit Malte Faber und seinem Team haben mir vermittelt, was studieren heißen kann. In diesem Umfeld war es erwünscht, mit Kenntnissen aus anderen Disziplinen zum Wissen der Gruppe beizutragen. Seine Veranstaltungen und lesenswerten Bücher zum Thema erläutern seinen Paradigmenwechsel: von der Umwelt- und Ressourcenökonomik, in der die Umwelt ein Teilsystem der Wirtschaft ist, zur Ökologischen Ökonomik, in der die Wirtschaft ein Teilsystem der Umwelt ist.

Unter diesem Eindruck schreibe ich zwei Abschluss-arbeiten zum gleichen Thema: In VWL zur Traditionslinie der Wachstumskritik von Robert Malthus über John Stuart Mill bis zu Herman Daly, in der Germanistik eine Sprachge-brauchsanalyse des Wachstumsdiskurses in der bundesdeut-schen Politik. So arbeite ich mich in ökonomische und lingu-istische Literatur ein, die für die hier erarbeitete Perspektive eines liberalen Konzepts der Nachhaltigkeit von Wert ist und mich bis heute an das Thema fesselt. Zudem verknüpfe ich seither die akademischen Fragen mit dem eigenen Leben: Ökologische Geldanlage, Verzicht aufs Auto, Ökostrom. Seit unserem Umzug nach Frankfurt leben wir zur Miete im Passivhaus. Eine fünfwöchige Europareise haben wir mit Interrailtickets gemacht, wobei ich dem Wunsch zugestimmt habe, eine Strecke bis Lissabon zu fliegen. Kompromisse sind – zumindest in der Familie – manchmal nötig.

Die biophysikalischen Grenzen der Erde

Hier liegt für mich individuell eine der großen Herausforde-rungen einer Nachhaltigkeit aus der Freiheit: Fliegen hat nur einen kleinen Anteil an den globalen Emissionen, es bewirkt aber den individuell größten Fußabdruck. Der tiefe Wunsch, die Welt in ihren Facetten kennenzulernen und Verständnis für andere Kulturen zu entwickeln, steht aktuell noch im Kontrast dazu, dass wir uns klimagerecht fortbewegen müs-sen. Aber ohne das Fliegen hätte es mein erstes Buch „Sound of the Cities. Eine popmusikalische Entdeckungsreise" nicht gegeben, das ich 2015 mit meinem Freund Ole Löding geschrieben habe.

Ohne Popmusik geht es für mich nicht. Diesem Kapi-tel sind Songzeilen aus „Mercy Mercy Me" von Marvin Gaye vorangestellt, der 1971 als einer der ersten Popsänger die ökologische Krise thematisierte. Songschreibern ist einiges zur Erderwärmung, zum Flächenverbrauch und zu risikoreichen Energieformen wie der Atomkraft eingefallen. Bands wie Radiohead, Beastie Boys, Jamiroquai oder Worldparty haben sich geäußert, Einzelkünstler wie Joni Mitchell, Neil Young, Anohni oder Gil Scott-Heron. Am Anfang jedes Kapitels werden sie zu Wort kommen.

Die Zeit Ende der 1960er, Anfang der 1970er Jahre war eine besonders kreative Phase der Bewusstseinsbildung – was sich auch in friedens-, sozial- oder umweltpolitischen Perspektiven widerspiegelt, wie sie in Marvin Gayes Meisterwerk „What's Going on" ausformuliert werden. „Mercy Mercy Me" knüpft an die afroamerikanische Tradition an, die Mutter Erde (Mother Nature) anzusingen und verbindet das mit der Sorge angesichts der Risiken, die von fossilen Brennstoffen ausgehen.

Auch wissenschaftlich ist diese Epoche für unser Thema ergiebig. Neben den Gründervätern der Idee des Ökoliberalismus gibt es bedeutsame Vordenker zum Konzept der ökologischen Grenze. Kenneth Boulding, Nicholas Georgescu-Roegen und das Ehepaar Donella und Dennis Meadows sind die Forscher, die als erste systematisch biophysikalische Grenzen von Wachstum und Wirtschaft analysiert haben. In der Idee des Ökoliberalismus verkörpern sie mehr das „Öko" als den Liberalismus.

Ihre Erkenntnisse sind fundamental für den Nachhaltigkeitsdiskurs. In den vergangenen Jahren haben die Freien Demokraten in Deutschland sogar längere Zeit freie Fahrt für Porsches, Flieger und Grillfleisch eingefordert, im Europäischen Parlament haben sie gegen schärfere Klimaziele gestimmt, obwohl sie den kontinuierlichen Entzug von Emissionsrechten als liberale Klimapolitik verkaufen. Hier ist noch nicht erkennbar, wie ökologische Grenzen und Freiheit sinnvoll miteinander zum Ausgleich finden sollen.

„Die Grenzen des Wachstums" von einer Forschergruppe um die Systemforscher Donella und Dennis Meadows am Massachussetts Institute of Technology (MIT) hat durch ihr unerschütterliches Selbstbewusstsein viel Kritik provoziert. Selbst wenn viele ihrer Vorhersagen und Analysen widerlegt wurden, steckt darin weiterhin einiger Wert für die Nachhaltigkeitsdebatte. „The Entropy Law and the Economic Process" des rumänisch-amerikanischen Mathematikers und Ökonomen Nicholas Georgescu-Roegen hat die Grenzen grundlegender beschrieben. Der kurze Aufsatz „The Economics of the Coming Spaceship Earth" des britisch-amerikanischen Ökonomen Kenneth Boulding schließlich ist ein Text, über dessen fast beiläufige analytische Qualität man jedes Mal erstaunt ist, wenn man ihn nach einigen Jahren wieder hervorkramt. Dieser Essay formuliert das Programm einer auf Nachhaltigkeit ausgelegten Politik – ein kleines Meisterstück auf zwölf Seiten.

Die Idee einer Nachhaltigkeit aus der Freiheit habe ich weiter oben als eine Kombination beschrieben: Ein Wohlstand innerhalb biophysikalischer Grenzen auf marktwirtschaftlichen Prinzipien durch eine freie Preisbildung und ohne politische Vorgaben für die Technik sollte das Ziel sein. Die Texte des Ehepaars Meadows, von Georgescu-Roegen und von Boulding sind die drei, die am besten erklären, was ökologische Grenzen sind. Deshalb richten sich an sie einige Fragen.

„Die Grenzen des Wachstums" sind Fluch und Segen der Umweltdebatte. Ein Buch, das wie kein anderes ein Bewusstsein für Risiken der Wachstumsdynamik geschaffen hat. Und das durch seine versponnenen Berechnungen in einem Weltmodell mit neunzig Großvariablen so viel Angriffsfläche geboten hat, dass viele echte Probleme wegdiskutiert wurden. Ihre Prognosen seien nicht eingetreten, also sei die Analyse falsch, schrieben Kritiker. Liest man solche Rezensionen noch einmal, während in Kanada ein Dorf wegen der außergewöhnlichen Hitze von Flammen verschluckt wird oder riesige Fischbestände in der Oder verenden, denkt man, dass etwas Demut vor dem Wesen der Biosphäre den Rezensenten nicht schlecht getan hätte.

Es stimmt aber, dass das Buch des Ehepaars Meadows und ihres Teams in einem wesentlichen Punkt nicht schlüssig ist – mal betont es, keine Exaktheit zu beanspruchen, mal wirft es konkrete Jahreszahlen in den Raum, von denen an ein Rohstoff auf der Welt aufgebraucht sein soll. Davon abgesehen ist es ein kluges Buch, das erstmals die Begrenztheit der Welt analysiert hat. Es hatte visionäre Züge. Hier wird klar, dass das gravierendste ökologische Problem nicht die Ressourcenknappheit, sondern die Senken sind: also die Aufnahmekapazität der Erde für Schadstoffe. Wälder, Ozeane und die Atmosphäre dienen nur begrenzt als Senken für Treibhausgase. Auch die Übersäuerung der Meere und der Plastikmüll in den Ozeanen sind Senkenthemen. Wird mehr ausgestoßen, als die Erde aufnehmen kann, wird das ökologische Gleichgewicht des Planeten gestört.

Wenn ich von den ökologischen Grenzen schreibe, dann meine ich diesen Umstand. Um die Aufnahmekapazität nicht zu überbeanspruchen, müssen sich Wege finden lassen, innerhalb dieser Kapazität zu wirtschaften. Die Philosophie des Cap and Trade (also Begrenzen und Handeltreiben) verkörpert erfolgreich, wie man mit ausufernden Schadstoffen umgehen kann. Staat oder internationale Gemeinschaft erkennen eine ökologische Grenze an, setzen eine Obergrenze, kreieren Rechte für den Ausstoß der Emission, erlauben den Handel dieser Rechte und verschärfen die Obergrenze, sodass die Emissionsmenge automatisch sinkt.

Für die Arbeit des Ehepaars Meadows spricht, dass sie früher als andere die Erderwärmung als ökologische Bedrohung erkannt haben. „Es ist unbekannt, wieviel Kohlendioxid oder Abwärme man freisetzen kann, ohne dass sich das Klima der Erde unwiderruflich verändert, oder wieviel Radioaktivität, Blei und Quecksilberverbindungen und Schädlingsbekämpfungsmittel Pflanzen, Fische und Menschen aufnehmen dürfen, ohne dass die Lebensprozesse schwer gestört werden", schreiben Donella und Dennis Meadows mit ihrem Team. Während sie in der Prognose der Umweltprobleme zu sehr Modellen vertraut haben, waren sie in der Beschreibung der Umweltprobleme präziser als andere.

Das Buch der MIT-Forscher ist ambivalent: Immer wieder schimmert Regelungsfantasie durch. Es gibt Hinweise darauf, dass es sogar Inspirationsquelle für die grausame Ein-Kind-Politik in China war. Im liberalen Westen dagegen schien programmiert, dass aus dem Bericht an die Denkfabrik Club of Rome kaum konkrete politische Konsequenzen gezogen würden. Die Meadows' waren zum Zeitpunkt der Veröffentlichung 30 Jahre alt – wären sie älter und wissenschaftlich erfahrener gewesen, hätten sie womöglich Angriffe besser abfedern und ihre Studie immunisieren können. Als ich Dennis Meadows Jahre später in Berlin treffe, wirkt er desillusioniert. Die öffentliche Debatte habe ohne ihn stattgefunden. „Die Leute wollten nicht meine Meinung hören, sondern hatten ihre eigene", sagte er.

Dabei nimmt das Buch bei allen Schwächen einen wichtigen Platz in den Überlegungen zu einem freiheitlichen Konzept der Nachhaltigkeit ein. Es beschreibt, auf welche Grenzen in der Natur der Konsum von Staaten, Unternehmen und Haushalten Rücksicht nehmen muss. „Unsere Erde ist nicht unendlich", schreiben sie. Schwierigkeiten würden immer unlösbarer, je näher die menschliche Aktivität den Kapazitätsgrenzen komme.

Nicholas Georgescu-Roegen dagegen hat sich in seiner Analyse von Wachstumsgrenzen mit einem zentralen Phänomen beschäftigt, das in seinem Fach, der Volkswirtschaftslehre, bis dato kaum diskutiert wurde: die Entropie. Niemand hat die biophysikalischen Grenzen der Wirtschaft grundlegender erforscht, niemand hat damit die eigene Zunft so sehr vor den Kopf gestoßen, niemand hat selbst wohlmeinende Begleiter ruppiger zurückgewiesen. Das macht Georgescu-Roegen nicht zum sympathischsten Nachhaltigkeitsdenker, aber seine Herleitung der Biophysik des Wirtschaftens ist ein so wichtiger Beitrag, dass man sich darüber wundert, wie wenig er außerhalb eines engen Zirkels von Wissenschaftlern beachtet wurde. Und das, obwohl Nobel-Gedächtnispreisträger Paul Samuelson seine Leistungen öffentlich würdigte – sogar in seiner Dankesrede als Preisträger in Stockholm im Jahr 1970.

Das Konzept der Thermodynamik ist ein Schlüssel zum Verständnis dafür, warum Ökonomie und Ökologie fundamental miteinander im Konflikt stehen – auch wenn eine Entkopplung von Wachstum und Umweltverbrauch heute mit Anstrengungen möglich erscheint. Für Ökoliberale, die eigentlich dem Markt vertrauen, ist die Thermodynamik der Berg, den sie bestiegen haben müssen, um die Begrenztheit der Welt anzuerkennen.

Georgescu-Roegen war Ökonomie-Professor an der Vanderbilt-Universität in Nashville, dieses Vorzeige-Campus in der US-Country-Hochburg. Sein Buch über das Entropie-Gesetz schrieb er kurz vor dem Ruhestand. War das Ehepaar Meadows vielleicht zu jung, war Georgescu-Roegen womöglich zu fortgeschritten. Beides tat dem Diskurs nicht gut.

Für Ökonomen sind die Physik und Agrarwissenschaften im Buch eine Zumutung, Ökologen dürfte die Mathematik abschrecken und Physiker müssen sich auf philosophische Zeit-Konzepte und langatmige VWL-Dogmengeschichte einlassen. Aber für die multidisziplinäre Fachrichtung der Ökologischen Ökonomik ist es eine Gründungsschrift, deren Konzepte bis heute die Forschung anregen.

Immerhin hat Georgescu-Roegen außerhalb der Akademie Widerhall gefunden: Er wird als Vordenker der Degrowth-Bewegung gefeiert, die sich wegen der ökologischen Krise für eine partielle Schrumpfung von Sektoren ausspricht. Das ist allerdings die Gegenthese zu meinem Ansatz des Ökoliberalismus: Sie legt nahe, planetaren Grenzen könne man nur gerecht werden, wenn man Teile der Wertschöpfung absichtsvoll aufgibt.

Wer aber legt fest, was gut und was schlecht ist? Hier lautet die These: Die Umwelt wird geschützt, indem durch geeignete Instrumente objektive Grenzen politisch gesetzt werden, in diesem Rahmen kann sich die Wirtschaft frei entfalten. Treibhausgase sind schlecht, nicht der Konsum an sich. Ob trotz Ökogrenzen noch Wachstum möglich bleibt, ist unerheblich, solange die planetaren Limitierungen eingehalten werden. Georgescu-Roegens Buch deckt das gravierendste Problem der Ökonomik auf: Sie schert sich nicht um die stoffliche und energetische Basis ihres Fachs.

Mit seinem Werk hat er die beiden Hauptsätze der Thermodynamik für die Volkswirtschaftslehre fruchtbar gemacht: 1. Energie kann nicht geschaffen, sondern nur gewandelt werden. 2. Bei der Wandlung verliert sie ihre Nutzbarkeit, indem ein höherer Grad an Unordnung – niedrige Entropie oder Abfall (wie in den Beispielen CO_2 oder Plutonium) – entsteht. Aus verfügbarer Energie wird Abfall, dieser Prozess ist irreversibel – einer der wichtigsten Gedanken der Ökologischen Ökonomik. Wird die Biosphäre durch wirtschaftliche Aktivität geschädigt, werden ausgestorbene Arten, nicht mehr bewohnbare Lebensräume oder verstrahlte Gebiete zurückgelassen.

Georgescu-Roegen ist einer der wichtigsten Vordenker des Konzepts ökologischer Grenzen, die für den Menschen schwer hinnehmbar seien, schrieb er schon vor einem halben Jahrhundert: Wir hätten eine Abneigung, unsere Begrenztheit im Verhältnis zu Raum, Zeit, Materie und Energie anzuerkennen. In Georgescu-Roegens berühmtestem Zitat wird deutlich, welche Schranken des Wirtschaftens er im Sinn hat: „Wir können sagen, dass jedes Baby, das jetzt geboren wird, ein menschliches Leben weniger in der Zukunft bedeutet. Aber auch jeder Cadillac, der zu irgendeinem Zeitpunkt hergestellt wird, bedeutet weniger Leben in der Zukunft." Allein diese Aussage hat Leser abgeschreckt.

Seine Betrachtung hat eine viel längere Perspektive als die meisten ökonomischen Analysen. Aus seiner Sicht beruht der Wohlstand auf zwei Quellen: dem über Jahrmillionen gesammelten Bestand an Ressourcen in der Erdkruste, der begrenzt ist, und der Sonneneinstrahlung, auf die Menschen keinen Einfluss haben. Obwohl auch die Solarenergie durch Thermodynamik an Kraft verliere, sei der Betrieb von Autos mit Hilfe solarbetriebener Batterien unvermeidbar, um die Quellen niedriger Entropie, also verfügbarer Energie, zu schonen. Der Mensch solle die wertvolle niedrige Entropie in der Erdkruste nicht zu schnell in wertlose Güter verwandeln. Was für eine Aussage von einem Ökonomen! Und was für eine Lehre für uns!

Die grundlegenden Prinzipien, die Nicholas Georgescu-Roegen dargelegt hat, haben trotzdem kaum Eingang in den breiteren Nachhaltigkeits- und Volkswirtschaftsmainstream gefunden. Wohl weil er es sich in seinem Buch und nach seinem Erscheinen selbst mit den wohlwollendsten Kommentatoren verscherzt hat. Vielleicht hatte er ein bisschen zu wenig Lagerdenken, um Verbündete zu finden. Gibt es also auch zu wenig Lagerdenken?

Das starke Bild vom Raumschiff Erde

Grenzen bedeuten nicht, dass wirtschaftliches Wachstum durch eine natürliche Begrenzung der menschlichen Entwicklung beschränkt sei. Sie bedeuten auch nicht, dass der Klimawandel uns dazu zwinge, Verzicht an die Stelle von Fortschritt zu setzen. Im Gegenteil: Ohne neue Techniken wird es unmöglich werden, die Ziele der Klimapolitik zu erreichen und gleichzeitig ein lebenswertes Leben zu führen. Die Ausführungen über biophysikalische Grenzen zeigen aber etwas anderes, das uns immer wieder begegnen wird: Wohlstand und Naturverbrauch müssen noch stärker voneinander entkoppelt werden, als es seit einigen Jahren in der Produktion von Gütern in westlichen Industrieländern gelungen ist (eine Erkenntnis, die zu übersehen droht, dass dafür Herstellung in ärmere Länder abgewandert ist).

Entkopplung ist durch die ökologischen Bedrohungen sogar zu einer Menschheitsaufgabe geworden. Wir werden im weiteren Verlauf sehen, dass Industriestaaten seit Beginn dieses Jahrtausends große Fortschritte erzielt haben. Aber das reicht noch lange nicht, um die biophysikalischen Grenzen einzuhalten. Deshalb bleibt die Auseinandersetzung mit dem Ehepaar Meadows und mit Georgescu-Roegen weiterhin wichtig.

Was bedeuten diese ökologischen Grenzen, die mit den Gesetzen der Thermodynamik zusammenhängen? Wie schränken sie Handlungsmöglichkeiten ein? Welche Schluss-

folgerungen für Konsum, Energieerzeugung und Material-
verwendung lassen sich ziehen? Diese Fragen hat niemand
anschaulicher beantwortet als der britisch-amerikanische
Ökonom Kenneth Boulding von der Universität Michigan. Im
Jahr 1966 veröffentlichte er einen nur zwölfseitigen Aufsatz, in
dem er die großen Linien zeichnete, die bis heute den Diskurs
dominieren: „The Economics of the Coming Spaceship Earth".

Darin verwendet er griffige und schlüssige Bilder, die
man sofort intuitiv versteht, und Konzepte wie Material- und
Energiedurchsatz, die Generationen von Ökologischen Ökonomen zu Forschung inspiriert haben. In Politik und Mainstream-Ökonomik hat er keine Fürsprecher gefunden: Bouldings Ausführungen sind intellektuell unbequem, stellen das
etablierte Wirtschaftsmodell und bewährte Konsummuster
in Frage. Das passt schlecht zur Mehr-ist-besser-Welt und
einer Wachstum-durch-technischen-Fortschritt-Welt. Aber
Boulding ist kein Ökoromantiker und kein Regulierer, um
des Regulierens willen. Er ist Ahnherr einer ökoliberalen Idee.

„Das Bild der Grenze ist wahrscheinlich eines der ältesten der Menschheit, und es überrascht nicht, dass wir uns
so schwer tun, es loszuwerden", schrieb er. Seine Aussage
stimmt bis heute. Im weiteren Verlauf dieses Buchs wird
dieser Gedanke einer Zäsur als Kenneth-Boulding-Moment
wieder auftauchen. In der Vergangenheit seien Grenzen kein
Faktor gewesen, der die Entwicklung des Menschen aufhalten konnte. Wenn ökologische oder soziale Verwerfungen
zu groß wurden, konnte er weiterziehen. Für diese Art des
Wirtschaftens verwendet Boulding die Formulierung der
„Cowboy-Ökonomie". Über Jahrhunderte habe sich die Sicht
auf die Welt verändert. Die Erde sei vernetzt.

Outputs seien in einem geschlossenen System verbunden mit Inputs anderer Teile. Es gebe keine Inputs von und
keine Outputs nach Außen. Ein Außerhalb existiere nicht.

Das „Raumschiff Erde" dürfte einer der frühesten Texte sein, in denen die wechselseitige Abhängigkeit der gesamten Wirtschaft und der Natur zum Thema geworden sind. Seine Idee einer Raumschiff- und einer Cowboy-Ökonomie wird sich durch dieses Buch ziehen, weil sie beschreibt, welcher große Schritt von einer konventionellen zu einer nachhaltigen Wirtschaft zu machen ist. Das zu verhindern war ein gigantisches Projekt der Verdrängung weiter Teile der Gesellschaft mit Hilfe anknüpfungsfähiger und wirkmächtiger Metaphern, wie wir später sehen werden.

Bouldings Aufsatz erschien zwei Jahre vor der Mondumrundung 1968, die vielen das Bild der Erde im Planetensystem plastisch vor Augen geführt hat. Der unkonventionelle Ökonom hat aufgezeigt, wie die materielle und energetische Basis der Welt verlangen, von einer fossilen Versorgung wegzukommen – zur solaren Versorgung, dem einzigen Input, der doch von außerhalb einwirkt. Er ist einer der frühen Unterstützer einer Energiewende von Öl, Kohle und Gas hin zu Windkraft und Photovoltaik – einer Politik, die in Deutschland mit dem Wechsel zu einer rot-grünen Regierung 1998 vorangetrieben wurde. Boulding hält nüchtern fest, dass fossile Energiequellen deutlich schneller aufgebraucht werden, wenn alle Länder einen Energiekonsum wie die Vereinigten Staaten entwickelten.

Auch als Vordenker von Recycling und Kreislaufwirtschaft zeigt sich Boulding. Dass ich mich seit zwei Jahrzehnten mit solchen Ideen beschäftige, ist wohl einer der Gründe, warum ich den dosierten Gebrauch von Plastiktüten als Wassermelonen-Beförderungsmittel unproblematisch finde, sofern die Politik sich einsetzt, dass Stoffkreisläufe geschlossen werden. Dass solche Gedanken dem ökomoralischen Teil der sozialen Medien nicht gut gefallen, werden wir später noch sehen.

In einigen Sätzen deutet Boulding in seinem Essay die Kritik am Bruttonational- oder -inlandsprodukt als Wohlstandsmaß an, die viele Wissenschaftler und 45 Jahre später sogar eine Enquete-Kommission des Deutschen Bundestags beschäftigen wird. „Die wichtigste Maßeinheit des Erfolgs einer Ökonomie ist nicht die Produktion und der Konsum, sondern Natur, Ausmaß, Qualität und Komplexität des gesamten Kapitalstocks, was den Zustand der Menschen in diesem System und ihren Geist einbezieht." Diese Aussage ist eine Säule des Nachhaltigkeitsdenkens. Der große Liberale Amartya Sen hat mit dem Human Development Index ein alternatives Wohlstandsmaß geschaffen, das einiges davon beherzigt. Vielleicht wäre die Welt heute auf dem Weg zur Nachhaltigkeit, hätte man diesen gut lesbaren Text mehr Studierenden zu Beginn ihres Studiums als Lektüre empfohlen.

Nach wie vor fällt es uns nicht leicht, ökologische Grenzen anzuerkennen. Immerhin hat sich glücklicherweise im politischen Handeln inzwischen eine klare Grenz-Perspektive durchgesetzt. Das Klimaberatungsgremium IPCC ist heute recht präzise in der Lage, Emissionspfade für Treibhausgase vorzuzeichnen, die einen Weg in die Klimaneutralität bis 2050 weisen. Das ist nichts anderes, als die Begrenztheit der Welt anzuerkennen. Das künftige Wirtschaften muss in diesem Rahmen ablaufen. Es muss!

Was wir klimapolitisch gerade erleben, indem auf einzelne Staaten und einzelne Individuen Treibhausgasbudgets heruntergerechnet werden, ist die späte Anerkennung von Georgescu-Roegens „The Entropy Law and the Economic Process" und Bouldings „The Economics of the Coming Spaceship Earth". Für eine ökoliberale Perspektive ist entscheidend, attraktive Bilder einer Raumschiff-Ökonomie zu entwerfen. Darum soll es in diesem Buch gehen.

Auf den folgenden Seiten will ich Theorie und Alltag eines freiheitlichen Verständnisses von Nachhaltigkeit miteinander in Einklang bringen. Was dieses Buch nicht sein will und kann, ist eine konzise wissenschaftliche Herleitung eines Ökoliberalismus im 21. Jahrhundert. Es leiht sich vielmehr von einigen führenden, nicht ausschließlich liberalen Denkern von Aristoteles bis Amartya Sen, von John Stuart Mill bis Tim Jackson und von Friedrich August von Hayek bis Herman Daly Gedanken, die für eine ökoliberale Position mit Anerkennung der biophysikalischen Grenzen fruchtbar sind.

Gleichzeitig wird es die individuelle Verantwortung in Form konkreter Skizzen eines Lebens in einer 2-Tonnen-CO_2-Welt und im Anschluss daran einer klimaneutralen Welt diskutieren. Im Verlauf wird das Buch zwischen Alltagsleben, Politik, Klimadiskurs und Theorie hin- und herspringen. Und es wird natürlich auch meine zweite wissenschaftliche Vorprägung nicht vernachlässigen. Denn immer wieder unterschätzen wir, wie Sprache unser Bild der wirtschaftlichen Entwicklung prägt.

Klimaneutralität ist anstrengend. Das erleben meine Familie und ich jeden Tag, wenn wir ohne Auto, mit Ökostrom und im Passivhaus auf zu geringer Fläche, wie ein Teil von uns findet, die Themen Mobilität, Energieversorgung und Wohnen schon weitgehend klimaneutral gestalten. Aber die Sphären Konsum und Ernährung verhindern, dass wir mit rund 3,6 Tonnen CO_2 pro Kopf im Jahr schon an der 2-Tonnen-CO_2-Welt schnuppern – und wie gesagt: Auch sie wird nach den jüngsten IPCC-Berechnungen nicht ausreichen.

Darin enthalten sind auch noch die 860 Kilogramm CO_2-Emissionen, die uns statistisch jedes Jahr durch Staatstätigkeit zugerechnet werden. Schlecht gedämmte Verwaltungsgebäude und großzügige Reiseregeln für Mitarbeiter von Behörden spielen hinein. Aber schon unseren Lebensstil beschreiben Verwandte und Freunde als entbehrungsreichen Verzicht. Wie bekommen wir sie ins Boot für eine Nachhaltigkeit aus der Freiheit?

Und tatsächlich: Man muss einigen ökologischen Idealismus mitbringen, um bei Minusgraden kleine Kinder auf dem Fahrrad durch die Gegend zu fahren, weil man die Erderwärmung ernst nimmt. Auch wir hoffen auf technologische Errungenschaften wie Wasserstoff-betriebene Flugzeuge schon in wenigen Jahren. Wir entdecken gern die Welt und andere Kulturen, unser Freundeskreis ist voll von binationalen Ehen. Doch es lohnt sich, skeptisch zu bleiben und realistisch: Wir müssen noch weitaus mehr erreichen als unsere 3,6 Tonnen CO_2 im Jahr.

Jahrelang mit dem Fahrrad zum Carsharing-Auto fahren, zu Hause Kindersitze einbauen und nicht vor der Tür zu parken, um im Alltag kein Auto zu besitzen – das kann ich selbst steuern. Wie viel CO_2 in der Lieferkette meiner Produkte ausgestoßen wurde – da bin ich machtlos. Ökoliberalismus ist eine Antwort auf zwei Denkarten, die zu keiner wünschenswerten Lösung führen werden: auf eine rigorose Verbotspolitik, die nicht die Grenzen der Freiheit sieht, und auf einseitige liberale Marktpolitik, die nicht die Grenzen des Planeten anerkennt.

2   Ein klimaneutrales Leben

I wanna hear the dogs crying for water
I wanna see the fish go belly up in the sea
And all those lemurs and all those tiny creatures
I wanna see them burn
It's only 4 degrees
Anohni — 4 Degrees

Wenn wir mit der Familie große Feste feiern, müssen wir als
erstes klären: Wie kommen die Gäste vom einen zum anderen Ort, ohne Auto fahren zu müssen? Das ist weniger eine
ideologische als eine pragmatische Überlegung, weil auch
unsere Freunde mit dem Zug anreisen und in der Stadt auf
den Nahverkehr oder die eigenen Füße angewiesen sind.
Für eine Hochzeits- oder Tauflocation kommen also Orte
in Frage, die ohne fossile Hilfe von der Kirche aus oder mit
öffentlichen Verkehrsmitteln zu erreichen sind. Mit dem
Boot oder zu Fuß waren bislang die besten Varianten.

Heute ist die Taufe unseres Jüngsten. Deshalb sitzen wir
an diesem schönen Sommertag auf der Terrasse im Café eines
Frankfurter Parks. Die Sonne scheint, aber nicht zu heiß,
hohe hundertjährige Bäume werfen Schatten. Ein Dutzend
Kinder unserer Taufgesellschaft tobt über den Spielplatz, der
sich gut überblicken lässt. Ein Klettergerüst, eine Seilbahn,
drei Schaukeln und ein Häuschen zum Spielen. Einige unserer Freunde haben wir lange nicht gesehen. Also sprechen wir
über Persönliches.

Aber ein bisschen anders als sonst ist es diesmal. In diesem Sommer 2019 ist das Private zum ersten Mal seit langem
wieder politisch. Wie oft hatte ich beruflich und privat darüber

geklagt, dass sich jüngere Leute aus politischen Diskussionen heraushielten und in persönliche Nischen flüchteten? Über Blümchen-Kleider aus coolen Kölner und Berliner Boutiquen als Ausdruck des hedonistischen Eskapismus? Über Konsumismus und die Selbstbespiegelung auf Facebook und Instagram? Auf einmal sind die Jüngeren politischer als wir.

Meine Generation, die zwischen Vereinbarkeit von Familie und Beruf, moderatem zivilgesellschaftlichem Engagement und Meinungsstärke zu großen Themen ihren Platz gesucht hat, muss sich in einer Frage vor sich her treiben lassen, die sie für ihre hielt: in der Klimafrage.

Die Proteste der Fridays-for-Future-Bewegung haben auch uns dazu gebracht nachzudenken: Die lange Diskussion über die Legitimität des Protests wirkt aus heutiger Sicht grotesk: Eine Generation, die eben noch Schüler daran hindern wollte, an Schultagen zu protestieren, schaffte es nicht einmal, ihnen in der Pandemie vernünftigen Unterricht zu organisieren. Zunehmend ging es aber auch um ihre Forderungen: um einen schnelleren Kohleausstieg bis 2030, einen CO_2-Preis, der Emissionen senken soll, und ein Ende für Subventionen, die den Ausstoß fördern. Ich will es noch einmal betonen: Der politische Clou von Fridays for Future ist es, Menschen individuell von einer vermeintlichen Klimaschuld zu entlasten, weil die Aktivisten die Politik dazu auffordern, nachhaltige Strukturen zu schaffen.

Je mehr sie politisches Handeln einforderten, desto mehr ging es paradoxerweise um unseren individuellen Beitrag. Mitte April 2019 habe ich unter dem Titel „Unser Abdruck" eine Seite für die F.A.Z. geschrieben, die im Kern die Thesen dieses Buchs enthielt. Ich beschrieb mich als weniger klimakonsequent als Greta Thunberg, da ich weder Vegetarier noch Veganer bin. Ich verwies auf Rechnungen auf der Webseite www.footprintcalculator.org, nach denen

1,3 Erden nötig wären, um selbst meinen ressourcenbewussten Lebensstil zu ertragen. „Zu viel."

5,6 Tonnen Kohlendioxid im Jahr, was zwar die Hälfte des deutschen Durchschnitts, aber noch immer zu viel sei. Als ich die Logik des Rechners später genauer verstehe, merke ich, dass die Angabe zu hoch ist. Ich hatte den durchschnittlichen Konsum eines Deutschen ausgewählt. Meiner ist niedriger, so komme ich etwa auf 3,6 Tonnen Kohlendioxidäquivalente im Jahr (wenn mir nicht eine meiner seltenen Flugreisen die Bilanz verhagelt).

An diesem sonnigen Nachmittag mit Blick auf eine grüne Wiese und den Spielplatz haben sich die Gruppen separiert: Die Großelterngeneration spricht über Urlaube. Davon getrennt diskutieren wir Mitte/Ende der 1970er Geborenen mit unseren engen Freunden. Wir sind ein homogener Kreis: überwiegend Akademiker, mehr oder weniger umweltbewusst – zum Teil spielt Nachhaltigkeit sogar eine berufliche Rolle, jeder hat über seinen ökologischen Fußabdruck nachgedacht.

Wir kommen auf unsere Dilemmata des Lebens zu sprechen: Fliegt eine der Freundinnen mit dem Flugzeug, dann weil es der Job verlangt. Ein anderer hat sich in seinem Auslandsjahr in Lateinamerika in eine Frau verliebt, die er später geheiratet hat. Wollen die Schwiegereltern ihre drei Enkel sehen, muss sich ein Teil der Familie ins Flugzeug setzen.

Alle achten auf eine vernünftige, nicht zu fleischhaltige Ernährung, wissen um Vorteile einer saisonalen Küche und von Bioprodukten. Eine weitere Familie lebt ohne Auto in der Metropole und konsumiert dezent. Eine Familie wohnt in der Provinz, von wo er jeden Tag mit dem Regionalzug in die Stadt fährt und als einziges Fahrzeug im Notfall das Auto der Eltern nutzen kann, die nebenan wohnen. Das neu gebaute

Haus ist gut gedämmt, außerhalb der Stadt kann man sich mehr Fläche leisten. Der Energieverbrauch ist dadurch höher. Während unsere Kinder ausgelassen auf Bäume klettern, wird uns bewusst, wie groß die Herausforderungen des Klimaschutzes werden.

Eigentlich scheint die Lösung ganz einfach: Wir können unser Verhalten so ändern, dass wir weniger Treibhausgase ausstoßen, oder beten, dass der technische Fortschritt uns entlastet. Wenn eine Deutsche auf einen Pro-Kopf-Ausstoß von 11 Tonnen CO_2-Äquivalenten kommt, ist das mehr als doppelt so viel wie im Weltdurchschnitt (4,8 Tonnen) und mehr als 5 mal so viel, wie das Intergovernmental Panel on Climate Change (IPCC) vor dem Pariser Abkommen für tragfähig hielt.

Seit diesem Vertrag von 2015 hat sich seine Sichtweise verschärft: Für die Erde haben die Fachleute ein Kohlenstoffbudget errechnet, das maximal angezapft werden kann, damit sich die durchschnittliche Temperatur auf der Erde nicht um mehr als 1,5 Grad erhöht. Dieses Budget entspricht 300 Milliarden Tonnen. Nach dieser Logik dürfen wir ab 2050 gar keine Treibhausgase mehr ausstoßen. Bis dahin müssen wir ohne fossile Brennstoffe aus uralten Gesteinsschichten auskommen.

„Gleichverteilt – eine starke, aber hilfreiche Annahme – auf alle acht Milliarden Erdenbürger*innen sind das knappe 40 Tonnen CO_2 pro Nase. Für alle Zeit", stellt Gunnar Luderer in einer Twitter-Antwort auf einen Beitrag von mir klar, ein Physiker des Potsdam Instituts für Klimafolgenforschung, der später noch ausführlicher zu Wort kommt. Beim heutigen durchschnittlichen Ausstoß einer deutschen Einzelperson reicht das für weniger als vier Jahre. Dann müsste Deutschland klimaneutral sein. Wenn man das ernst nimmt, versteht man einige Thesen dieses Buchs:

1. Ich halte die häufig im Diskurs vertretene Behauptung, Hauptverursacher seien China und die USA, also müssten wir weniger Anstrengungen leisten, für indiskutabel. Klimaschutz ist eine globale Aufgabe. Betrachten wir die Werte pro Kopf, stellt sich die Frage, warum einem Deutschen gemessen am heutigen Ausstoß zustehen sollte, 27 mal so viel zu emittieren wie eine Ghanaerin, die schon fast klimaneutral lebt. Nicht um der Welt zu beweisen, wie gut Deutschland es hinbekommt, sondern weil jedes Land eine Verpflichtung erfüllen muss, müssen wir handeln.

2. Dieser Umstieg wird hart und erhebliche Auswirkungen auf unseren Lebensstil haben. Ich wundere mich, dass die beiden oben skizzierten Strategien, die ich als Verzicht und Technik bezeichne, gegeneinander ausgespielt werden. Technik wird uns helfen, aber nicht ausreichend und nicht überall schon jetzt.

3. Noch eine immer wiederkehrende These: Erst durch die Überbevölkerung werde der Klimawandel unkontrollierbar. Auf die Bevölkerungsentwicklung legte das Ehepaar Meadows in „Die Grenzen des Wachstums" einen Schwerpunkt. Doch wer ist „überbevölkert"? Länder mit mehr als 10 Tonnen CO_2-Ausstoß pro Kopf im Jahr und geringen Geburtenraten oder solche mit weniger als einer Tonne und hohen Raten? Klimaneutralität macht sich nicht an der Zahl der Einwohner fest – auch wenn sie mit einer kleineren Bevölkerung leichter erreichbar ist. Das Ausmaß des Bevölkerungswachstums ist vorhersehbar und kaum beeinflussbar – außer durch die unfreieste Beschränkung wie in China. Der schwedische Arzt und Statistiker Hans Rosling hat in seinem Buch „Factfulness" prognostiziert, dass die Entwicklung bei etwa 11 Milliarden Menschen zum Halten kommen dürfte.

4. Bis vor einigen Jahren waren Umweltverbrauch und Wirtschaftswachstum eng gekoppelt. Um die Hintergründe besser zu verstehen, haben wir uns mit den Ökonomen Kenneth Boulding und Nicholas Georgesu-Roegen beschäftigt. Die völlige Entkopplung von Wachstum und Naturzerstörung ist eine Menschheitsaufgabe. Zarte Pflänzlein deuten darauf hin, dass dies gelingen kann. Aber schon jetzt vom Potenzial einer vollständigen Dematerialisierung des Konsums zu schwärmen, ist verfrüht. Genauso war die Fixierung auf Wachstumspolitik seit den 1970er Jahren bizarr, nachdem erstmals eine fundierte Wachstumskritik öffentlich den Umweltdiskurs beherrschte.

Die Potenziale von Technik und Verzicht

Zwei Gedanken möchte ich als eine Art Schattenthese durch das Buch mitnehmen: Nach ihren Autoren nenne ich sie die Paech-These und die McAfee-These. Sie sind für mich die Extreme dessen, wie man über die ökologische Krise und ihre Bewältigung demokratisch nachdenken kann. Jenseits von McAfee begegnet man Klimaleugnern, jenseits von Paech (heimlichen) Anhängern einer Ökodiktatur. In Strategien für die Freunde auf der Tauffeier übersetzt, heißt das: Müssen wir viel an unserem Lebensstil verändern? Oder ist der technische Fortschritt so stark, dass Klimaneutralität durch die Hintertür als Innovation kommt?

Niko Paech, außerplanmäßiger Wirtschaftsprofessor der Universität Siegen, ist einer der führenden Postwachstums-Theoretiker (und -Praktiker). Er meint, Konsumansprüche, Produktion und Energieverbrauch müssten auf ein Maß zurückgefahren und Industriestrukturen so zurechtgestutzt werden, dass sie im Einklang mit ökologischen Grenzen stehen. Mit seiner konsequenten Wachstumskritik findet er Anhänger, seine Vorträge sind gut besucht, seine Bücher verkaufen sich.

Der amerikanische Innovationsforscher Andrew McAfee dagegen hat in seinem Buch „Mehr aus weniger" dargelegt, dass die Wirtschaft schon jetzt auf einem beschleunigten Pfad zur Dematerialisierung sei. Ressourcenprobleme erledigten sich durch die kapitalistische Logik, den technischen Fortschritt, bürgernahe Regierungen und das wachsende öffentliche Bewusstsein für Umweltprobleme gewissermaßen von selbst.

Ich glaube, dass weder der Ansatz von Paech noch der von McAfee die Lösung des Klimaproblems bringen werden. Ein fundierter Ökoliberalismus, wie ich ihn hier vertrete, hebt auf Nachhaltigkeit aus der Freiheit und eine Ökonomie des rechten Maßes ab, nutzt den Markt als Instrument und den Staat als Regelsetzer. Dennoch haben beide Wissenschaftler ein ganzes Arsenal starker Argumente, die diesen Diskurs voranbringen.

Paech hat sich im Jahr 2016 auf ein unterhaltsam zu lesendes Streitgespräch mit dem früheren Entwicklungsminister und SPD-Präsidiumsmitglied Erhard Eppler, einem Ökopionier, eingelassen. Es ist als „Was Sie da vorhaben, wäre ja eine Revolution" veröffentlicht worden. Wohlgemerkt ist der Titel ein Zitat des progressiven Ökologen Eppler, der das noch weiterreichende Vorhaben Paechs bewertet. Im Nachwort erläutert dieser Grundzüge einer Postwachstumsökonomie. Darin spielt Suffizienz eine wichtige Rolle. Paech nennt sie eine Entrümpelung, die übervolle Lebensstile von „Komfortkrücken" befreie. „Durch den Abwurf von Wohlstandsballast wäre es wieder möglich, sich stressfrei auf das Wesentliche zu konzentrieren", schreibt er.

Diese Perspektive klingt nach Verzicht und einem Umbau der Industriegesellschaft. Um sich der Wachstumsdynamik zu entziehen, könnten Beschäftigte ihre Erwerbsarbeitszeit auf zwanzig Stunden reduzieren. Damit bliebe mehr Zeit für Ehrenämter und Care-Arbeit. Produkte sollten langlebiger werden. „Der nötige Rest an industrieller Neuproduktion würde sich darauf beschränken, Güter zu ersetzen, die nach Ausschöpfung aller nutzungsdauerverlängernden Maßnahmen – durch Prosumenten, regionale Handwerksbetriebe und moderne Dienstleister – behutsam zu entsorgen sind", schreibt er.

Paech war in den 1980er Jahren Mitglied der Grünen und hat sich von der Partei in dem Maße abgewandt, wie sie ihren Frieden mit der kapitalistischen Industriegesellschaft geschlossen hat. Seine Skizze klingt so, als hätten Parteifundis Ende der 1980er Jahre eine eigene Partei gegründet und radikale Ökologen um sich geschart. Wenn der Weg zu einem suffizienten Lebensstil nicht aktiv beschritten werde, würden kollabierende Systeme durch Klimawandel und Ressourcenverknappung ihn erzwingen.

Welche von Paechs Argumenten sind für einen ökoliberalen Ansatz wertvoll? Einige: Konsequent kritisiert er die technische Ausrichtung auf Nachhaltigkeit. Das Erneuerbare-Energien-Gesetz versuche, den Energiehunger der Konsumgesellschaft auf erträglichere Weise zu stillen als durch Fossile. Der Preis sei der Raubbau an der Natur. Passivhäuser erleichterten das Gewissen, verursachten aber schädliche Kuppelprodukte – und seien Ausrede dafür, weniger sparsam mit Energie umzugehen. „Nicht Passivhäuser zählen, sondern die Ökobilanz jedes einzelnen", hält er Eppler im Gespräch entgegen.

Menschen, die sich vegetarisch ernährten und aufs Smartphone verzichteten, seien häufig anderswo verschwenderisch. „Ich nenne das ‚symbolische Kompensation‘“, sagt er. „Kern einer Ethik des 21. Jahrhunderts müsste sein, dass sich jeder Mensch die Frage stellt: Was steht mir eigentlich zu?“ Das Treibhausgas-Budget bestimme, wie jeder konsumieren könne. Das definiere den Handlungsrahmen zwischen Freiheit und Verantwortung. So öffnet Paech das Tor weit für einen Ökomoralismus, der Menschen für Fehlverhalten anzählt. Eppler ist irritiert. Paech erwidert: „Ich widerspreche Ihnen nicht, dass jede Tat zählt, aber dann sollten wir bitte auch jede weniger nachhaltige Tat, die vom selben Individuum ausgeführt wird, ungeschönt einbeziehen.“

Fordert der Ökonom Niko Paech radikal die Verantwortung des Individuums ein, so entlastet es der Ingenieur Andrew McAfee vom Massachusetts Institute of Technology maximal. Gemeinsam mit seinem Lehrer Erik Brynjolfsson von der Stanford-Universität hat er viele Jahre zur Frage geforscht, welchen Einfluss die Digitalisierung auf die Arbeitswelt hat. So haben sie ihr Konzept des Zweiten Maschinenzeitalters entwickelt: die Digitaltechnik, die „Mehr aus weniger“, wie sein Buch heißt, erschaffen könne.

Als Beifang ist er darauf gestoßen, dass die US-Wirtschaft Anfang des Jahrtausends einen Trend brach: Der Ressourceneinsatz fiel. McAfee spricht von einer Dematerialisierung. Sie werde helfen, den Schaden an der Umwelt durch die Wirtschaft zurückzufahren. „Ich bin zuversichtlich, dass das Zweite Maschinenalter als eine Epoche in unsere Geschichte eingehen wird, in der wir begannen, ganz allmählich und nachhaltig schonender mit der Erde umzugehen, ihr weniger zu nehmen und sie pfleglicher zu behandeln, obwohl wir Menschen zugleich immer zahlreicher und wohlhabender werden“, schreibt er.

Hinterlässt Niko Paech den Eindruck, eine Entkopplung zwischen Wachstum und Umweltverbrauch sei unmöglich, hält sie McAfee für fast erreicht. Beides ist übertrieben. Das Smartphone, dessen Abstinenz Paech als ein Beispiel nachhaltigen Verhaltens preist, ist bei McAfee das Symbol der Wende: ein Produkt, das andere ersetze und dadurch den Materialverbrauch mindere. Dabei klammert er aus, dass es meist zusätzlich zu anderen Produkten benutzt wird und bei seiner Herstellung eigene schädliche Kuppelprodukte entstehen.

McAfee schreibt anschaulich darüber, wie die industrielle Revolution und die Erfindung der Dampfmaschine für Millionen von Menschen Wohlstand brachten. Weitere Innovationen wie der Elektro- und der Verbrennungsmotor, die Stickstoffdüngung und die Verbesserung von Sanitäranlagen hätten ermöglicht, dass der Wohlstand im 20. Jahrhundert explodierte. „Es stimmt nicht, dass diese im Industriezeitalter erreichten Fortschritte dem Menschen erlaubt hätten, unseren Planeten vollständig zu beherrschen. Auch heute noch können wir das Wetter nicht steuern, können Blitzschläge, Wirbelstürme, Vulkanausbrüche, Erdbeben oder Flutwellen nicht kontrollieren", schreibt McAfee.

Im Anschluss liefert der US-Amerikaner einen informativen Abriss über ideengeschichtliche Aspekte des Verhältnisses von Innovation und Ökologie – zum Beispiel die folgenreiche Beobachtung des britischen Volkswirts Alfred Marshall, auf dessen Hypothese über das menschliche Wesen die Mehr-ist-besser-Annahme der Ökonomik zurückgeht. Mit dem Umweltbewusstsein der 1970er Jahre sei sie widerlegt worden.

Die zentrale Anekdote in McAfees Buch handelt von einer Wette zwischen dem Ökologen Paul Ehrlich und dem Ökonomen Julian Simon über die Preisentwicklung für Rohstoffe in den zehn Jahren nach 1980. Ehrlich, überzeugt von der Knappheit der Ressourcen, überschätzte diese und verlor die Wette. Die Knappheitserwartung habe eine Suche nach Alternativen ausgelöst, argumentiert der Autor. Das Konzept der Schadstoffsenken kommt in McAfees Buch nicht vor – obwohl es das entscheidende Umweltproblem ist.

Wieder einmal liegen Alltag und Theorie bei diesen Argumenten sehr weit auseinander und gehören doch so eng zusammen. Der nicht unmittelbar geführte Widerstreit zwischen Paech und McAfee hat für die Frage, wie der künftige nachhaltige Lebensstil aus der Freiheit für die Freunde unserer Taufgesellschaft aussehen wird, enorme Folgen. Der Ausgang dieses Streits entscheidet darüber, wie groß in der Klimakrise die individuelle Verantwortung ist. Schon von den 1970er Jahren an ist die Kontroverse unter Ökonomen erbittert geführt worden.

Unter traditionellen Mainstreamökonomen ist der Glaube verbreitet, Produktionsfaktoren ließen sich durch neue Techniken ersetzen (substituieren). In zentralen Debatten haben Nobel-Gedächtnispreisträger wie Joseph Stiglitz und Robert Solow so argumentiert, Ökologische Ökonomen wie Herman Daly haben dagegen gehalten. Ließen sich Faktoren einfach austauschen, könnte der technische Fortschritt zu einer Dematerialisierung beitragen und unsere nachhaltig gesinnte Taufgesellschaft von Verantwortung entlasten. Doch wie realistisch das ist, hängt mit dem Entropie-Gesetz zusammen, das wir im ersten Kapitel kennen gelernt haben. Kurzum: Es wäre schön, wenn es gelänge, aber es dürfte auch hier Grenzen geben.

McAfees Buch füllt eine Leerstelle im Diskurs. Angesichts aller (zum Teil berechtigten) Kritik am Kapitalismus, liefert er eine schlüssige Argumentation, warum dieser nützlich für den Klimaschutz sein kann. Unter Rückgriff auf Adam Smith, Vordenker der liberalen Ökonomik, schreibt er: „Kapitalismus führt dazu, dass großer Wohlstand erblüht, aber nur in einem sorgsam gepflegten Garten. Gesetze und Gerichte werden gebraucht, um die Rechte, das Eigentum und die Verträge der schwächeren Mitglieder der Gesellschaft zu schützen".

Dagegen sei Marktfundamentalismus in der Realität so gut wie nicht zu finden. In unterschiedlicher Ausprägung verfüge jeder entwickelte kapitalistische Staat über einen Sozialstaat. Mit Blick auf ökologische Schädigungen hätten sich drei Konzepte als erfolgreich erwiesen: die vom britischen Ökonomen Arthur Cecil Pigou identifizierten externen Effekte, die einen Eingriff ins Marktgeschehen erlauben, das von Ronald Coase abgeleitete Prinzip des Cap and Trade (Schadstoffe begrenzen und Handel treiben) und eine Besteuerung von Schadstoffen. Die Grundlagen des überaus erfolgreichen Emissionshandels und der CO_2-Preise.

Die meisten Menschen unterschätzen aber, wie sehr sich die Verbrennung fossiler Energie verteuern wird, sobald eine solche Grenze gezogen ist – und die Emissionsrechte langsam bis 2050 verknappt werden. Wie Politik schon angesichts überschaubarer Preissteigerungen unter Handlungsdruck gerät, ließ sich nach dem Angriff Russlands auf die Ukraine beobachten. Um unser Wohlstandsmuster nicht anzutasten, reagierte Berlin mit einem Tankrabatt und einer Gaspreisbremse.

Während Niko Paech der Auffassung ist, dass harte Obergrenzen für Schadstoffe in einen suffizienten Lebensstil münden, hofft Andrew McAfee auf Innovationen: „Ich glaube, das heute der technologische Fortschritt schneller voranschreitet als je zuvor in der Geschichte der Menschheit. In weniger als einer Generation haben wir uns von einer weitgehend unvernetzten zu einer dicht vernetzten Welt entwickelt ... Wieder einmal transformieren neue Technologien die Welt, ganz so, wie es schon im Industriezeitalter war –

aber dieses Mal vollzieht sich der Wandel in einem schwindelerregenden Tempo."

Welcher Lebensstil wirklich klimafreundlich ist

Solche Kontroversen sind intellektuell höchst anregend und werden im weiteren Verlauf dieses Buchs auch immer wieder eine Rolle spielen. Aber manchmal hilft es auch, sich zu veranschaulichen, was das im Alltagsleben bedeutet. Internet-Rechner zum ökologischen Fußabdruck, wie sie das Umweltbundesamt oder das Wuppertal-Institut für Klima, Umwelt, Energie bereitstellen, sind so wertvoll, weil sie Zahlen zu den abstrakten Überschriften in den Zeitungen liefern. Sie ermöglichen, den Zusammenhang von persönlichem Verbrauch und nationalen oder globalen Reduktionszielen zu ermessen.

Und sie zeigen, dass Klimapolitik harte Kappungsgrenzen setzen muss. Diese dienen genau einem Zweck: Durch politische Mittel sollen alle Bürger dazu gebracht werden, so zu leben, wie es fast klimaneutral lebende Menschen heute schon tun. Klimapolitik ist eine Operation, mit möglichst eleganten Instrumenten Menschen zu einem Lebensstil zu incentivieren, den andere schon führen. Ein ökoliberales Konzept der Nachhaltigkeit aus der Freiheit bemüht sich darum, das so wenig paternalistisch und bevormundend wie möglich zu tun. Im Rahmen der objektiven ökologischen Grenzen soll die Bürgerin so leben, wie sie es will.

Der Rechner auf der Internetseite https://uba.co2-rechner.de/ ist auf den deutschen Durchschnitts-Ausstoß voreingestellt. Er unterscheidet zwischen den vier Kategorien Wohnen & Strom, Mobilität, Ernährung und sonstiger Konsum. Als zusätzliche Kategorie, die man nicht beeinflussen kann, sind öffentliche Emissionen angeführt, die den addierten Ausstoß der Staatstätigkeit zusammenfassen. Dieser Wert lag bei der Abfrage Ende Mai 2021 bei 0,86 Tonnen. Die Kategorien entsprechen den im ersten Kapitel vorgestellten Handlungsdimensionen im Klimaschutz. Der sonstige Konsum hat mit 3,79 Tonnen den höchsten Wert, danach folgen Wohnen & Strom (2,74 Tonnen), Mobilität (2,09 Tonnen) und Ernährung (1,69 Tonnen). 11 Tonnen insgesamt: Das ist das, was jedes einzelne Individuum im Durchschnitt zur Erderwärmung beiträgt, die Klimagase Methan und Lachgas sind einbezogen.

Im April 2021 habe ich einen Gastbeitrag für das SPD-Wirtschaftsforum über Nachhaltigkeit geschrieben. Er trug den Titel „Nachhaltige Entwicklung: Leben in einer 2-Tonnen-CO_2-Welt". Einige Zeit hatte der IPCC diese zwei Tonnen als Zielmarke für einen klimafreundlichen Entwicklungspfad ausgegeben. Das Treibhausgas-Budget hat sie inzwischen ersetzt. Es geht von einem Restbudget aus, das den Menschen bis zum Beginn eines vollständig klimaneutralen Wirtschaftens noch zusteht. Dennoch halte ich diese 2-Tonnen-CO_2-Vision als Zwischenschritt für sehr nützlich. Es ist leichter, Emissionen mit zwei Tonnen zu vergleichen als mit Klimaneutralität: Man kann mit Rechnern zum Fußabdruck sehen, welche Schritte dem Klima besonders nützen und welche Elemente eines nachhaltigen Lebensstils eher der Beruhigung des eigenen Gewissens dienen.

Die Rechnungen sind augenöffnend. So hat es einen viel größeren Effekt auf den Fußabdruck, eine Solarthermieanlage statt einer fossil betriebenen Heizung zu errichten oder in eine Dämmung auf Passivhausstandard zu investieren, als ein Elektroauto zu kaufen. Es bringt mehr, Fahrrad zu fahren, als Veganer zu werden. Noch besser ist es, jeweils beides zu tun – aber den meisten fehlt das Verständnis für Größenordnungen. Deshalb klopfen sie sich für den Allnatura-Einkauf auf die Schultern, während sie den Teneriffa-Urlaub im November ausbuchen. Der Mittelklasse-Benziner, der 20 Gramm CO_2 pro Kilometer weniger emittiert als der SUV, ist nur geringfügig weniger schädlich.

Schauen wir uns die einzelnen fünf Kategorien des Rechners zum Fußabdruck an. Beim Wohnen hilft nur: entweder keine Wärme aus dem Haus entweichen lassen oder Heizung auf Erneuerbare umrüsten. Verzicht (durch eine kleinere Wohnung etwa) bringt in diesem Fall weniger als neue Technik. Die technische Umstellung auf erneuerbare Energien hat in der Kategorie Wohnen großen Einfluss. Auf sparsamen Verbrauch und Ökostrom zu achten, schadet ebenfalls nicht. In der Kategorie Strom kann ein Haushalt mit einem Ausstoß von 0,7 Tonnen CO_2 mit konventionellem Strom die Emission durch den Wechsel zu erneuerbaren Energien auf 0,05 Tonnen drücken. Das fühlt sich nicht wie Verzicht an, sage ich aus langjähriger Erfahrung.

Politiker ziehen eine künstliche Trennlinie zwischen Stadt und Land. Natürlich ist eine klimaneutrale Mobilität in einer Stadt mit U- und Straßenbahnen und einem dichten Busnetz einfacher. Was gern ausgeklammert wird: Viele Menschen, die Interesse an Klimaschutz haben, ziehen bewusst in die Stadt, wo es dieses Angebot gibt. Wir leben in einer kleineren Wohnung, weil wir die Vorzüge des innenstadtnahen Lebens genießen.

Den großen Einspareffekt erzeugt aber nicht die Wohnungsgröße, sondern das Passivhaus. Menschen außerhalb von Metropolen haben oft ein Interesse an nicht-fossiler Mobilität und sind an kreativen Lösungen interessiert. Michael Kopatz vom Wuppertal-Institut hat in seinen Büchern wie „Schluss mit der Ökomoral" viele Ideen vorgetragen, wie Fahrradfahren auf Überlandstrecken, Carsharing und Elektromobilität im ländlichen Raum attraktiver werden können. Sie sind Gold wert.

Bleiben wir für einen Moment bei den Zahlen. Mit einem Mittelklassewagen, der bis zu sechs Jahre alt ist, und einem Kleinwagen von bis zu zehn Jahren lägen sie mit einer durchschnittlichen Fahrleistung bei 0,7 Tonnen – eine halbe Tonne über dem Durchschnittswert. Nehmen wir an, die Fahrzeuge bewegten sich 6000 und 2000 Kilometer im Jahr, wäre das ein Ausstoß von 1,7 Tonnen für Mobilität – der Durchschnitt beträgt 1,4 Tonnen. Verdreifacht sich die Fahrleistung im Mittelklassewagen, klettert der CO_2-Ausstoß auf 4,3 Tonnen.

Eine weitere Verdopplung lässt die Emission auf 8,3 Tonnen steigen – bei einer Fahrleistung von 36.000 Kilometern im Jahr überschreitet der Haushalt also die 2-Tonnen-CO_2-Zielmarke um das Vierfache, in nur einer von fünf Kategorien. Mit einem Umstieg auf ein Elektrofahrzeug lässt sich der Ausstoß auf 3,9 Tonnen begrenzen, aber heute noch längst nicht neutralisieren! In der Mobilität und im Umstieg auf öffentlichen Verkehr liegt mit das größte Einsparpotenzial. Bahnfahren ist kompatibel mit ökologischen Grenzen. Ich wünschte, die vielen Grüne-Wähler in meinem Stadtteil beherzigten das.

Dieses Spielen mit Zahlen mag ein wenig wie Schwarzbrot in einem Buch wirken, das einen Bogen von Kenneth Boulding zu John Stuart Mill, von Friedrich August von Hayek zu Amartya Sen zu schlagen versucht. Aber es ist wichtig, um ein Gefühl zu entwickeln, über was wir reden, wenn wir Klimaneutralität anstreben. Das fehlt mir total in der Debatte. Gleichzeitig fahren auf den Straßen dieser Welt nach wie vor Hunderte von Millionen Autos, die allein individuelle Klimabilanzen verhageln, bevor jemand konsumiert, gegessen und gewohnt hat.

Im Vergleich zum Status quo scheinen ideelle Unterschiede zwischen Niko Paech und Andrew McAfee, die argumentativ kaum überbrückbar scheinen, relativ klein. Wenn man jeden Werktag mit dem Fahrrad zur Arbeit fährt und so auf 3000 Kilometer im Jahr kommt, 5000 Kilometer im öffentlichen Verkehr und 200 Kilometer Carsharing lässt sich der Ausstoß für Mobilität auf 0,3 Tonnen senken.

Wie sieht es mit dem Fliegen aus? Politisch Liberale weisen darauf hin, dass es nur 2,5 Prozent aller Emissionen ausmache. Deshalb sei es nicht wichtig, den Flugverkehr zu reduzieren. Dieses Argument ist falsch. Nur ein kleiner Teil der bald acht Milliarden Menschen auf der Welt hat die Möglichkeit zu fliegen. Der Anteil von 2,5 Prozent der Emissionen verteilt sich auf einen kleinen Teil der Menschheit. Geht es um nachhaltige Verkehrskonzepte, müssen sie beispielhaft für die Teile der Welt sein, die im Wohlstand aufholen. Auf den individuellen Fußabdruck gerechnet, hat Fliegen den größten Effekt von allen.

An diesem sonnigen Tauf-Nachmittag im Frankfurter Osten haben wir auch darüber gesprochen: Fliegen macht die Welt klein, es erlaubt, andere Kulturen kennen zu lernen, manche verlieben sich unterwegs. An unserer Feier nehmen drei binationale Ehepaare teil, für die es ohne Flugzeuge unmöglich ist, beide Familien von Zeit zu Zeit zu sehen. Von der Idee, ein individuelles Flugbudget einzuführen, bis zum Vorstoß der Kanzlerkandidatin Annalena Baerbock im Bundestagswahlkampf 2021, Fliegen stark zu verteuern, bleibt aktuell nur das Warten darauf, dass der europäische Emissionshandel die Preise erhöht.

Hier die Zahlen: Nach der pauschalen Berechnung des Umweltbundesamts erhöhen alle vier Stunden Flugzeit die CO_2-Emissionen einer Person um eine halbe Tonne! Bei einem Transatlantik-Flug im Jahr sind das zwei Tonnen – also das, was in der IPCC-Rechnung in den Jahren vor dem Pariser Abkommen einem zulässigen Jahresausstoß entsprochen hätte. Die Hälfte von dem, was durch ein Jahr Autofahren im Benziner mit 18.000 Kilometer Fahrleistung ausgestoßen wird. Doch ich komme gern zur Logik Paechs und McAfees zurück: Aktuell führt offenbar kein Weg daran vorbei, häufiger aufs Fliegen zu verzichten, wenn man all die hier ausgebreiteten Zahlen ernst nimmt.

Über kurz oder lang dürfte die Einführung eines CO_2-Preises durch den EU-Emissionshandel für Teile des Flugverkehrs im Jahr 2012 dazu führen, dass alternative Antriebsstoffe im Vergleich zu Kerosin erschwinglicher werden und klimaneutrale Flüge möglich (wenngleich deutlich teurer) sind. Das ist aber noch ein mühsamer Weg. Wer gern per Schiff unterwegs ist, kann im Rechner See- und Flusskreuzfahrten ankreuzen. Eine zweiwöchige Reise schlägt mit 1,5 Tonnen Treibhausgasausstoß zu Buche. Nach der Logik des IPCC wäre mit 25 Kreuzfahrten dieser Art das individuelle CO_2-Budget bis ins Jahr 2050 komplett aufgebraucht – also ohne Essen, Wohnen, Fortbewegen.

Die bislang diskutierten Emissions-Kategorien Wohnen und Mobilität waren in meinen privaten Gesprächen vor Fridays for Future selten Gegenstand. Klar, im Freundeskreis gibt es ein Grundverständnis dafür, dass ein Leben ohne Auto in Städten gut möglich ist. Diese Übereinkunft galt nicht mehr so eindeutig, als nach und nach Kinder hinzukamen und sich die Vorstellung durchsetzte, mit Nachwuchs sei es zu mühsam ohne Auto. Irgendwo müssen ja all die Fahrzeuge herkommen, mit denen die Eltern der Kindergartenfreunde meines Sohnes die sieben Kilometer zum Frankfurter Ausflugsziel Lohrberg fahren.

Worüber man aber Stunden lang mit Freunden und Bekannten diskutieren kann, sind Ernährungsthemen: Soll man sich vegan, Bio oder vegetarisch ernähren? Wie schädlich ist Kuhmilch für Umwelt und Körper? Sollte man mehr Avocados für die Gesundheit essen oder weniger Avocados für die Umwelt? Sicher, Ernährungsentscheidungen trifft man jeden Tag, die Wahl für ein Elektroauto oder Solarthermie nur einmal in einigen Jahren. Aber wie später Ergebnisse einer Untersuchung der Social-Media-Debatten zum Klimawandel zeigen, gewichten wir die Bedeutung einzelner Elemente des Klimaschutzes hysterisch über.

Das Übergewicht des Themas Ernährung möchte ich am Rechner des Umweltbundesamts am Beispiel eines meiner Freunde illustrieren, der 75 Kilogramm wiegt, einen Bürojob ausübt und viel Sport treibt. Ernährt er sich vegan, regional, saisonal und verzehrt hauptsächlich Bio-Produkte, kommt er auf einen CO_2-Ausstoß von einer Tonne im Jahr. Das sind 0,7 Tonnen weniger als der Durchschnitt. Stellt er seine Ernährung radikal um und isst fleischbetont, verzehrt eingeflogene Nahrung, nimmt keine Rücksicht auf saisonale Verfügbarkeit und kauft nie Bio-Produkte, steigt der Ausstoß auf 2,8 Tonnen. Liegt sein Ernährungsverhalten in der Mitte, kommt er auf 1,9 Tonnen, was sich um 0,3 Tonnen verringern lässt, wenn er den Sport zurückfährt und so weniger essen muss.

Das zeigt, dass die Spanne des Treibhausgasausstoßes geringer ist als in den Kategorien Wohnen & Strom und Mobilität. Und es belegt, dass eine radikale Senkung unter eine Tonne bei egal welcher Ernährungsweise durch Bedingungen der Landwirtschaft nicht möglich ist. Ernährung ist ein kleiner, aber wichtiger Bestandteil einer Klimaschutzstrategie. Und die Faustregel ist einfach: Was gut ist für die Gesundheit, ist gut für die Umwelt. Das zeigen Ergebnisse der Planetary Health Diet, mit der 37 Wissenschaftler aus 16 Ländern Ernährungsempfehlungen gaben.

„Von allen Nahrungsmitteln, die mit einer verbesserten Gesundheit in Verbindung gebracht werden (Vollkornmehl, Obst, Gemüse, Hülsenfrüchte, Nüsse, Olivenöl und Fisch), haben alle außer Fisch die geringsten Umweltwirkungen, und Fisch hat wesentlich geringere Folgen als rotes Fleisch und verarbeitetes Fleisch", schreiben Michael Clark und drei andere Autoren vom Oxford Martin Programme on the Future of Food in einer Studie von 2022. „Dieselben Ernährungsumstellungen, die helfen können, das Risiko von nahrungsbedingten nicht-übertragbaren Krankheiten zu senken, können auch dazu beitragen, internationale Nachhaltigkeitsziele zu erreichen." Rinderzucht erzeugt mit Methan eines der wirkungsvollsten Treibhausgase, aber der völlige Verzicht auf Milchprodukte und Rindfleisch hat einen kleinen Einfluss auf den individuellen Fußabdruck.

Eine Radikalität in einzelnen Kategorien bringt nur etwas, wenn man sich nicht bemächtigt fühlt, weniger auf andere zu achten. „Fleisch essen (und Milch trinken) ist das neue Rauchen. #vegan #health #footprint #ClimateCrisis", twitterte Anfang 2019 eine vegane Aktivistin. Einzelne Kategorien herauszugreifen und sie moralisch zu überhöhen, genau das kritisiert der Wachstumskritiker Niko Paech in seinem Streitgespräch. Es geht um ein umfassendes Bild und nicht die Medaille für das vorbildlichste Verhalten in Teilbereichen.

In der letzten Kategorie ist die Spanne wieder etwas größer. Der durchschnittliche Ausstoß durch das Konsumverhalten liegt bei 3,8 Tonnen. Wichtigster Hebel ist die Ausgabenhöhe. Auf dieses Emissionsniveau kommt, wer monatlich 750 Euro für Konsum ausgibt. Mit jeden 50 Euro, die eine Verbraucherin weniger ausgibt, sinkt der CO_2-Ausstoß linear um eine Vierteltonne. Konsumausgaben von 375 Euro bewirken einen halb so hohen Ausstoß wie im Durchschnitt. Mit monatlichen Ausgaben von 200 Euro ist ein Jahresausstoß von einer Tonne erreicht.

In der Gesamtbetrachtung aller Kategorien ist festzuhalten: Da an den öffentlichen Emissionen nicht zu rütteln ist, kann mit der heutigen Technik und den heutigen Produktionsverfahren in Deutschland kaum jemand so leben, wie es in einer 2-Tonnen-CO_2-Welt nötig wäre. Bürger können versuchen, politisch darauf Einfluss zu nehmen, dass der Fixposten des Staats kleiner wird: durch weniger Inlandsflüge von Beamten, vegane Caterings bei Veranstaltungen und eine Dämmung von Ministeriumsgebäuden. Auch der minimale Fußabdruck in der Kategorie Ernährung liegt bei etwa einer Tonne.

Also bleiben nur noch 0,1 Tonnen übrig für die Kategorien Wohnen & Strom, Mobilität und Konsum, wenn man unter dem Wert von zwei Tonnen im Jahr bleiben will. Selbst bei sparsamstem Verbrauch ist das kaum möglich. Insofern muss sich technisch viel tun. Ohne Theorie, aber mit praktischen Beispielen lässt sich plausibel machen, dass weder Verzicht noch Technik allein den Klimawandel aufhalten werden. Weder die Paech- noch die McAfee-These trifft zu. Eine Strategie ist gefragt, in der beide Ansätze und ihr Potenzial ernst genommen werden.

Eine Gewissheit gibt es in diesem Sommer 2019 ebenfalls für unsere Taufgesellschaft. Über das Wetter lässt sich kaum noch unbefangen reden. Es ist der zweite trockene Sommer in Folge. Dass es an diesem Wochenendtag nicht allzu heiß ist, gehört eher schon zur Ausnahme, dass es nicht regnet, zur Regel. Der Klimawandel ist mit einem Mal im Alltagserleben der Menschen angekommen. Mit ihrem Bestseller „Der Klimawandel" haben die Klimawissenschaftler Hans Joachim Schellnhuber und Stefan Rahmstorf vom Potsdam Institut für Klimafolgenforschung Hunderttausende Leser über dessen Grundlagen aufgeklärt.

In der neunten Auflage betonen sie: „Nur vor dem Hintergrund der dramatischen Klimaveränderungen der Erdgeschichte lässt sich der gegenwärtige Klimawandel verstehen und einordnen." Damit die Verhältnisse konstant bleiben, muss die Wärmestrahlung von der Erde ins All die absorbierte Sonneneinstrahlung im Mittel ausgleichen. Aus Eisbohrkernen ist abzulesen, wie sich diese Größen über Jahrhunderttausende geändert haben.

Sich mit Rahmstorf und Schellnhuber zu beschäftigen, ist inspirierend. Als Forscher, die seit Jahrzehnten Wissen in der Klimadebatte geschaffen haben, vertreten sie politisch eine undogmatische Haltung, die sich sehr gut mit einem ökoliberalen Konzept verbinden lässt. Sie sind der Auffassung, dass es nicht Technik oder Lebensstil allein sind, die eine nachhaltige Wende bringen, sondern das Beste beider Welten. Inzwischen sei das Gleichgewicht im Kohlenstoff-Kreislauf nicht mehr intakt. Das System könne spontane Änderungen nicht schnell ausgleichen, schreiben die Klimaforscher. „Das Klimasystem ist ein sensibles System, das in der Vergangenheit schon auf recht kleine Änderungen in der Energiebilanz empfindlich reagiert hat."

Es ist bemerkenswert, dass die Temperaturen erst seit Beginn der 1970er Jahre in dieser Form von der bisherigen Norm abweichen und die CO_2-Konzentration linear zugenommen hat – ausgerechnet in einer Phase, in der das Umweltbewusstsein durch Veröffentlichungen wie „Die Grenzen des Wachstums" schon geschärft war. Aus der Perspektive der Klimaforschung jedenfalls lässt sich Andrew McAfees These der Dematerialisierung noch nicht bestätigen. Und die Aufnahmekapazität der natürlichen Senken ist begrenzt. „Nichts spricht dafür, dass die Natur uns auf einmal einen noch größeren Anteil unserer Emissionen abnehmen wird als bislang", schreiben Schellnhuber und Rahmstorf. „So liegt es letztlich ganz in unserer Hand, die Klimaerwärmung in erträglichen Grenzen zu halten."

Sie haben uns einiges zu unseren beiden Perspektiven zu sagen: zum zögerlichen politischen Handeln und zu dessen Zusammenspiel mit individuellen Verhaltensmustern. Beide zählen seit vielen Jahren zu den wichtigsten Politikberatern zum Thema. Schellnhuber, inzwischen im Ruhestand, baute das weltweit angesehene Potsdam-Institut für Klimafolgenforschung ab 1992 als Gründungsdirektor auf. Er nahm an den Klimakonferenzen von Kyoto bis Paris und darüber hinaus teil. Deshalb ist er in der Diskussion über Handlungsoptionen zu Hause. Rahmstorf und Schellnhuber raten zu einer Mischung der Maßnahmen.

Ein nachhaltiger Pfad müsse auf Effizienzsteigerungen und Verhaltensänderungen setzen, um einen sparsameren Umgang mit Energie zu erreichen. Langfristig sei der Strukturwandel zu einer Solargesellschaft unabdingbar. Sie bejahen das Potenzial eines lernenden Kapitalismus, was für die Perspektive eines Ökoliberalismus wichtig ist, weil er von den führenden Klimaforschern im Ansatz unterstützt wird, sofern er die richtigen Grenzen anerkennt: „Die Erfahrung zeigt immerhin, dass ‚Learning by Doing' eine der großen Stärken der demokratischen Marktwirtschaft ist: Je tiefer eine Innovation und je breiter ihre Klientel wird, desto rascher steigert sie ihre Leistungskraft und Rentabilität", schreiben sie.

Jedenfalls gibt es für unsere Taufgesellschaft keine Entlastung: Rahmstorf und Schellnhuber bemängeln eine Inkonsistenz im Konsumverhalten und die Grenzen eines Kapitalismus ohne Staatseingriffe: Wirkungsvolle Schritte wie der Austausch von Heizungsanlagen seien viel weniger im Bewusstsein als der neueste elektronische „Klimbim, an dem man das Interesse in kürzester Zeit wieder verliert und der dann als Technikschrott auf den Müllhalden von Westafrika landet. Adam Smiths ‚unsichtbare Hand‘ greift offenbar meist daneben", bemängeln sie. Smith muss ich im folgenden Kapitel als Urvater der Marktwirtschaft rehabilitieren, aber der Gedanke bleibt wichtig: Ohne politische Leitplanken bewegt sich der Konsum nicht in ökologischen Grenzen, egal wie viel Magazine über nachhaltigen Konsum schreiben. Vereinzelung führt nicht zur Klimaneutralität.

In wenigen Absätzen skizzieren die Klimaforscher eine Road Map zu diesem Ziel: Zunächst sollten niedrig hängende Früchte wie Wärmedämmung geerntet werden, dann müssten Kohleausstieg und Ausbau der Bahninfrastruktur folgen, der Kurzstreckenflüge überflüssig mache. Ab dem Jahr 2040 sollte eine Vertiefungsdekade beginnen mit weiteren Innovationen, .um noch nicht vollendete Ausbauschritte zu erreichen. „Mit jedem Emissionsjahr erhöht die Menschheit ihre Kohlenstoffschuld, deren Tilgung Tausende von Jahren währen könnte. Deshalb schreiben gewissermaßen die Naturgesetze einen unmittelbaren Handlungsbedarf vor", argumentieren Rahmstorf und Schellnhuber. Ökologische Grenzen setzen den Rahmen.

Wenn die beiden Klimaforscher von Naturgesetzen schreiben und daran erinnern, dass die Aufnahmekapazität der Schadstoffsenken in dieser Frage zum limitierenden Faktor wird, kommen wir wieder zurück auf die Argumente aus dem ersten Kapitel. Der MIT-Forscher Andrew McAfee hatte die Prognosen aus dem Club-of-Rome-Bericht nachträglich fundamental kritisiert. Sie hätten viele Entwicklungen im Rohstoffverbrauch einfach in die Zukunft fortgeschrieben. Doch nicht erst an den Ausführungen der Potsdamer Klimaforscher ist deutlich geworden, dass es biophysikalische Grenzen der wirtschaftlichen Entwicklung gibt, an denen nicht vorbeizukommen ist.

Die zentrale Debatte über Substituierbarkeit

Sechzehn Jahre vor der Tauffeier im Frankfurter Park sitze ich auf einer anderen Wiese und tippe die letzten Sätze meiner Diplomarbeit. Sechs Jahre nach der Entscheidung für Heidelberg hat sich die dortige Universität als Glücksgriff erwiesen. Von Beginn des Studiums an habe ich am Neckarufer gewohnt und beende hier auch die letzten Zeilen meiner Arbeit. Sie befasst sich mit der wachstumskritischen Traditionslinie in der Ökonomik von Malthus und Mill bis zu Daly. Der US-Amerikaner Herman Daly ist ein Schüler von Nicholas Georgescu-Roegen. Mehr als ein halbes Jahrhundert befasste er sich tiefgründiger als andere mit Wachstumsgrenzen, bevor er im Oktober 2022 starb. Einer der bedeutsamsten Vordenker einer Nachhaltigkeit aus der Freiheit.

Seine Argumente brauchen wir als Grundlagen einer Nachhaltigkeitsökonomik und um Abschließendes im Widerstreit der Paech-These und der McAfee-These sagen zu können. 1973 brachte Daly den Sammelband „Toward a Steady-State Economy" (der Titel spielt auf ein Konzept des britischen Ökonomen und Philosophen John Stuart Mill an) heraus, in dem auch ein Aufsatz Georgescu-Roegens enthalten ist. Als ich auf der Neckarwiese in meinen Laptop tippe, ist der Klimawandel bereits ein Medienthema. Der amerikanische Vizepräsident Al Gore hat ihn mit Dokumentationen und scharfen Reden öffentlich problematisiert, gemeinsam mit Präsident Bill Clinton ist es ihm gelungen, die USA hinter das Kyoto-Protokoll zu bekommen, das Reduktionsziele für

Treibhausgase vorsieht. Doch über den eigenen Fußabdruck denke ich noch nicht nach.

Daly aber begegnet mir immer wieder. Er ist ein führender Denker der Nachhaltigkeit und hat seine Konzepte auch als Ökonom in der Weltbank umgesetzt. Als ich ihn im April 2009 am Telefon erreiche, steht die Weltwirtschaft durch die Finanz- und Bankenkrise vor dem verheerendsten Einbruch seit der Großen Depression der 1930er Jahre. Wir sprechen darüber, ob die absehbare Schrumpfung der Wirtschaftsleistung ein Testfall für die Argumente der Wachstumskritiker sei.

Der Artikel in der Frankfurter Allgemeinen Zeitung wird später den Titel „Was von der Wachstumskritik übrig blieb" tragen. „Zurzeit erleben wir eine gescheiterte Wachstumswirtschaft", sagt mir Daly im Interview. „Eine Umgestaltung ist notwendig, weil die Wirtschaft ein Subsystem der Biosphäre ist und nicht umgekehrt." Er sei nicht glücklich, dass die Konjunkturschwäche die Arbeitslosigkeit steigen lasse, aber die Krise werde auch ein Nachdenken über das Wachstumsmodell auslösen. Für eine Deckelung umweltschädlicher Emissionen tritt er ein – im Einklang mit Marktmechanismen. Seine Prognose trifft zu, nach der Finanzkrise wird intensiver über Wachstumsgrenzen debattiert. Die Degrowth-Bewegung und das Netzwerk für plurale Ökonomik erhalten Zulauf.

Es ist hilfreich, in Dalys Buch „Beyond Growth" von 1996 nachzulesen, welche Vorschläge er für eine nachhaltige Wirtschaft hat. Er stellt Grundlagen einer ökologischen Makroökonomie vor, in der Investitionen ins Naturkapital verhindern, dass sich der Zustand der Umwelt verschlechtert. Er beschäftigt sich mit einer Wohlstandsmessung, die anders als das Bruttoinlandsprodukt die Wiederherstellung zerstörter Natur negativ bewertet, und mit einem Welthandel, der nicht die Überlastung von Senken fördert. Im Zentrum steht die Thermodynamik.

Für die F.A.Z. habe ich die Bedeutung von Schüler Daly und Lehrer Georgescu-Roegen für die Klimadebatte im Oktober 2020 genauer untersucht. Seine thermodynamische Fundierung erlaubt Daly eine präzise Beschreibung von Wachstumsgrenzen: „Die biophysischen Grenzen des Wachstums rühren von drei miteinander verbundenen Bedingungen her: Endlichkeit, Entropie und wechselseitige ökologische Abhängigkeiten", schreibt er. Durch Produktion, also die Umwandlung von Materie und Energie, fällt die für Arbeit nutzbare Gesamtenergie im Gleichgewichtszustand (Exergie).

Daly meint, die Fähigkeit, physikalische Arbeit zu verrichten, sei entscheidend für Wohlstand. Das Wachstum sei begrenzt, weil das Ökosystem eine vorgegebene Größe habe. Die Kapazität, niedrige Entropie für Wirtschaft und Ökosystemdienste herzustellen, sei begrenzt. Schließlich sei die Fähigkeit eingeschränkt, Abfälle dieser Umwandlung (wie CO_2 oder Plutonium) aufzunehmen. Diese Bedingungen hätten Wechselwirkungen. „Die Endlichkeit wäre nicht so einschränkend, wenn alles unendlich oft recycelt werden könnte, was aber durch die Entropie verhindert wird. Entropie wäre nicht einschränkend, wenn natürliche Ressourcen und Senken unbegrenzt wären, aber beide sind endlich", schreibt er.

Betrachtet man es noch einmal aus der Perspektive unserer Freunde, die vom Café aus auf ihre Kinder schauen: Mit seinen Analysen formuliert Herman Daly präziser als andere Forscher, bis wie weit das Wirtschaften aller Verbraucher, des Welthandels und der Konsummöglichkeiten jedes einzelnen gehen kann. Auch wenn er kein marktwirtschaftlicher Enthusiast ist, hat er nie seine Bewunderung für Vordenker wie Adam Smith, John Stuart Mill und Friedrich August von

Hayek verheimlicht. Er sagt es deutlich: Wenn die Biosphäre respektiert wird, kann die Freiheit regieren.

Das heißt aber auch: Anhänger des Freihandels agierten paradox, indem sie ökologische Grenzen ignorierten. Dadurch nimmt die Dringlichkeit zu handeln zu und paradoxerweise könne dadurch zentrale Planung unvermeidbar werden. In der Position des Ökologischen Ökonomen verhindert das Grenzen-Setzen ein sozialistisches oder ökodiktatorisches Eingreifen später. Grenzen und marktwirtschaftliche Instrumente gehören in dieser Logik zusammen. Das ist ein wichtiger Baustein zum Ökoliberalismus.

Ich komme noch einmal auf die Frage zurück, die bei unserer Diskussion bei Wein und gutem Essen an diesen sonnigen Tag in Frankfurt im Hintergrund mitschwingt. Wird Verzicht oder technischer Fortschritt einen Beitrag zur Nachhaltigkeit leisten? Ökonomen streiten seit Jahrzehnten. Und es sind die größten Namen: Robert Solow ist eine prägende Figur der ökonomischen Theorie seit den 1950er Jahren und hat maßgeblich die Wachstumstheorie der Volkswirtschaftslehre vorangetrieben. Vor allem hat er nachgewiesen, wie wichtig der technische Fortschritt als Erklärung dafür ist, wie sich Volkswirtschaften entwickeln.

Unter dem Einfluss der Wachstumskritik der frühen 1970er Jahre wandte er sich Ressourcen- und Nachhaltigkeitsthemen zu. 1987 erhielt er den Nobel-Gedächtnispreis für Wirtschaftswissenschaften. Er ist der einsichtigste Ökonom des wissenschaftlichen Mainstreams, was Argumente Ökologischer Ökonomen angeht: In einem Beitrag aus dem Jahr 1974 schreibt er, dass es kaum möglich sein werde, für jede Ressource eine Substitutionsmöglichkeit zu finden und ein umsichtiger Umgang damit deshalb wünschenswert sei. Er empfiehlt, Entropie in die grundlegenden Modelle seiner Zunft einzubeziehen.

Mit Joseph Stiglitz hat sich ein weiterer späterer Nobel-Gedächtnispreisträger in die Debatte geworfen. Der Preismechanismus werde helfen, das Ressourcenproblem zu lösen. In einer reichlich undiplomatischen Replik schreibt Nicholas Georgescu-Roegen, die Mainstream-Ökonomik habe versagt, das Problem zu lösen. Sie rechne mit eleganten, aber unzutreffenden Produktionsfunktionen den Anteil von Ressourcen klein und den von Kapital groß, dadurch sehe es so aus, als ließen sie sich substituieren.

Als Herman Daly im Jahr 1997 einen direkten Meinungsaustausch zwischen Solow/Stiglitz und ökologischen Ökonomen initiiert, zeigt sich ein ähnliches Problembewusstsein. Team Daly betont aber ein Konzept, das bei den Kollegen herkömmlicher Denkrichtungen unbekannt ist: Ihre Sorge gelte nicht Ressourcen wie Kupfer, Stahl oder Aluminium, sondern solchen, die durch ökonomische Aktivitäten irreversibel – also unwiderruflich – geschädigt würden. Ihnen geht es um Schädigungen der Biodiversität, der Erdatmosphäre oder der Regenwälder.

Daly geht sogar so weit, dem einsichtigen Solow zu unterstellen, er modelliere eine Produktion ganz ohne Ressourcen. „Wenn wir einen größeren Kuchen wollen, rührt der Koch einfach schneller in einer größeren Schüssel und backt die leere Schüssel in einem größeren Ofen, der sich irgendwie selbst erhitzt. Und der Koch muss hinterher auch nichts sauber machen, weil das Produktionsrezept keinen Abfall erzeugt", schreibt er mit einigem Sarkasmus. Als ich meinen akademischen Lehrer Malte Faber im November 2019 in einem F.A.Z.-Interview frage, wer denn nun recht hatte, sagt er: „Eindeutig Daly. Denn es gibt Grenzen, was die Umwelt an Schadstoffen aufnehmen und was wir der Natur entnehmen können."

In den Jahren zwischen meinen Aufenthalten auf den beiden Wiesen – 2003 in Heidelberg und 2019 in Frankfurt

– hat sich diese Sichtweise in akademischen Institutionen durchgesetzt. Im großen Diskurs scheint sie aber nicht angekommen zu sein. Vom Wirtschaftssachverständigenrat der Bundesregierung bis zu Denkfabriken der Nachhaltigkeit dagegen schon. Die Generalsekretärin des Mercator Research Institutes in Berlin, die Physikerin Brigitte Knopf, gibt mir in einem Interview für meinen Artikel „So nicht! Wie wir bislang wachsen, ist es nicht nachhaltig" interessante Antworten.

„Als Physikerin bin ich technikgläubig", sagt sie. „Die Entkopplung von Wachstum und CO_2 bekommen wir hin, aber vom Materialverbrauch wird es schwieriger." Der Staat müsse Leitplanken setzen. „Eine Marktwirtschaft, die Gewinne aus dem Naturverbrauch privatisiert und die Schäden sozialisiert, ist kein gerechtes System." Mit strengeren Regeln kann der Staat einen Preis für CO_2 etablieren, der dessen Schadwirkung berücksichtigt: durch eine Mengenvorgabe wie im Emissionshandel oder durch einen gesetzten Preis. Substitution und Dematerialisierung haben Grenzen. „Das ist ein reales Problem. Wachstum vom Exergieeinsatz zu entkoppeln, wird sehr schwierig", sagt Knopf. Die Emission von Treibhausgasen bis 2050 um 80 Prozent gegenüber 1990 zu verringern, kann sie sich vorstellen. „Die letzten 20 Prozent brauchen noch mal eine gewaltige zusätzliche Kraftanstrengung."

Auch in der konventionellen Ökonomik werden unsere Ideen von Verzicht und Fortschritt, die Paech-These und die McAfee-These, nicht mehr gegeneinander diskriminiert. Für den Artikel sagt mir die Wirtschaftsweise Veronika Grimm von der Universität Erlangen-Nürnberg: „Wir müssen den Umstieg auf klimaneutrale Technologien schlau mit Vermeidung und Verlagerung von klimaschädlichen Aktivitäten kombinieren." Die beiden Konzepte Verzicht und Innovation gegeneinander auszuspielen halte sie nicht für sinnvoll. Durch den europäischen Emissionshandel hat sich der CO2-Ausstoß in den Segmenten Energieerzeugung und Industrie im gewünschten Ausmaß verringert. Der europäische Flugverkehr ist noch nicht so lange in ein solches System eingebunden. Doch Verkehr und Wohnen hinken hinterher. Wir erinnern uns: die beiden Kategorien, über die wir so selten im privaten Freundeskreis sprechen. Das Wohnen ist zudem in Klimadebatten in sozialen Medien völlig unterrepräsentiert.

Der neue Hoffnungsträger in der Klimadebatte ist Wasserstoff als Energiespeicher. Wird er halten, was sich viele von ihm versprechen? „Für die Haushalte und die Unternehmen muss durch vorhersehbare Preispfade klarwerden, dass fossile Brennstoffe immer teurer werden", sagt Grimm. Zu einem Zeitpunkt, bevor die Bundesregierung die Folgen des Ukrainekriegs mit einem Tankrabatt lindert. Grüner Wasserstoff, der aus Erneuerbaren hergestellt wird, sei wünschenswert. „Wir werden nicht aus heimischen erneuerbaren Energien den Bedarf in Deutschland decken können", sagt sie. „Deshalb werden wir grünen Wasserstoff und synthetische Energieträger aus aller Welt importieren."

Doch solche Innovationen, die Bürger von individueller Verantwortung im Klimaschutz entlasten, sind kein Selbstläufer. Andreas Kuhlmann ist einer der einflussreichen Schüler meines Professors Malte Faber. Er ist seit 2015 Geschäftsführer der Deutschen Energie-Agentur (Dena), die für die Bundesregierung Unternehmen in der Energiewende unterstützt – indem sie gemeinsam nach Wegen zu mehr Energieeffizienz sucht. „Wir brauchen Wasserstoff dringend, aber einige überschätzen seine Verfügbarkeit enorm." Selektives Schrumpfen hält er für kein überzeugendes Konzept. Er findet aber, dass die Dimensionen eines veränderten Lebensstils zu wenig beachtet würden.

„Der Wohnraum pro Person in Deutschland wächst kontinuierlich, die Anzahl der Autos und der Energieverbrauch der Klimaanlagen und Rechenzentren ebenfalls. Einige dieser Trends werden wir brechen müssen", sagt er in unserem Interview für den oben erwähnten Artikel. Global seien CO_2-Emissionen seit dem Erdgipfel von Rio de Janeiro um deutlich mehr als 50 Prozent gestiegen. Ärmere Länder hätten ein Recht auf Entwicklung. Auch hier sei Entkopplung ein wichtiges Ziel. Die Erzeugung von Wasserstoff werde die Lage verbessern. Doch sei es nicht unbedenklich, wenn Staaten der Europäischen Union, die schon viele Möglichkeiten hatten, ihr wirtschaftliches Potenzial zu entfalten, nun Ansprüche in Ländern mit viel Solarstromkapazität geltend machten. Wasserstoffherstellung ist nicht zuletzt eine diplomatische Herausforderung ersten Grades.

„Wir können nicht in Kolonialherrenart herausziehen und grünen Wasserstoff aus Wüstenstrom für uns einfordern. In vielen Ländern ist auch die Governance ein Problem", sagt Kuhlmann. Wer Energie aus solchen Ländern nutzen wolle, müsse kooperativ und fair sein. Initiativen wie das von RWE, der Deutschen Bank und der Munich Re getragene und gescheiterte Solarprojekt Desertec in den Maghrebstaaten belegten, welche Herausforderungen in solchen Vorhaben liegen. Anders gesagt: Selbst wenn es technische Lösungen der Energieknappheit gibt, können sie politisch zu extrem komplexen Projekten werden.

Wir haben in diesem Abschnitt einen großen Sprung hinter uns. Von der intensiven Diskussion über unsere Lebensstile auf der Taufe unseres Sohnes haben wir uns zu den beiden Extrempositionen der Debatte bewegt. Wir haben die radikalen Ideen von Niko Paech kennengelernt und die hoffnungsfroh stimmende Beobachtung von Andrew McAfee aufgenommen, dass vorsichtige Tendenzen einer Dematerialisierung zu erkennen sind. Mit dem Rückgriff auf eine seit langem geführte Kontroverse über die Substitution von Ressourcen in der Ökonomik haben wir aber die konzeptionellen Grenzen von Dematerialisierung und Entkopplung ausgelotet – wozu uns einige der interessantesten zeitgenössischen Denker über eine nachhaltige Energieversorgung ihre Sicht vermittelt haben.

Die Ergebnisse der Rechenbeispiele sind ernüchternd: Durch jede Form der fossilen Energieerzeugung entfernen wir uns von dem Zwischenziel einer 2-Tonnen-CO_2-Welt, die ja ohnehin nur eine Etappe zur vollkommenen Klimaneutralität sein darf. Die Umstellung auf Elektromobilität geht nur schleppend voran und hat ebenfalls Grenzen. Wie es gelingen soll, aus Atomstrom, Benzin und Kohlekraft auszusteigen, aber gleichzeitig den kompletten Individualverkehr zu elektrifizieren, bleibt mit einem großen Fragezeichen versehen. Die Einführung eines CO_2-Preises, durch den seit Anfang 2021 auch Mieter, Hausbesitzer und Autofahrer ansatzweise für die schädliche Wirkung des Treibhausgases in die Verantwortung genommen werden, ist umstritten. Der Start war zögerlich, und was der Staat von teurerer Energie als Folge eines Kriegs hält, hat er im Folgejahr gezeigt.

Solche Instrumente können eine enorme Wirkung erzielen, wenn sie sich an den tatsächlichen biophysikalischen Grenzen orientieren. Doch wie das Beispiel der Gelbwesten-Proteste in Frankreich gezeigt hat, sind längst nicht alle Bevölkerungskreise bereit, diesen Schritt mitzugehen. Der Staat schreckt zurück, Ökogrenzen zum Maßstab zu machen. Freiheit und Freiwilligkeit sind zwei eng miteinander verbundene Konzepte und setzen ein Verständnis für das Ausmaß von Wachstumsgrenzen voraus.

3   Freiheit und Nachhaltigkeit

> Well, I dreamed I saw the silver
> Spaceships flying
> In the yellow haze of the sun
> There were children crying
> And colors flying
> All around the chosen ones
> All in a dream, all in a dream
> The loading had begun
> Flying Mother Nature's
> Silver seed to a new home in the sun
> *Neil Young — After The Goldrush*

Als Amartya Sen im Herbst 2007 den großen Vorlesungs-
saal im Hauptgebäude der Kölner Universität betritt, fällt
er anfangs kaum auf. Dabei sind gut 1000 Interessierte
gekommen, um seinen Vortrag über Freiheit zu hören. Sein
Lebensthema. Langsam tippelt er dem Rednerpult entgegen.
Dann postiert sich der indische Ökonom und Philosoph, der
neun Jahre zuvor mit dem Nobel-Gedächtnispreis für Ökonomik ausgezeichnet wurde, hinter dem Mikrofon. Seine
Stimme ist leise, einen leichten indischen Akzent hört man
aus seinem britisch geprägten Englisch heraus, ein mitrei-
ßender Redner ist er nicht, und doch strahlt er etwas aus, das
später zur Überschrift über dem Porträt führen wird, das ich
für die Wochenzeitung Die Zeit schreiben darf: „Ein Ökonom mit Charisma".

Es speist sich aus der Autorität des Wirtschaftsprofes-
sors, der in Cambridge und Harvard gelehrt, unzählige ele-
mentare Beiträge zur Weiterentwicklung seines Fachs geleis-

tet und viele Ehrungen und Ehrendoktortitel auf der ganzen Welt eingesammelt hat. Als ich ihn einige Tage zuvor am Telefon um ein Interview bat, sprach er beglückt davon, den „Meister-Preis" zu erhalten. Am Abend des Vortrags nun soll ihm in Köln der Meister-Eckart-Preis überreicht werden, der an den mystischen Denker des Spätmittelalters erinnert. Bei so vielen Ehrungen kaum verwunderlich, dass ein Teil des Namens auf dem Weg über den Atlantik verloren ging.

Unter den Beiträgen zur Ökonomik gilt Sens Vorschlag als nahezu genial, wie sich trotz eines von Kenneth Arrow aufgestellten Unmöglichkeitstheorems Aussagen über die soziale Wohlfahrt einer Gesellschaft treffen lassen. Das hat er in die praktische Arbeit eines Human-Development-Index einfließen lassen, eines alternativen Wohlstandsmaßes zum Bruttoinlandsprodukt. Sen hat zu Hunger, Arbeit, öffentlicher Gesundheit und ethischen Fragen wie der Gerechtigkeit und der Bedeutung der Identität geforscht und Thesen zu einem Verständnis von der Freiheit als Entwicklung vorgelegt, das in diesem Kapitel von ähnlich großer Bedeutung ist wie seine Denkschriften über Nachhaltigkeit.

Sein Leben hat Sen den großen Fragen gewidmet, die für (neo)klassische Volkswirte oft außerhalb ihres zulässigen Spektrums liegen. Indem er häufig die Perspektive von Individuen aus Asien, von chinesischen und indischen Denkern und der dortigen Wirtschaftsgeschichte einfließen lässt, erweitert er die Perspektive der westlichen Wirtschaftswissenschaften, deren Dogmengeschichte er genauer studiert hat als andere.

Sen zählt zu den großen Liberalen der Geschichte des ökonomischen Denkens. Auch wenn es nicht das Hauptthema seines Schaffens ist, hat er neben dem Konzept der Freiheit als Entwicklung, das uns hier interessiert, wichtige Vorarbeiten geleistet, die für ein Konzept des Ökoliberalismus oder einer Nachhaltigkeit aus der Freiheit fruchtbar zu machen sind. Außer Sen werde ich Gedanken von John Stuart Mill und Friedrich August von Hayek als zentrale Bausteine eines ökoliberalen Ansatzes vorschlagen, der die freie Entfaltung des Individuums achtet, aber gleichzeitig den biophysikalischen Grenzen Rechnung trägt, um die es in den ersten beiden Kapiteln ging.

An diesem Tag in Köln vor 15 Jahren spricht Sen darüber, wie sich eine multikulturelle Gesellschaft in Freiheit entwickeln kann. Auch Terroranschläge dürften den Westen nicht von seinem Pfad abbringen. Nach dem Vortrag fragt ein Student, wie es mit der Freiheit vereinbar sei, wenn sich die besagte Gesellschaft für eine Scharia-Ordnung entscheide. Sen lächelt, lobt die Intelligenz der Frage und gibt eine plausible Antwort, die sich aber nicht mehr in meinen Aufzeichnungen findet.

Ganz anders als das Interview, das ich mit ihm vereinbart habe und das einige Tage später im Deutschlandfunk mit deutscher Übersetzung laufen wird. Wir haben ausschließlich über Klimapolitik gesprochen. Damals steht die UN-Klimakonferenz in Bali an und er spricht seine Hoffnung aus, dass überall auf der Welt zivilgesellschaftliche Initiativen starten könnten, die eine Perspektive der Bürger zu diesem Thema anbieten sollten. Aus heutiger Sicht fühle ich mich beim Wiederhören an das Aufkommen von Fridays for Future ein Jahrzehnt später erinnert.

„Wir müssen uns fragen, wie wir künftiges Leben schützen können und wie wir es ermöglichen, dass auch künftiges Leben in Freiheit und Wohlstand erblüht", spricht mir Sen in mein Radiomikrofon. Dieser Gedanke dagegen ist im Jahr 2022, in dem Klimaproteste extremer und mit der Sabotage fossil betriebener Transportmittel verbunden werden, nicht mehr überall Konsens. Die von ihm zwar kritisierte, aber leidenschaftlich bejahte Marktwirtschaft stellen nicht nur Aktivisten in Frage. Bedenklich angesichts ihrer Fähigkeit, komplexe Probleme zu lösen.

„Ich glaube, dass nichts falsch daran ist, mehr zu konsumieren, denn ein gutes Leben zu führen ist das Beste, was passieren kann", sagt Sen. „Ich vertrete nicht die Ansicht, dass auf Konsum zu verzichten, zu fasten, der Weg ist, ein gutes Leben zu führen." In Übereinstimmung mit seiner Theorie der Freiheit als Entwicklung wünscht er sich Menschen als mündige Agenten, die reflektieren, entscheiden und sich engagieren. Dabei erwähnt er das Ziel, seltene Arten sollten nicht aussterben. Klimawandel und Biodiversität zu verkoppeln, ist da noch nicht weit verbreitet.

Für manchen deutschen Zuhörer könnte auch die Aussage eine Provokation sein, Lasten der Klimapolitik sollten auf der Welt gleich verteilt werden. Das ist einige Jahre, bevor das Intergovernmental Panel on Climate Change individuelle Budgets für Treibhausgase berechnen wird, die für ein Einhalten des 1,5-Gradziels zulässig wären, gar nicht üblich im Diskurs. Durch Klimapolitik sollen Emissionsmuster angepasst werden, empfiehlt er. „Wir müssen aber dahinkommen, das so klug zu verändern, dass die Lasten gerecht unter den Staaten verteilt werden."

Als die deutschen Wahlsieger SPD, Grüne und FDP im Herbst 2021 in Koalitionsverhandlungen treten, veröffentlicht das Feuilleton der F.A.Z. einen Artikel von mir mit dem Titel „Die Freiheit nehm' ich mir". Auf Twitter bewerbe ich den Beitrag mit diesen Worten: „Die Lösung der Klimakrise kann nur eine liberale sein. Dafür braucht die FDP mehr Mill, die SPD mehr Sen, und die Grünen müssen ihren Hayek entdecken." Aus dem eben genannten Grund der globalen Gerechtigkeit, aber auch der liberalen Vorstellung mündiger Individuen in der Gesellschaft erschien mir vor dem Schreiben Sen besonders attraktiv für sozialdemokratische Verhandler. Denn sie vergessen über die beeindruckende Aufstiegsgeschichte der Arbeiter und die Leistung, ihnen einen beträchtlichen Wohlstand ermöglicht zu haben, häufig Fragen der intragenerationellen Gerechtigkeit.

Anders gesagt: Darf man der eigenen Wählerklientel zumuten, dass ihr Wohlstandsniveau schwächer zunimmt als in ärmeren Ländern, sollte das für den Klimaschutz nötig sein? Oder ist das durch eine Entkopplung von Wachstum und Durchsatz kein Thema? Und wenn doch: Wie gewichtet ein Sozialdemokrat Wohlstand gegen den Schutz der Lebensgrundlagen? Hier werde ich weiter ausführen, warum ich Ökoliberalismus für überlegen halte. Kapitel 3 ist gewissermaßen das Herzstück dieses Buchs.

„Wir müssen einen Weg finden, wie wir die Lasten aufteilen und dabei müssen wir bedenken, dass einige Länder ihren Reichtum gebildet haben, ohne auch nur einen Deut an die Umwelt zu denken", sagt Sen im Gespräch. Er regt an nachzudenken, wer von Folgen der Emissionen am stärksten betroffen sein werde. „Die Beseitigung von ökologischer Armut ist ein Teil des Kampfes gegen die Armut auf der Welt." Armutsbekämpfung beseitige Unfreiheit. „Wir müssen dazu auch die Unfreiheit zählen, keine saubere Luft atmen zu können, nicht an Trinkwasser heran zu kommen, keine Angst haben zu müssen vor Epidemien, die vermeidbar wären und nicht gezwungen zu sein, seine Heimat zu verlassen, weil der Meerwasserspiegel ansteigt."

Am Abend nach dem Gespräch erhält Amartya Sen dann den Meister-Eckart-Preis, dessen Namen er sich zwischenzeitlich auch gemerkt hat. Während das Publikum im Wallraf-Richartz-Museum ihn und ein bisschen auch sich selbst feiert, mit Sekt anstößt und plaudert, hält sich der Preisträger mit einem Glas Wasser im Hintergrund. Der Star des Abends ist er, aber zur Hauptfigur will er sich nicht machen.

Wer auf freiheitlichem Weg zu einer nachhaltigen Wirtschaft kommen will, muss Adam Smith, den Gründervater der modernen Ökonomik würdigen. Seine menschenfreundliche, zwischen moralischen Erwägungen und einem frühen Effizienzdenken abwägende Haltung ist die Basis. Leider wird sie (oft von Nicht-Ökonomen) missverstanden und so verdreht, dass ich mir ein wenig Platz für zentrale Gedanken nehmen möchte, auch wenn sie in allen Darstellungen zu diesem Themenfeld gewürdigt werden. Ich bediene mich dabei einiger Vorarbeiten meiner akademischen Lehrer Malte Faber und Reiner Manstetten in ihrem bahnbrechenden Grundlagenbuch „Was ist Wirtschaft? Von der Politischen Ökonomie zur Ökologischen Ökonomie".

Smiths Kerngedanke ist das System der natürlichen Freiheit, nach dem jede einzelne Person das eigene Interesse auf ihre Weise verfolgen und ihr Kapital im Wettbewerb mit allen anderen einsetzen kann – sofern sie keine Gesetze verletzt. Für künftigen Konsum müsse sie auf heutigen verzichten. So akkumuliere sich Kapital aus Erspartem. Um ihre Lebensbedingungen zu verbessern, müsse sie arbeiten – und durch Arbeitsteilung lasse sich die gesamte verwendbare Produktionsmenge erhöhen.

Ein Moralphilosoph, der Smith ist, betrachtet das Streben der Menschen nach Reichtum auf individueller Ebene negativ. Da ist er geprägt vom griechischen Philosophen Aristoteles mit seiner Ablehnung der Unersättlichkeit (Pleonexia). In der Summe bringe das Streben die Gesellschaft aber weiter. Die etwas unglückliche Metapher der unsichtbaren Hand, die im Markt das unkoordinierte Handeln einzelner zu einem günstigen Gesamtergebnis führe, kommt in Schriften wie „Theorie der ethischen Gefühle" (1759) und „Reichtum der Nationen" (1776) nur dreimal vor, jedes Mal in anderer Bedeutung. Sie war damals in Debatten weit verbreitet und ist eine Quelle der Verkürzungen. Sie wird dem Begründer der Marktwirtschaft nicht gerecht, der sich auf Tausenden Seiten differenziert mit dem Verhalten des Menschen auseinandersetzt. Folge er seinem Eigeninteresse, trage er dazu bei, Mittel der Gesellschaft zu vermehren, drohe aber das eigene gute Leben aus den Augen zu verlieren.

Smiths Bedeutung für die Ökonomik besteht darin, eine Theorie entwickelt zu haben, wie Individuen im gesetzlichen Rahmen ihr Eigeninteresse verfolgen können, ohne negative Spuren zu hinterlassen. Kapitalismus kann gut sein, wenn er sich an Regeln hält. Der Markt verlangt keine moralische Überlegenheit, sondern Antizipation der Wünsche anderer. Diese Gedanken wurden von seinen Nachfolgern verfeinert. Über Thomas Robert Malthus und David Ricardo führt ein direkter Weg zu John Stuart Mill. Kurz sollten wir Malthus streifen, weil seine Herleitung eines ökologischen Grundkonflikts Leitmotiv vieler Ökodebatten ist. Er leitete aus Beobachtung ein Bevölkerungsprinzip ab, nach dem der Boden immer zu knapp sei, die Bevölkerung zu ernähren. „Ich sage, dass die Kraft der Bevölkerung immer größer ist als die Kraft der Erde, Ernährung für die Menschen herzustellen."

Steigt der Ertrag des Bodens, schaffe er Voraussetzungen für neuerliches Bevölkerungswachstum. Nur Hemmnisse wie die Kindersterblichkeit, Kriege, Seuchen und Naturkatastrophen wirkten diesem Prinzip entgegen. Und so werde ein unauflösbares Problem dauerhaft bestehen bleiben. Wir haben zuvor, als es um „Die Grenzen des Wachstums" ging, schon bemerkt, wie wirkmächtig Malthus bis in unsere Zeit ist. Wachstumskritische Positionen berufen sich (manchmal implizit) auf ein Prinzip, nach dem die Natur nicht mehr hergebe, als für das Wachstum der Wirtschaft notwendig sei.

Zweifler wurden mit den Spitznamen „Malthusianer" oder „Doomsday-Philosophen" belegt. Natürlich hat der Ökonom im Jahr 1798 keine Vorstellung gehabt, wie sich der technische Fortschritt entwickeln würde. Aber den Zielkonflikt finden wir häufig wieder, wenn es etwa um das noch kaum gebremste Bevölkerungswachstum in Afrika geht.

Auch in die Diskussion über die Entkopplung von Wachstum und Umweltverbrauch fließt der Gedanke implizit ein – als von vielen geteilter Zweifel, dass die Entwicklungsdynamik der Natur nicht gerecht werden kann. Wenn immer früher im Jahr des „Earth Overshoot Days" gedacht wird – als dem Tag, an dem die für ein Jahr vorhandenen Ressourcen verbraucht sind –, lässt sich nicht verhehlen, dass Malthus mit seiner These zwar nicht recht hatte, aber ein gutes Gespür für einen bis in unsere Tage ungelösten Grundkonflikt besaß. Und seine Nachfolger hat er ohnehin überzeugt. John Stuart Mill war davon überzeugt, dass das Bevölkerungsprinzip nach Malthus gültig ist.

Es gibt wohl nur wenige so kraftvolle Schriften über die Freiheit wie den Essay „On Liberty" von John Stuart Mill. Der britische Ökonom, Moralphilosoph, Journalist, Mitarbeiter der East India Company und spätere Politiker der liberalen Whigs-Partei schlägt im Jahr 1859 einen weiten Bogen. Sein Ausgangspunkt ist der Widerstreit zwischen Autoritäten und Regierten. Bürger könnten sich durch Freiheitsrechte von einer Tyrannei der Regierenden befreien. Das Individuum steht im Mittelpunkt. Viel Raum reserviert er für die Rolle der Meinungsfreiheit, die sicherstellt, dass in demokratischen Gesellschaften ein Korrektiv zu hören ist. Dabei sei unerheblich, was man von der vorgetragenen Meinung halten könne. Entscheidend ist für ihn, dass jede Haltung vorgetragen werden dürfe, sonst erstarre der Konsens und vergesse seine argumentativen Grundlagen.

In seinem Essay befasst sich Mill mit praktischen liberalen Kontroversen, ob etwa Alkohol und Glücksspiel eingeschränkt werden dürften (interessant für die Debatte über die Cannabis-Legalisierung). Schließlich kämpfte er an der Seite seiner Partnerin Harriet Taylor, die kurz vor Veröffentlichung des über viele Jahre gewachsenen Textes starb, für mehr Frauenrechte und führt das in „Über die Freiheit" ebenfalls aus. Einige Jahre später wird er mit seinem Engagement im britischen Parlament dazu beitragen können, dass ein Frauenwahlrecht eingeführt wird.

Der Essay ist eine leidenschaftliche Programmschrift für die individuelle Freiheit. Für heutige Liberale finden sich viele Anknüpfungspunkte. In meinem Feuilletonartikel über Ökoliberalismus schrieb ich über Mill, Hayek und Sen, diese Ökoliberalen seien Posterboys für freiheitliche Fangirls und -boys. Hayek wird häufig in Internetforen – auch von jüngeren Liberalen – als Leitfigur zitiert, Mill gehört zum Kanon großer freiheitlicher Denker. Was ihn aber zum Vorbild für Ökoliberale qualifiziert, ist das in seiner Zeit unübliche Bekenntnis zu einer intakten Umwelt. Sein Plädoyer für die individuelle Freiheit kann hier nicht von Ausführungen zu einem stationären Zustand der Wirtschaft getrennt werden, die er im Standardwerk „The Principles of Political Economy" ein Jahrzehnt zuvor im Jahr 1848 formulierte.

In der klassischen Ökonomik des 18. und 19. Jahrhunderts war der Gedanke weit verbreitet, durch Beschränkungen der Produktionsfaktoren werde es eines Tages zu einem stationären Zustand kommen. Smith, Malthus und Ricardo glaubten an diese These, die erst durch die Industrialisierung und das Potenzial des technischen Fortschritts in der Wachstumstheorie hinterfragt wurde. Mill qualifizierte sich in vielen Abhandlungen (darunter „Die Grenzen des Wachstums" oder „Zukunftsfähiges Deutschland") durch zwei Besonderheiten zum Vordenker des Ökoliberalismus: Er bezog den Schutz der Umwelt in seine Überlegungen ein. Den stationären Zustand betrachtete er als Moment, in dem das von Malthus als Quelle des Elends gebrandmarkte Bevölkerungswachstum zum Ende kommt.

„Deshalb kann ich den stationären Zustand vom Kapital und Wohlstand nicht mit der ungerührten Ablehnung betrachten, der ihm üblicherweise von politischen Ökonomen der alten Schule entgegengebracht wird", schrieb er in den Principles, die als die Quintessenz der klassischen Ökonomik seit Adam Smith gelten. Damals wurden die drei Produktionsfaktoren Arbeit, Kapital und Boden als maßgeblich für den gesellschaftlichen Output angesehen, der Boden fiel mit Beginn der neoklassischen Theorie Ende des 19. Jahrhunderts aus der Analyse heraus. Sein Fokus aber war noch auf die Natur gerichtet. Wenn die Kapitalakkumulation im stationären Zustand zum Ende komme, sei das nicht zu bedauern, findet Mill. „Ich bin geneigt zu glauben, dass er insgesamt eine sehr beachtliche Verbesserung gegenüber unseren aktuellen Bedingungen wäre."

Mill argumentiert in den Principles, dass durch den begrenzten Boden die wirtschaftliche Entwicklung eingeschränkt sein könnte. Nordamerika nimmt er wegen der damals noch üppigen räumlichen Ressourcen aus. Natürlich sind seine Argumente nicht eins zu eins auf heute zu übertragen. Erst mit Karl Marx, William Stanley Jevons oder Alfred Marshall hat die Ökonomik die Dimensionen einer (fossilen) Industriegesellschaft erahnt. Doch Mill bleibt in seinem Facettenreichtum interessant: Ein glaubwürdiger Streiter für die Freiheit, auf den sich Liberale berufen können – und ein früher Öko, der die Begrenztheit der Welt in einem vorindustriellen Verständnis mitgedacht hat. Ähnlich wie bei Smith ist der stationäre Zustand nicht etwa ein Nebenaspekt, sondern angestrebter Endpunkt des Wirtschaftens.

„Es muss von politischen Ökonomen immer mehr oder weniger klar gesehen worden sein, dass der Zuwachs an Wohlstand nicht unbeschränkt ist", schrieb Mill in den „Principles of Political Economy". Ein progressiver führe unweigerlich in einen stationären Zustand. „Jeder Wohlstandszuwachs ist nichts als ein Aufschub. Und jeder Schritt vorwärts nähert sich ihm." Die moderne Wirtschaftstheorie, die den Wohlstandszuwachs in der ersten Hälfte des 20. Jahrhunderts reflektiert, lässt sich als Befreiung von der vermeintlichen Geißel einer stationären Wirtschaft in den Theorien seit Smith lesen. Kaum überraschend ist es, dass ausgerechnet Mill die entscheidende Inspirationsquelle für den thermodynamisch (als Erweiterung der These von der begrenzten Kapazität der Böden) begründeten Steady State des US-amerikanischen Ökonomen Herman Daly gewesen ist.

Mill sieht die Möglichkeit des Menschen, die Natur für seine Zwecke zu nutzen, als nahezu unbegrenzt an. Gleichzeitig begreift er die Umwelt als Kraftquelle, aus der sich Inspiration und Ruhe schöpfen lassen. Doch die (land)wirtschaftliche Nutzung entwerte die Natur auch in ihrem Wert an sich. „Wenn die Erde einen großen Teil ihrer Anmut verlöre ..., nur zu dem Zweck, eine größere, aber nicht bessere oder zufriedenere Bevölkerung zu ermöglichen, so hoffe ich doch aufrichtig, im Sinne der Nachwelt, dass sie zufrieden damit sein wird, stationär zu sein, lange bevor die Notwendigkeit sie dazu nötigt."

So wenig Mill den technischen Fortschritt in Folge der Industrialisierung und den Segen der medizinischen Entwicklung voraussah, wesentliche Elemente heutiger Wohlstandskonzepte (Bevölkerung, Kapitalakkumulation, ökologische Grenzen) sind im stationären Zustand angelegt. Was man für die Konzeption einer Nachhaltigkeit aus der Freiheit mitnehmen kann, ist die Zugewandtheit zur Natur und die Gelassenheit gegenüber einer in allen drei Dimensionen nicht wachsenden Wirtschaft.

Im 21. Jahrhundert haben sich die Parameter verschoben: Es ist längst klar, dass das Bruttoinlandsprodukt als Wertmaß ohne Beschränkung wachsen könnte, sofern es gelänge, den Durchsatz von Energie und Materie so stark zu reduzieren, dass das menschliche Wirtschaften die biophysikalischen Grenzen des Planeten nicht verletzt. Wir wissen nicht sicher, ob Respekt vor diesen Grenzen unsere Entfaltungsmöglichkeiten beschränkt. Aber wir wissen mit Mill, dass eine zufriedenstellende Entwicklung möglich ist, wenn sie schädigendes Verhalten ausreichend reduziert, lange bevor Schadstoffsenken überlastet und Korallenriffe irreversibel beschädigt sind.

Diese positive Sicht auf einen stationären Zustand muss im Zusammenhang mit Mills Freiheitsaufsatz gelesen werden, den er elf Jahre später veröffentlicht und der ihn zum Idol der Liberalen machen wird. Denkt man beides zusammen, haben wir ein erstes Vorbild für den hier skizzierten Ökoliberalismus: Respekt vor der Natur und ihrer Begrenztheit, leidenschaftliches Bekenntnis zur Freiheit der Menschen gegen Bevormundung. In meinem Feuilleton-Artikel habe ich dafür geworben, dass sich besonders die FDP die Überlegungen Mills zu eigen machen sollte. Sieht man das Defizit der FDP darin, biophysikalische Grenzen auch dann anzuerkennen, wenn sie das Grillsteak, das Porschefahren oder Flugreisen betreffen, sei Mill der richtige Mann.

Es wirkt, wenn man Mill, Hayek, Sen und den später etwas genauer betrachteten US-amerikanischen Philosophen John Rawls zu Rate zieht, wie eine Schrumpfversion des Liberalismus und des Nachdenkens über Freiheit, wenn

Freie Demokraten empört auf das Argument reagieren, das Konsumverhalten habe sich an biophysikalischen Grenzen zu orientieren. Es geht nicht um ökomoralische Vorhaltungen, sondern darum, Ressourcennutzung und CO_2-Ausstoß durch geeignete Mittel so zu beschränken, dass sich das Verhalten von Mensch und Industrie rechtzeitig in Richtung Klimaneutralität koordiniert.

Wenn das mit einer veränderten Porsche-, Fleisch- und Flugnutzung einhergeht, lässt sich bei Mill nachlesen, muss es uns nicht wehtun. Umgekehrt gilt die Ansage an wachstumskritische Ökos: Haben wir den Reduktionspfad so eingestellt, dass er auf faire Weise zur Klimaneutralität führen wird, müssen wir das Gefecht ums Wachstum auch nicht weiterführen.

Liberale wünschen sich so wenig Einmischung wie möglich

John Stuart Mill, der Befürworter eines stationären Zustands, ist einer der lautesten Streiter gegen Staatstyrannei. Mische sich eine Gesellschaft in Dinge ein, die sie nichts angingen, sei das die schlimmste Form der Unterdrückung. „Sie lässt weniger Raum zu entkommen, dringt dabei tiefer in Details des Lebens ein und versklavt die Seele selbst", schreibt er in „On Liberty". Wenn man sich von beiden Schriften Mills inspirieren lässt, besteht die ökoliberale Herausforderung darin, eine Notwendigkeit – dem Überschreiten ökologischer Grenzen entgegenzuwirken – mit einer Grundforderung in Einklang zu bringen: nicht vom Pfad einer größtmöglichen Entfaltung des einzelnen abzukommen.

Das setzt Einsicht voraus, wie dringlich sozialökonomische Transformationen sind. Erinnern wir uns an die Schilderung des Wissenschaftsjournalisten Peter Brannen aus dem ersten Kapitel, wie irreversibel Schädigungen waren, als sich vor den fünf Massensterben auf der Erde der Kreislauf zwischen Kohlendioxid und Sauerstoff veränderte. Genauso verlangt Ökoliberalismus den Einsatz wirkungsvoller, nicht bevormundender Mittel. Also mehr Politik nach der Logik „Ausstoß begrenzen, Rechte handeln", weniger Politik der Verbote, Detailregulierungen und technologischen Vorentscheidungen von Ministerien.

Mills ambivalente Botschaft (Umweltliebe auf der einen, Freiheit auf der anderen Seite) ist ein zentraler Gedanke. Das Prinzip bestehe darin, „dass der einzige Zweck, zu dem Macht über jedes einzelne Mitglied der Gemeinschaft gegen seinen Willen legitim ausgeübt werden kann, es ist, Schaden von anderen abzuwenden", schreibt der britische Gelehrte in „On Liberty".

Im weiteren formuliert er eine Positivliste von Elementen, die eine freiheitliche Ordnung beinhalten muss: Freiheit des Bewusstseins, des Denkens und Fühlens, Meinungsfreiheit zu allen Aspekten des öffentlichen Lebens – seien sie praktisch, spekulativ, wissenschaftlich, moralisch oder theologisch. Keine Gesellschaft, die das missachte, dürfe sich frei nennen. Individualität sei ein sehr hohes Gut und führe die Menschen näher an das bestmögliche Subjekt heran, das sie sein können.

„Um der Eigenheit jedes einzelnen gerecht zu werden, ist es essenziell, dass unterschiedlichen Personen erlaubt wird, ein unterschiedliches Leben zu führen", schreibt Mill. „Selbst der Despotismus hat nicht die schlimmsten Folgen gezeitigt, solange unter ihm weiterhin Individualität besteht." Das allerdings setzt voraus, dass Individuen nichts tun (können), was der Allgemeinheit schadet. Zudem habe jeder einzelne die Aufgabe, diese Freiheiten zu verteidigen.

Mills Freiheitsverständnis definiert eine Verantwortung des Einzelnen gegenüber der Gesellschaft. „Keine Person ist ein isoliertes Wesen", schreibt er. Verweigert sie sich, die ihm zugedachte positive Rolle zu übernehmen, indem sie sich selbst schade, könne sie nicht die Leistungen für andere erbringen. Am gefährlichsten aber sei es, wenn eine Mehrheit eine Minderheit zu Verhaltensweisen zwingen könne, die diese nicht beabsichtigten.

Beziehe die Mehrheit nur eigene Präferenzen ein, sei die Freiheit verloren. Gleichzeitig habe eine Regierung das Recht, schädliche Effekte durch Steuern abzuwenden, um Bürger zu schützen. „Es ist somit sogar die Aufgabe des Staats zu überlegen, welche Güter Konsumenten am besten entbehren können, und erst recht jene auszuwählen, von denen er meint, dass ihre Nutzung oberhalb einer angemessenen Menge schädlich ist", heißt es. Wenn man bedenkt, wie lebensbedrohlich eine zu hohe CO_2-Konzentration ist, klingt dieses Argument wie eine alte Einladung, Menschen (vor sich selbst) zu schützen – nicht wie eine Beschränkung der Freiheit, wie manch Vulgärliberaler bisweilen von sich gibt.

Ich hatte schon weiter oben dargelegt, dass es nicht unproblematisch ist, eine gut 170 und eine rund 160 Jahre alte Schrift auf Fragen antworten zu lassen, die sie sich nicht gestellt haben. Doch John Stuart Mill ist für den Gedanken eines Ökoliberalismus so wichtig, weil er Grundkonflikte erkannt hat. Ohne die globale Ökokrise mit Korallensterben, Temperaturen über 50 Grad Celsius in einzelnen Weltregionen und austrocknenden Binnengewässern erlebt zu haben, hat er mit den „Principles of Political Economy" und „On Liberty" Angebote gemacht, wie wir differenziert zu Wertabwägungen zwischen Freiheit und Bewahrung der Natur kommen können.

Es muss Ökoliberalen keine Schmerzen bereiten, auf Basis wissenschaftlicher Erkenntnis gefährliche Schadstoffe zu erkennen und zu begrenzen – auch wenn das vielleicht (wir wissen es noch nicht) Einschränkungen im bisher erfahrenen Wohlstandserleben mit sich bringt. Sie sollten sich aber hinterfragen, in welchem Ausmaß sie direkte Verhaltensvorgaben für einzelne Individuen machen. Liest man beide Schriften zusammen, lässt sich diese klare Botschaft bei einem der führenden Liberalen der Geistesgeschichte herausfiltern.

Auf einen dünnen Freiheitsbegriff setzte der FDP-Vorsitzende Christian Lindner, als die Protestbewegung Fridays for Future aufkam und er eine Position suchte. Experten sollten das Problem lösen. Porsche, Flüge, Fleisch wurden als Opfer einer erzwungenen Unfreiheit verteidigt. Studiert man die führenden Köpfe liberalen Denkens, fällt auf, dass dieses Argument nicht einmal als Denkfigur zu finden ist, wenn man sie genau liest. Wie bei Mill so auch bei John Rawls, der noch systematischer untersucht hat, wann eine politische Ordnung freiheitlich ist, finden sich dazu interessante Überlegungen.

Rawls geht es in „Politischer Liberalismus" von 1993 darum, die Bestimmungsfaktoren einer liberalen Grundordnung zu definieren. „Der politische Liberalismus geht davon aus, dass eine Pluralität vernünftiger und dennoch einander ausschließender umfassender Lehren das natürliche Ergebnis des Gebrauchs der menschlichen Vernunft innerhalb des Rahmens der freien Institutionen einer konstitutionellen Demokratie ist", schreibt der US-amerikanische Philosoph. Seine Aufgabe sei es, eine Gerechtigkeitskonzeption zu erarbeiten, die von einer Pluralität vernünftiger Lehren bejaht werden könne. Anders als Mill, Hayek und Sen führe ich ihn hier nicht als ökoliberalen Vordenker, weil die Umwelt in seiner Theorie keine gesonderte Rolle spielt. Moderner Liberalismus ist aber ohne ihn kaum denkbar.

Pluralismus habe die Religionsfreiheit bewirkt. Der politische Liberalismus zeichne sich durch das Nebeneinander politischer Auffassungen aus. Rawls fragt, wie sich in diesem Nebeneinander von Lehren eine Ordnung finden und dauerhaft aufrechterhalten lasse, der alle zustimmen könnten. Dafür benennt er formale Anforderungen wie die Transparenz politisch relevanter Informationen, Chancengleichheit, eine „sittlich akzeptable Einkommens- und Vermögensverteilung", die Möglichkeit zum sinnvollen Arbeiten und medizinische Grundversorgung. Später erweitert er seine Positivliste um Gedanken- und Gewissensfreiheit, politische Freiheiten, Rechtstaatsprinzipien.

Jede Person hat den gleichen Anspruch auf ein völlig adäquates System gleicher Grundrechte und Freiheiten, das mit demselben System für alle vereinbar ist, und innerhalb dieses Systems wird der faire Wert der gleichen politischen (und nur der politischen) Freiheiten gewährt. Den viel zitierten „Urzustand" oder „Schleier der Unwissenheit" führt er als gedankliches Konzept ein, um zu simulieren, für welche Grundsätze sich Individuen entscheiden würden, wenn sie ihre Voraussetzungen nicht kannten.

Besteht Einigkeit über die fairen Bedingungen, sei das Konzept einer Gerechtigkeit als Fairness erfüllt. Darin könne es eine Vielfalt vernünftiger, religiöser, philosophischer und moralischer Lehren geben. Auf unser Thema übertragen sind darin ökoliberale wie ökosozialistische, grün-dirigistische genauso wie Laissez-faire-Positionen vorstellbar. Der Clou für die Frage, ob unsere Freiheit für Respekt vor unseren biophysikalischen Grenzen eingeschränkt werden darf, liegt bei Rawls in den zwei Ebenen, auf denen der Liberalismus Freiheit garantiert.

Zum einen gibt es eine Ebene der Grundfreiheiten, in denen die Freiheit Verfassungsrang hat. Darauf haben sich die Parteien in vernünftiger Abwägung verschiedener Ordnungen entschieden. „Jede Person hat das gleiche Recht auf ein völlig adäquates System gleicher Grundfreiheiten, das mit einem ähnlichen System von Freiheiten für alle vereinbar folgt", schreibt er. Die zweite Ebene sind dagegen die politischen Lehren der Parteien, die unterschiedliche Freiheitsideen beinhalten.

Die politische Aufladung des Freiheitsbegriffs, der im Unwillen zum Ausdruck kommt, Verhaltensänderungen anzuerkennen, die biophysikalische Grenzen der Erde erfordern, hat damit zu tun, dass ihr nicht nur in Rawls' Theorie Verfassungsrang zukommt. Sie ist also das höchste aller Rechte. „In der gesamten Geschichte des demokratischen Denkens ging es um die Erlangung bestimmter Freiheiten und Verfassungsgarantien, wie sie zum Beispiel in verschiedenen Grundrechtskatalogen und Menschenrechtserklärungen gefunden werden", schreibt Rawls.

Nicht gemeint ist das politische Selbstverständnis auf Ebene der politischen Lehren einzelner Parteien: so etwa der Wunsch, in seinem persönlichen Konsumverhalten nicht eingeschränkt zu sein. „Sicher gibt es so etwas wie einen allgemeinen Vorbehalt gegen gesetzliche und andere Verhaltensbeschränkungen ohne hinreichende Begründung. Aber dieser Vorbehalt führt zu keinem besonderen Vorrang für irgendeine konkrete Freiheit", schreibt Rawls. So zieht sich von Mill über Rawls auch eine einheitliche Linie zu unseren weiteren ökoliberalen Vordenkern: Auch Hayek und Sen verabsolutieren die Freiheit nicht so, dass Eingriffe zum Schutz vor Umweltkatastrophen ausgeschlossen wären.

Dem Liberalismus sei zu eigen, dass politische Autorität und Gesetze legitimiert werden müssen, schreiben Shane Courtland, Gerald Gaus und David Schmidtz in ihrem Aufsatz „Liberalism". Für eine Einschränkung der Freiheit müssten sich Akteure rechtfertigen. Das negative Freiheitsverständnis verbitte sich, jegliche Aktivität zu limitieren. Positive Freiheit als Gegenposition dazu heiße, den freien Willen ausleben zu können. Hier ordnen die Autoren Mill ein. Für Liberale sei das Eigentumsrecht ein zentraler Wert. Nur wer ungehindert Verträge schließen und unternehmerischer Tätigkeit nachgehen kann, sei als frei einzustufen. Steuern seien zulässig, wenn sie Eigentum und Freiheit schützten. Auch hier keine Hinweise darauf, dass eine ökoliberale Anerkennung planetarer Grenzen die Freiheit verletzt.

Doch kommen wir zum ökologischen Aspekt des stationären Zustands zurück: Die große Gelassenheit, mit der John Stuart Mill diesem entgegenblickt, hat den ökonomischen Mainstream nach ihm kaum beeinflusst. Der suchte erst einmal nach Erklärungen, wieso der Wohlstand im ersten Drittel des 20. Jahrhunderts gewissermaßen explodierte. Aber zurecht häufig zitiert im Kontext mit ökonomischen Zielen wird ein kurzer Aufsatz des führenden Ökonomen dieser Epoche. John Maynard Keynes hat ihn 1930 – also gut acht Jahrzehnte nach Mills Principles – unter dem Titel „The Economic Possibilities of our Grandchildren" veröffentlicht. Anders als in seinem Hauptwerk „The General Theory of Employment, Interest and Money" sechs Jahre später geht es nicht darum, Probleme der Gegenwart zu lösen, sondern den Blick auf eine Wirtschaft in 100 Jahren zu lenken.

Erfindungsreichtum habe in der Menschheitsgeschichte zu neuen Technologien geführt, die den Menschen von Nöten entlastet haben. Wenn Knappheit dagegen kein Problem mehr sein werde, könnten ökonomische Sorgen zu einem Spezialproblem werden und Ökonomen auf einer Stufe mit Zahnärzten stehen. Führt man sich in allen Krisen seit 2008 (Finanzkrise, Erdbebenkatastrophe von Fukushima, Corona-Pandemie, Ukraine-Krieg) vor Augen, als wie fragil der westliche Wohlstand mit einem Mal erschien, ist von Keynes' Hoffnung, im Zeitalter nach der Knappheit würden ökonomische Fragen zum Spezialproblem, nichts erfüllt.

Die gegenwärtige Ökokrise hat Keynes nicht vorhergesehen. Deshalb ist interessant, wie sich der türkisch-amerikanische MIT-Ökonom Daron Acemoğlu weitere acht Jahrzehnte später von den „Economic Possibilities" inspirieren lassen und im Jahr 2012 seinerseits die 100-Jahr-Perspektive eingenommen hat. Das Nachhaltigkeitsproblem hat er mitgedacht. Zehn Treiber der wirtschaftlichen Dynamik macht er aus: Über allem stünden die Freiheitsrechte, die sich gegen Widerstände zunehmend durchsetzten. Zudem bezieht er die technologische Entwicklung, das fortgesetzte und ungleich verteilte Wachstum, Innovationen und Kriege ein – und eben die Klimakrise. In „The World our Grandchildren Will Inherit: The Rights Revolution and Beyond" beschreibt Acemoğlu, wie zentral freiheitliche Institutionen dafür sind, dass Innovationen entstehen. „Die Anreize, Freiheiten, Möglichkeiten und die Chancengleichheit, die inklusive Institutionen bereithalten, waren das Fundament allen technologischen Wandels."

Doch das Wachstum habe Schattenseiten. „Gemeinsam mit dem Zuwachs im Pro-Kopf-Einkommen hat es zu einem erheblichen Anstieg unserer Emissionen aus fossiler Energie geführt, die nun die Stabilität unseres Klimas bedroht", schreibt er. Ohne Steuern auf den Kohlendioxidausstoß und andere Regulierungen, also ohne einen CO_2-Preis werde Kohle, Öl und Gas verbrannt und der Planet bedroht. Das müsse durch Abkommen verhindert werden. Acemoğlus Aufsatz zeigt, dass sich mit der Übersetzung alter Grundkonflikte in die heutige Zeit eine direkte Linie von Mills positiver Ökoutopie über Keynes 100-Jahresperspektive bis zu den Lösungsvorschlägen moderner liberaler Ökonomen in der Klimakrise ziehen lässt. Sein Vertrauen in die Lösungskompetenz des technischen Fortschritts ist größer als das der thermodynamisch geschulten Ökologischen Ökonomen.

Hayek als überraschender Ahnherr des Ökoliberalismus

Dass aber auch einer der Vordenker, der häufig mit der Forderung verbunden wird, der Staat möge sich zurückhalten, in diese ökoliberale Denktradition gehört, überrascht nur diejenigen, die ein verzerrtes Bild von Friedrich August von Hayek haben. Der österreichische Wirtschaftswissenschaftler zog 1950 im Alter von 50 Jahren von London nach Chicago, wo er die als besonders marktwirtschaftlich bekannte Ausrichtung seiner Disziplin mitbegründete. 1974 erhielt er den Nobel-Gedächtnispreis. Einige Kritiker waren von seinem Einfluss auf die konservativ-liberale Wende unter Margaret Thatcher und Ronald Reagan ab den späten 1970er Jahren und seine Nähe zu ihnen irritiert. Eine gravierende politische Fehleinschätzung war seine blauäugige Unterstützung des brutalen rechten chilenischen Militärdiktators Augusto Pinochet.

Hayek knüpft in mehrfacher Hinsicht an John Stuart Mill an. Sein frühes Werk „The Road to Serfdom" ist ein Plädoyer für größtmögliche wirtschaftliche Freiheit. 1943 geschrieben, formuliert er darin eine Wirtschaftsordnung in der Tradition von Adam Smith als Gegenmodell zum noch nicht besiegten Nationalsozialismus, zum sowjetischen Kommunismus und zu kollektivistischen Tendenzen in Großbritannien, wo er zu diesem Zeitpunkt lehrt. Mit seiner Leidenschaft für Wettbewerb und Individualismus wurde er zum Vorbild des erfolgreichen Modells der deutschen Sozialen Marktwirtschaft. Dessen Erfinder Ludwig Erhard, „Vater des Wirtschaftswunders", kannte Hayek aus der von ihm gegründeten Denkfabrik Montpèlerin Society.

Wenngleich Hayek Erhards Ansatz zu interventionistisch fand und Umverteilung ablehnte, sind beide Brüder im Geiste. „Wir sind zunehmend von dieser Freiheit in wirtschaftlichen Angelegenheiten abgekommen, ohne die persönliche und politische Freiheit in der Vergangenheit nie existiert hat", schreibt Hayek mit Blick auf die Situation vor Ende des Zweiten Weltkriegs. Das Wachstum im 19. Jahrhundert sei ein Beiprodukt der politischen Freiheit gewesen. Ein Jahrhundert des Fortschritts sei daraus gefolgt. Wenn man bedenkt, dass Hayek die damals schon etwa 170 Jahre alten Thesen Adam Smiths vor dem Hintergrund der tatsächlichen Erfahrung mit Totalitarismen leidenschaftlich vorträgt, nötigt das Respekt ab.

Frei gebildete Preise signalisierten Knappheiten und seien somit die wichtigste Informationsquelle für wirtschaftliche Akteure. In einer Planwirtschaft werde dieser Mechanismus ausgesetzt. Zentrale Planer maßten sich Wissen über wirtschaftliche Entwicklung an, das viel zu komplex und daher nicht zu beherrschen sei. Eine Wettbewerbsordnung, die durch einen sorgfältig erstellten Rechtsrahmen geschützt sei, hält er für unendlich überlegen. „Es ist wichtig, die Gegnerschaft zu dieser Art von Planung nicht mit einer Laissez-faire-Haltung zu verwechseln", schreibt Hayek im „Weg zur Knechtschaft". „Das liberale Argument bevorzugt es, den bestmöglichen Gebrauch vom Wettbewerb zu machen als Mittel, menschliche Leistungen zu koordinieren, nicht als Argument, Dinge so zu lassen, wie sie sind."

In meinem kurzen Essay zu den Koalitionsverhandlungen habe ich Hayek besonders den Grünen anempfohlen. Ihre Sympathie für Detailregelungen bis hin zu Verboten steht im Kontrast zu den Mitteln, die Hayek sein Leben lang verteidigt hat. Wer Verbote als Innovationstreiber lobt, verträgt gut eine Ration Hayek. „Weil Dezentralisierung notwendig geworden ist, kann niemand alle Erwägungen bewusst ausbalancieren, die alle Entscheidungen so vieler Individuen hervorbringen", schreibt er. „Die Koordinierung kann eindeutig nicht durch ‚bewusste Kontrolle' ausgeübt werden."

Hayek hält den Markt für überlegen, weil Unternehmerinnen mit Hilfe weniger Preise ihre Entscheidungen an diejenigen anderer Akteure anpassen können. Eine Regierung, die entscheiden wolle, wie viele Schweine gezüchtet oder wie viele Busse eingesetzt werden sollen, habe keine Grundlage dafür und könne nicht lang in die Zukunft blicken. „Am Ende müssen die Sichtweisen einer Person entscheiden, welche Interessen wichtiger sind", schreibt er. So verhielte sich der Staat ähnlich wie ein privater Monopolist, der durch zu geringen Schutz der Wettbewerbsordnung auf dem Markt allein übrig bleibe. Er entscheide, welche Güter und Dienstleistungen angeboten werden. „Unsere Wahlfreiheit in einer Wettbewerbsgesellschaft besteht darin, dass wir, wenn eine Person unsere Bedürfnisse nicht erfüllt, wir zu einer anderen gehen können", schreibt Hayek. Gegenüber Staat und Monopolisten sei das Individuum von ihrer Gnade abhängig.

Was Friedrich August von Hayek zu einem Vorbild für Ökoliberale qualifiziert, ist seine differenzierte Haltung zu schädlichen Folgen des Wirtschaftens, für die er Beispiele aus dem Themenfeld Umwelt bemüht. „Die Nutzung bestimmter schädlicher Substanzen zu verbieten oder spezielle Vorkehrungen für ihre Nutzung festzulegen, Arbeitsstunden zu begrenzen oder sanitäre Einrichtungen zu verlangen, ist vollständig vereinbar mit dem Schutz des Wettbewerbs", schreibt er. Verbote ja, aber von gefährlichen Inputs, nicht etwa ein Eingriff in die Produktmärkte.

Hier legt Hayek eine Grundlage für den Umgang mit schädlichen externen Effekten, den liberale Ökonomen seither für richtig halten. In einer gelenkten Ökonomie wachten staatliche Autoritäten über Ziele – sie unterstützten einige individuelle Ziele und behinderten andere. Je mehr sie aber als Planer aufträten, desto größer werde die Notwendigkeit, auch an anderen Stellen des Marktgeschehens einzugreifen, um diese Ziele zu erreichen.

Hayeks Ringen um die Freiheit bei gleichzeitiger Anerkennung gefährlicher externer Effekte leistet gedankliche Hilfe bei der Frage, wogegen sich Ökoliberalismus abgrenzt. In der Wissenschaft und phasenweise auch in der medialen Debatte hat sich der unglückliche Begriff einer „Ökodiktatur" eingebürgert, in der andere wirtschaftliche Ziele dem Streben nach Nachhaltigkeit untergeordnet werden. Hayek liefert gute Argumente gegen eine solche Form der Nachhaltigkeit aus der Unfreiheit und aus der von Subgruppen definierten vermeintlichen Notwendigkeit heraus. Aber er hat auch ein Angebot, wie sich auf ökologische Gefahren mit marktwirtschaftlichen Mitteln reagieren lässt.

In seinem späteren Werk hat er diese Grundhaltung weiter vertreten. Wie der US-amerikanische Umweltphilosoph Dan Shahar gezeigt hat, der zuletzt an der University of New Orleans lehrte, hielt Hayek immer an dem Gedanken fest, dass der Staat bei aller Zurückhaltung negative Folgen wirtschaftlicher Aktivität eindämmen sollte. Dabei sollte er aber die Funktionsweise des Markts nicht beeinträchtigen. Die Bodenfruchtbarkeit etwa werde nicht ohne Pflege aufrechterhalten bleiben. Was Hayek in der „Verfassung der Freiheit" 1960 schreibt, findet sich auch später in der Nachhaltigkeitsdebatte wieder: „Jede natürliche Ressource steht für genau ein Element unserer gesamten Ausstattung mit erschöpfbaren Ressourcen, unser Problem besteht nicht darin, diesen

Bestand in irgendeiner Form zu bewahren, sondern sie in einer Form aufrechtzuerhalten, die den wünschenswertesten Beitrag zu unserem Wohlstand machen wird."

Die von den Ökologischen Ökonomen thematisierte Gefahr der Irreversibilität von Umweltschäden ist hier nicht angelegt. Aber doch ein Verständnis von dem, was später als Nachhaltigkeit bekannt ist, indem Bestände von Ressourcen nicht über die Gebühr ausgebeutet werden sollten. Ohne Kenntnis vom anthropogenen Klimawandel zu haben, zeigt sich Hayek als Anhänger des technischen Fortschritts. Hätten Bewahrer im 19. Jahrhundert Vorbehalte gegen den Verbrennungsmotor vorgetragen, wäre die Revolution im Transportwesen ausgeblieben. „Dennoch ist es wichtig, dass zu all diesen Fragestellungen die Meinung der Experten über die physikalischen Fakten gehört wird", schreibt er.

Allerdings fügt er hinzu, dass diese häufig Entscheidungen der Politik negativ beeinflusst hätten. Regierungen sollten ein Umfeld schaffen, in dem Märkte Ressourcenprobleme für sie lösten. Wie erwähnt, stehen liberale Ökonomen in Hayeks Tradition, wenn sie glauben, dass ein CO_2-Preis oder eine Mengenbegrenzung zulässiger Emissionen mehr erreichen, als teure Verhandlungen über ein Kohleausstiegsdatum oder ein Ende des Verbrenners. Hayek deutet in seinen Texten an, dass der Entzug von Eigentumsrechten ein geeignetes Mittel sein kann. Darauf kommen wir später zurück. Seine Kommentare zur Intervention in Umweltangelegenheiten, reflektierten keine tiefe Spannung in Hayeks Sichtweise, schreibt Shahar in seinem Papier „Hayek's Legacy for Environmental Political Economy".

Vielmehr ermuntere er dazu, die Umwelt als Grundlage der wirtschaftlichen Entwicklung mit geeigneten Mitteln zu schützen. Hayeks Umweltpolitik könne so auf einen Weg weisen, der den Markt und Umweltprobleme ernst nimmt.

„Insoweit belastete ökologische Systeme geschützt werden, während die ökonomische Dezentralisierung aufrechterhalten wird, Preise frei schwanken dürfen, individuelle Freiheit in den Grenzen anerkannter Regeln gesichert ist, Eigentumsrechte und individuelle Verantwortung geachtet werden, ist das genau das, was ein Hayekscher Ansatz empfehlen würde", schreibt Shahar. Der Klimawandel höhlt nicht den liberalen Gedanken Hayeks aus, sondern setzt in Form einer planetaren Grenze von außen eine Limitierung. Hayek ist ein Vordenker des Ökoliberalismus.

Amartya Sen hinterfragt die zentrale Rolle der Bedürfnisse

Würde ich an dieser Stelle weiter chronologisch ausführen, wie Ökonomen über Umwelt, Wachstum und technischen Fortschritt nachgedacht haben, ließe sich eine Ideengeschichte von Joseph Alois Schumpeter über Robert Solow bis zu Nicholas Georgescu-Roegen und darüber hinaus erzählen. Das hat der Wiener Ökonom Fred Luks in seinem faszinierenden Buch „Die Zukunft des Wachstums" geleistet, das sich damit auseinandersetzt, wie Dogmenhistorie in den Dienst einer ökologisch bewussten Ökonomik gestellt werden kann. Doch ich möchte jetzt zum dritten „Posterboy" des Ökoliberalismus zurückkommen.

Der Träger des Friedenspreises des Deutschen Buchhandels 2020, Amartya Sen, ist kein Nachhaltigkeits-Ökonom. Für ihn stehen Freiheit und Gerechtigkeit im Vordergrund. Dennoch hat er sich viel mit Nachhaltigkeit beschäftigt. Sein Konzept der Entwicklung als Freiheit (Development as Freedom) ist zentral. „Die Beurteilung des Fortschritts hat vor allem bezüglich der Frage zu erfolgen, ob die Freiheiten der Menschen zugenommen haben", schreibt Sen in seinem Buch

„Ökonomie für den Menschen", in dem er sein Konzept vorstellt. Eine Unfreiheit könne sich in extremer Armut äußern. Auch die Ungleichheit zwischen Männern und Frauen habe negative Folgen.

Freiheit ist facettenreich (politisch, ökonomisch, sozial, Chancen, Sicherheit) und setzt sich aus vielen Einzelelementen zusammen. Im Kern sollen sich die Fähigkeiten (Capabilities) und Verwirklichungschancen der Menschen vergrößern – auch indem ihre Partizipation gestärkt wird. Steht der rechtliche und politische Rahmen, müsse sichergestellt werden, dass sich das Individuum gemäß seiner Talente entfalten könne und nicht gemäß seiner ökonomischen Vorbedingungen. Dagegen seien Indikatoren wie die Industrialisierung oder das Bruttoinlandsprodukt zweitrangig.

Obwohl Sen auf die Freiheit abhebt, sich zu entfalten und den eigenen Lebensstil zu leben, wird deutlich, dass er dies nicht beeinträchtigt sieht, sollten ökologische Grenzen in einem Zielkonflikt damit stehen. Darin ist er sich einig mit Rawls, dessen Vorrang der Freiheit auf wenige Rechte beschränkt sei, die aber ausnahmslos zu gelten hätten. Markt und Kapitalakkumulation bewertet Sen positiv, aber immer nur relativ zu den gewährten Freiheiten. Der Erfolg der Marktwirtschaft gründe nicht im eigennützigen Verhalten. „Zum Triumph des Kapitalismus hat auch ein komplexes und feines Wertsystem beigetragen, in das als Bollwerk gegen die Versuchung zu Unehrlichkeit noch vieles anderes eingeht, etwa Zuverlässigkeit, Vertrauen und redliche Geschäftspraktiken." Auch das Recht auf Tausch und Agieren in einem Markt sieht Sen als ein Element der Freiheit.

Amartya Sens Perspektive ist in mehrfacher Hinsicht wertvoll für meine Fragestellung. Als intimer Kenner der ökonomischen Ideengeschichte hat er viele Wertabwägungen seit dem Utilitarismus nachvollzogen. Während seiner

Zeit als Jugendlicher in Indien hat er erfahren, wie sich Armut auswirkt, und relativiert manche eurozentrische oder angelsächsische Sichtweise auf Freiheit und Entwicklung. Mehr als in der Ökonomik üblich, bezieht er ethische Erwägungen ein. So etwa in seinem Keynote-Vortrag „Sustainability and our Responsibilities" auf einer Veranstaltung des italienischen Versicherers Unipol im Jahr 2010. Darin erkennt er an, dass sich unsere Perspektive auf die Natur verändert habe. Sie sei kein sicherer Ort mehr. Zunehmend entziehe sich der Mensch seine eigene Basis.

Aber: „Unsere gesamte Existenz als Menschen ist vollständig abhängig von der Umwelt." Nur in einem engen Temperaturband könnten wir überleben. Doch selbst bei größtmöglicher Partizipation seien Bedürfnisse künftiger Generationen ausgeklammert. Deshalb müsse die Vernunft öffentlicher Gemeinschaften über die eigene Lebensperspektive hinaus weisen. Ein globaler Vertrag (damit dürfte mehr gemeint sein als ein Abkommen wie das in Paris beschlossene) müsse das Handeln der Nationen leiten. „Emissionen verlangen eine Kontrolle überall auf der Welt, und eine einzelne Nation kann das Problem nicht allein lösen", schreibt er.

Freiheit ist der zentrale Wert von Sens Überlegungen. In der Abwägung gibt er dem Überleben der Menschheit aber eine höhere Priorität. Um das zu verdeutlichen, bricht er mit scheinbaren ökonomischen Gewissheiten. „Wenn wir Menschen nur mit Blick auf ihre Bedürfnisse betrachten, erhalten wir nur ein mageres Bild der Menschheit und – was im aktuellen Kontext bedeutend ist – in ihrer Rolle als Teilnehmer öffentlicher demokratischer Entscheidungen." Wie so oft rät der Ökonom und Philosoph zu einer Werteabwägung, die nicht das Paradigma westlicher Wirtschaftswissenschaften absolut setzt. Bedürfnisse des Individuums könnten nicht die Bedeutung seiner begründeten Werte übersteigen. „Klar, wir haben unsere Bedürfnisse, aber unser Menschsein kann uns weit darüber hinaustragen."

Wir sollten uns vorstellen, welche Verantwortung wir gegenüber der Zukunft unserer Spezies haben, schrieb Sen in einem Aufsatz im Jahr 2004. Eine Person könne argumentieren, wir sollten alles tun, was wir könnten, um gepunktete Eulen vor dem Aussterben zu bewahren. Unabhängig davon, ob sein Lebensstandard davon beeinflusst werde, könne er eine solche Werthaltung ausbilden. Ganz ähnlich, wie Kinder nicht um den eigenen Lebensstandard willen beaufsichtigt würden. Eine breitere Perspektive darauf, wie der Mensch zu sehen ist, als in der vorherrschenden Ökonomik sei nötig, um solch ein Interesse zu erklären und zu erkennen.

Die Quintessenz seines Nachdenkens über Nachhaltigkeit findet sich in einem Essay, den das politische Monatsmagazin „The New Republic" aus New York im Jahr 2014 gedruckt hat. „Falls die Erfüllung unserer menschlichen Existenz nicht bloß in unserem Lebensstandard und unserer Bedürfnisbefriedigung liegt, aber auch in den Freiheiten, die wir genießen, dann muss die Idee einer nachhaltigen Entwicklung neu formuliert werden."

Ein zweites Mal begegne ich Amartya Sen, als er im Oktober 2020 den Friedenspreis des Deutschen Buchhandels erhalten soll. Doch durch die Pandemie ist das Programm eingeschränkt. Sen hält seine Preisrede von Massachusetts aus, Bundespräsident Frank-Walter Steinmeier lässt seine Laudatio wegen einer Corona-Infektion im Umfeld durch den Schauspieler Burghart Klaußner verlesen, die Pressekonferenz am Vortag läuft digital. Meine Frage, was wir angesichts weltweiter Klima-Demonstrationen unter Klimagerechtigkeit verstehen können, beantwortet Sen so: „Der Klimawandel fordert die Natur unseres Denkens heraus. Wir können nicht mehr weiter annehmen, dass sich Umweltprobleme von selbst lösen werden." Stattdessen müssten Emissionen gesenkt werden, um das Umweltdesaster zu vermeiden. Der Mensch müsse sich zwingen, daran zu denken, was nicht-menschliche Spezien zum Überleben brauchen. „Wir müssen lernen, an andere und nicht nur uns selbst zu denken."

John Stuart Mill, Friedrich August von Hayek und Amartya Sen sind Pioniere des ökoliberalen Denkens. Sie zeigen Wege auf, wie sich ein komplexes Verständnis von Freiheit, eine marktwirtschaftliche Ordnung rund um schwankende Preise als dezentralem Informationsmedium und eine funktionierende Wettbewerbsordnung mit dem nötigen Respekt vor den biophysikalischen Grenzen des Planeten vereinbaren lassen.

Ein solcher Ansatz sollte Grundlage einer Politik sein, die sich heutigen und künftigen Herausforderungen stellt, die durch unseren zu expansiven Umgang mit unseren Lebensgrundlagen notwendig wird. Es hat sich gezeigt, dass einige der Annahmen der modernen Ökonomik vor dem Hintergrund der globalen Ökokrise hinterfragt werden können, ohne den Rahmen des liberalen Paradigmas zu sprengen. Kombiniert man diese Überlegungen mit Aristoteles' Ideen zu einem guten Leben und seiner Absage an die Gier als Treiber der Wirtschaft, lassen sich Hinweise auf das Konzept einer Ökonomie des rechten Maßes finden. Darauf kommen wir in Kapitel 11 zurück.

4 Ambivalenz und Lagerdenken

Just thirty miles from Detroit
There stands a giant power station
It ticks each night as the city sleeps
Seconds from annihilation
But no one stopped to think about the people
Or how they would survive, and we
Almost lost Detroit this time
How would we ever get over
Over losing our minds?

Gil Scott-Heron — We Almost Lost Detroit

Als ich das erste Mal an einer Demonstration von „Parents for Future" teilnehme, sind etwa 200 Erwachsene auf dem Platz vor der Alten Oper versammelt. Ein warmer Frühlingsabend des Jahres 2019 in Frankfurt. Vor allem Jugendliche sind zu hören. Sie sind in etwa so viele wie die Erwachsenen, die zur Demo aufgerufen haben. Die Schüler singen „climate climate justice" zur Melodie von Queens „We Will Rock You" und „Oh, rettet das Klima" zum Basslauf von „Seven Nation Army" von den White Stripes. Protest im Zeitalter der globalisierten Popkultur. Die Jugendlichen sind laut. Aber die Erwachsenen: Sind sie nicht aus ihrem Sportschau-Samstagabendtrott herauszubekommen?

Ein abstraktes Problem wird verhandelt. Politisch ist umstritten, wie sich die Verpflichtungen des Pariser Klimaabkommens einhalten lassen. Latent ökologisch sind viele Menschen – selbst die, um die es im ersten Kapitel ging: Sie wählen Parteien mit akzentuierten umweltpolitischen Positionen, in ihrem eigenen Verhalten sind sie aber noch nicht so weit, den fossilen Wohlstand hinter sich zu lassen. Es ist bequemer, fünf Minuten mit dem Auto zur Kindergartenfeier zu fahren als eine Viertelstunde mit dem Fahrrad durch den Nieselregen zu rollen.

Doch wenn es um konkrete Vorhaben geht, ist die Öko-Community sehr wohl zu mobilisieren. Zwei Wochen vor der ersten „Parents-for-Future"-Demo haben Fahrradaktivisten zur „Kiddical-Mass" aufgerufen, um sicherere Fahrradwege für Kinder einzufordern. Auch wir waren zu fünft dabei. Im Vergleich zur Parents-Demo: zehn Grad kälter, Regen, trotzdem geschätzt dreimal so viele Teilnehmer. Konkreter Nutzen im Alltag lockt die Menschen offenbar mehr als abstrakte Fragen wie Erderwärmung, Kohleausstieg und eigener Lebensstil.

Die Jugendlichen dagegen haben schon länger eigene Protestformen gefunden. Mit den regelmäßigen Demos freitags zu Schulzeiten beherrschen sie die Debatten. Lange läuft das auf der Ebene: Dürfen sie demonstrieren und dafür die Schule schwänzen? Doch es gelingt ihnen, die Dringlichkeit ihres Anliegens in die Köpfe zu bekommen. Statt Bürger mit dem Problem der Erderwärmung allein zu lassen, müsse die Politik ambitioniertere Einsparziele durch konkrete Schritte erreichen. „Climate justice" aber ist abstrakt, und nicht jeder kann wie Amartya Sen eine wasserdichte Definition aus dem Ärmel schütteln. Der Hambacher Forst, dieser 200 von 4000 Quadratmetern übriggebliebene für den Klimawandel irrelevante Restwald an einem Tagebau 45 Kilometer westlich von Köln, muss bei den Parents for Future als Symbol dienen.

In den Vereinigten Staaten ist es nicht üblich, dass Journalisten zu Demonstrationen gehen. Sie hätten durch ihre Publikation Gelegenheit, sich zu politischen Fragen zu äußern, lautet die verbreitete Haltung. In Deutschland ist es anders. So kann ich einen Eindruck gewinnen, welche

Positionen unter Teilnehmern anschlussfähig sind, und mit Menschen sprechen. Über die Monate zeigt sich, dass Klimaschutz und Kapitalismuskritik zusammengedacht werden. „Klimawandel stoppen: Kapitalismus überwinden", „System Change – no Climate Change", „Klimakiller enteignen" steht auf Transparenten.

Die bisherigen Kapitel dieses Buchs dürften deutlich gemacht haben, dass ich das Verhältnis von Kapitalismus und Klimaschutz für schwierig, aber reparierbar halte. Das positive Leitbild bleibt die Marktwirtschaft mit einer intakten Wettbewerbsordnung, Innovationsanreizen durch ungestörte Preissignale und einem Kartellrecht, das Monopole verhindert. Das Eigentumsrecht zu beschränken, was der Kern sozialistischer Ideen ist, hilft in der Klimapolitik nicht. Die klarere Definition von Eigentumsrechten hat mit dem Emissionshandel ein wirksames Mittel hervorgebracht, das im Einklang mit Eingriffsmöglichkeiten in den Markt steht, wie wir sie von Hayek kennengelernt haben.

Der ungehemmten Entfaltung des Marktes sollten wegen des Klimawandels Schranken gesetzt werden, die biophysikalische Begrenztheit des Planeten reflektieren. Als Instrument, um Angebot und Nachfrage zusammenzuführen, ist der Markt aber unverzichtbar. Wenn auch der Kapitalismus (etwas anderes als der Markt) in diesen Grenzen gedeihen kann, gibt es keinen guten Grund, dieses Modell zu überwinden. Zumindest historisch hat es viele Verdienste, und ihm ist auch noch einiges zuzutrauen. Dass Wachstumslogik und unbedachter Umgang mit der Umwelt im Sozialismus sogar noch tiefer verwurzelt waren, zeigt sich daran, wie einfach ein hoher Anteil der deutschen CO_2-Emissionen wegfiel, als die DDR-Industrie abgewickelt wurde.

In diesem Kapitel geht es um Lagerdenken und Visionen. Und um nervenden Ökomoralismus. Politisch leben wir in einem Zeitalter scheinbarer Alternativlosigkeit. Angesichts gravierender Krisen in immer kürzerer Frequenz musste sich auch die Krisenpolitik beschleunigen. Beinahe wäre das Weltfinanzsystem zusammengebrochen, eine Tsunami-Katastrophe beschleunigte die Energiewende. Danach stellten eine Massenmigration, eine Pandemie und die Folgen des ersten Kriegs in Europa seit drei Jahrzehnten Behörden vor enorme Belastungen.

Fünf schwere Krisen in 15 Jahren, die mit biophysikalischen Grenzen des Planeten zu tun haben und die Grenzen unseres Wachstumsmodells aufzeigen – zumindest, sofern man die Migrationskrise ab 2015 als Vorbote von Wanderungsbewegungen zu lesen zulässt, die folgen könnten, wenn sich die Umweltsituation verschärft. 2008 die Krise des Wachstumsparadigmas mit Renditeversprechungen von Banken, die sich als Luftbuchungen erwiesen. 2011 die in sich zusammengefallene Hoffnung, eine Energieform mit jahrtausendelangen Folgeschäden lasse sich sicher bewirtschaften, wenn nur Kontrollen einer demokratischen Ordnung Missbrauch verhinderten. 2015 der Umgang mit Wanderung, für die Industrieländer durch politische Entscheidungen und ihren Lebensstil mitverantwortlich sind. 2020 eine Gesundheitskrise, die womöglich von einer inadäquaten Haltung von Wildtieren und Vieh bei hoher Bevölkerungsdichte ausging und sich in einer vernetzten Welt rasend schnell verbreitet. Und 2022 ein Krieg, finanziert durch Einnahmen aus Ressourcen, die eine fossile Autokratie an den Westen verkaufte, um dort die Erfordernisse eines Lebens in den planetaren Grenzen hinauszuzögern.

Politökonomische Umbrüche und gesellschaftliche Spannungen sind Ursache einer verschärften Diskurskultur, die durch Internetkommunikation weiter zugespitzt ist. Soziale Medien sind Beschleuniger eines verbitterten Lagerdenkens. Man ist für oder gegen Atomkraft, Laschet, Waffen an die Ukraine, das Neun-Euro-Ticket, den Umweltsau-Song des WDR, ein Verbot der Homöopathie, FFP2-Masken und Jan Böhmermann. Für oder gegen Plastiktüten (#Wassermelone). Gegen Klimaproteste, nicht aber etwa Bewunderer Greta Thunbergs und Zweifler an Schlussfolgerungen ihrer Bewegung – so wie ich.

Zwischen Vorbild und Quelle des Ökomoralismus

Mit steilen Thesen schließen sich Gruppen gegenseitig aus, statt konstruktiv um die Frage zu ringen, wie sich das Problem der Ökokrise effektiv behandeln lässt. Und das schnell! Lebensstiländerungen mögen normativ geboten sein, doch Mittel des Verzichts könnten psychologische und soziale Spannungen auslösen. Technische Mittel könnten ungenügend sein, um die Ziele zu erreichen, ohne die sich Klimaneutralität in nur 22 Jahren nicht erreichen lässt. Soziale Medien sind so konzipiert, dass Einseitigkeit stärker belohnt wird als Ausgewogenheit. Will Ökoliberalismus überzeugend sein, muss er deutlich machen, dass er erlaubt, planetare Grenzen einzuhalten, aber tragfähige marktwirtschaftliche Lösungskonzepte anbietet.

Auch wenn die Demonstrationen von Fridays for Future, an denen vor Corona Hunderttausende teilnahmen, zunehmend zur Bühne für antikapitalistische Positionen (zumindest den auf Transparenten sichtbaren) geworden sind, war das in der Motivation ihrer Begründerin gar nicht angelegt. Sie wisse nicht, wie ein klimagerechtes System aussehe, betont Greta Thunberg. Wäre auch viel verlangt von einer während ihres UN-Auftritts 2019 gerade einmal 16 Jahre alten Jugendlichen.

Die schwedische Aktivistin hat ihren anfangs einsamen Klimaprotest vor dem Parlament in Stockholm begonnen, weil sie nicht fassen konnte, wie Anzeichen einer Katastrophe aus Artensterben und Erderhitzung so klar sein können, aber Konsum-, Energieverbrauchs- und Mobilitätsmuster unverändert bleiben. Ihr Aufruf „Organisiert euch! – Werdet aktiv! – Setzt etwas in Bewegung! – Es ist Zeit für den Auftritt" beschließt ihr Buch „Szenen aus dem Herzen – Unser Leben für das Klima", das sie mit ihrer Schwester Beata, ihrer Mutter und ihrem Vater 2018 verfasst hat, in dem aber ihre Mutter Malena Ernman die Ich-Erzählerin ist. Der Aufruf wurde erhört.

„Es handelt von der Krise, die unsere Familie getroffen hat. Es handelt von Greta und Beata. Aber vor allem ist es die Geschichte einer Krise, die jeden von uns betrifft. Einer Krise, die wir Menschen durch unseren Lebensstil herbeigeführt haben: fernab von Nachhaltigkeit, losgelöst von der Natur, von der wir ein Teil sind", schreibt die Familie. In ihrem Buch formulieren die vier bedenkenswerte Kritikpunkte, gleichzeitig ist auch etwas angelegt, das den Nachhaltigkeitsdiskurs seit den Auseinandersetzungen um Thunberg in Lager trennt, die unvereinbar scheinen. Manches ist eitel und pathetisch – als erfolgreiche Opernsängerin weiß Ernman, wie sie Emotionen beim Publikum auslöst.

Die Schilderung, wie bei Greta Thunberg ein Aspergersyndrom und Zwangsstörungen diagnostiziert wurden und sie daraus die Kraft für ihren hartnäckigen Protest schöpft, berührt sehr. Thunberg ist eine beeindruckende Persönlichkeit, die sich mutig vor die Mächtigen der Welt stellt und auf dem „World Economic Forum" oder vor den Vereinten Nationen unbequeme Fragen adressiert. Viel diskutiert wurde, ob ihr Ausspruch „How dare you" („Wie könnt Ihr nur") im September 2019 auf dem UN-Klimagipfel wachrüttelnder Appell oder kontraproduktive Zuspitzung war. Die Polarisierung hat mit ihrer brillanten Rhetorik zu tun, aber auch mit dem Framing, das ihre Eltern wählten, bevor sie bekannt wurde. „Greta hat eine Diagnose gestellt bekommen, aber das schließt nicht aus, dass sie recht hat und wir anderen so falschliegen, wie man nur falschliegen kann... Sie ist das Kind, wir sind der Kaiser. Und wir sind alle nackt."

Ernmans/Thunbergs Stil – und das setzt sich in Greta Thunbergs Auftritten fort – lebt von emotionaler Aufladung. Sie ist die einflussreichste Person im Nachhaltigkeitsdiskurs seit dem Ehepaar Donella und Dennis Meadows, das wir aus dem ersten Kapitel kennen. Sie hat Millionen Menschen dazu gebracht, ihr Verhalten in Frage zu stellen. Wenn sich heute Zeitungsartikel der Frage widmen, welche Ernährung die beste für Mensch und Tier, Klima und Gesellschaft ist, hat das mit ihrem Vorbild zu tun. Das gelingt ihr, weil sie konsequent lebt, was sie verkündet: vegane Ernährung, Fortbewegung mit dem Zug, sogar zum UN-Gipfel fuhr sie medienwirksam (und mit fossiler Logistik im Hintergrund), mit einem Filmemacher und dem Sportsegler Boris Herrmann auf der Racing-Yacht von Pierre Casiraghi mit, einem Spross der monegassischen Fürstenfamilie. Mit diesem Maß an kalkuliertem Marketing verliert sie viele Sympathisanten wieder.

Dennoch haben Menschen ihre Energiekonsummuster seither hinterfragt und teilweise umgestellt. Die Ökomoral, die Thunberg verkörpert, hat ein Für und Wider. Zum einen übersetzt sie die biophysikalischen Grenzen in persönliche Verbrauchslimits. Will der Westen den Pfad zur Klimaneutralität bewältigen, müssen Pioniere CO_2-sparsame Lebensstile entwickeln, die attraktiv für Mehrheiten sind. Zum anderen erheben sich „ökologisch Korrekte" über die anderen, die mit Autos Innenstädte verstopfen, in ungedämmten Wohnungen leben und sich gegen den Klimawandel einen Pool in den Garten stellen.

Seit Thunbergs Protest öffentlich wahrgenommen wurde, gibt es viele Alltagssituationen dieses Typus: Wir wollen Eis im dicht besiedelten Frankfurter Osten essen. Stellplätze für Fahrräder sind knapp. Deshalb lehnen wir unsere notdürftig an einen Baum, wodurch sie leicht in eine Einfahrt hineinragen. Bald will ein SUV-Fahrer hineinfahren, der Platz reicht nicht. Lautstark regt er sich über Radfahrer – also uns – auf. Ich halte dagegen, warum er meine, ein Auto dieser Ausmaße sei das richtige für die Enge des Viertels. Grundsatzebene. Nichts Konstruktives kommt heraus. Ökomoralismus gegen Konsumismus – die Debatten werden durch das Alltags-Lagerdenken nicht besser.

Natürlich bin ich Teil dieses Phänomens, das sich verschärft haben dürfte – auch wenn es in alten Zeiten von „Freiheit statt Sozialismus"-Wahlkämpfen ähnliche Auswüchse gab. Der Populismus, der in angelsächsischen Ländern bewusst spaltende Regierungschefs wie Boris Johnson und Donald Trump ins Amt spülte, hat Spuren hinterlassen. Diese Entwicklung hat viele Recherchen außerhalb meiner angestammten Themen angeregt.

Die Gelbwesten in Frankreich, die einen CO_2-Preis (ohne Sozialausgleich) zum Ausgangspunkt für wütende Straßenproteste nahmen, waren Auslöser der Reportage „Abgehängt" über das Leben in einem Dorf im Hintertaunus, in dem ich zu meiner Überraschung viel Zustimmung zu CO_2-Preisen vorfand. Das verbreitete Bild – Zustimmung in der bourgeoisen Stadt, Ablehnung auf dem Land – ist also zu platt. Der Essay „Wir Gesinnungsgenossen" stellte die Frage, ob wir zu nuancierten angemessenen Problemlösungen fähig sind, wenn wir mehr über die unterstellte Haltung als das vorgetragene Argument streiten. Wir müssen aus den Lagern raus, lautete mein Fazit.

„Unter uns" kritisierte das linksliberale Milieu für einen Überlegenheitsgestus, der nicht zu Ende gedachte Argumente überdecke. Das Nachdenken darüber stieß mich auch in Ökologiefragen auf eine selbstgerechte Bequemlichkeit. Und „Wo sind bloß all die kleinen Leute?" konstatierte eine Dialogunfähigkeit von Politikern und Wählern angesichts einer fortgeschrittenen Zersplitterung politischer Milieus. Diese muss Ökoliberalismus sehr dringend überwinden.

Lagerdenken erscheint in all diesen Texten im Hinter- oder sogar im Vordergrund auf. Das Phänomen des Ökomoralismus habe ich am explizitesten mit meiner Kollegin Julia Löhr in unserem Feature „Die neuen Moralapostel" aufgespießt. Zu Wort kommt der Politikwissenschaftler Wolfgang Merkel, der mit der Forderung nach Gesprächen mit Russland im Ukrainekrieg eine umstrittene Minderheitsposition eingenommen hat. Er beklagt darin, Klimaprotestgruppen argumentierten so moralisch und apodiktisch, dass Kompromisse kaum möglich seien. Die frühere Grünen-Sprecherin Jutta Ditfurth ermutigt Fridays for Future zu einer klaren Haltung. Allerdings sollten Aktivisten nicht von Hypermoral, sondern von einem tiefen Verständnis der Interessen von Politik und Wirtschaft geprägt sein.

Nun begebe ich mich mit einem Buch, das versucht, einen neuen -ismus (Ökoliberalismus) zu etablieren, zwangsläufig selbst in ein Lager. Es soll aber nicht hermetisch sein. Überrascht hat mich eine Äußerung des schwedischen Humanökologen Andreas Malm in der Ausgabe Herbst 2020/21 des „Philosophie-Magazin". Er begreift sich als Marxist und will den Kapitalismus überwinden. Aktivisten fordert er auf, Klimaproteste zu eskalieren, und regt an, Pipelines zu sprengen. Als er aber auf die Frage antworten soll, ob wir den Kapitalismus abschaffen müssten, um den Klimawandel zu bremsen, sagt er Lager-unabhängig: „Das Dringlichste ist, dass wir

Emissionen einschränken und fossile Brennstoffe aufgeben. Demgegenüber ist die Frage nach dem Kapitalismus an und für sich für mich fast ein bisschen sekundär."

Trotzdem hat die Journalistin Ulrike Herrmann eine neue Ordnung in ihrem Buch „Das Ende des Kapitalismus. Warum Wachstum und Klimaschutz nicht vereinbar sind – und wie wir in Zukunft leben werden" zur Voraussetzung für ein klimaneutrales Leben erklärt. Sie hat stärkere und schwächere Argumente. Nimmt man das bedächtige Ringen von Amartya Sen um Nachhaltigkeit zum Maßstab, wundert ihr Gestus der Gewissheit. Wo Ökoliberalismus eine Entkopplung von Durchsatz und Wohlstand herausfordernd nennt, ist sie sicher: unmöglich.

In einem Essay für die taz hat sie im September 2022 den Kern ihres Gedankens offengelegt. Die Menschheit fackle ihr Zuhause ab, Klimaschutz könne nur ohne Kapitalismus gelingen. Der habe Verdienste wie ein Sozialversicherungssystem und satte Bürger. Doch sein Problem sei, dass er Wachstum benötige. „In einer endlichen Welt kann man aber nicht unendlich wachsen", schreibt sie und klammert jahrelange Debatten über die Entkopplung von Durchsatz und BIP aus. Die Energiewende scheitere an der Möglichkeit, Energie zu speichern.

Es sei dringlich, zu einem anderen Wirtschaftsmodell zu kommen. „Wenn wir die emittierten Treibhausgase nicht auf netto null reduzieren, geraten wir in eine ‚Heißzeit', die ganz von selbst dafür sorgt, dass die Wirtschaft schrumpft", schreibt Herrmann. „In diesem ungeplanten Chaos käme es wahrscheinlich zu einem Kampf aller gegen alle, den die Demokratie nicht überleben würde." Ein Vorbild ist für sie die britische Kriegswirtschaft der 1940er Jahre. Die Volkswirtschaft habe damals von Konsumgüterproduktion auf das Militär ausgerichtet werden müssen. Gleichzeitig sollte die Bevölkerung nicht hungern. Fabriken seien in privater Hand geblieben, der Staat aber habe die Verteilung knapper Güter übernommen. „Eine Planwirtschaft, die bemerkenswert gut funktionierte." Auf diesem Weg lasse sich laut Herrmann eine ökologische Kreislaufwirtschaft erreichen.

Mir erschließt sich nicht, warum eine ressourcenschonende Wirtschaft mehr staatliche Planung verlangen sollte. Die Argumente, die Hayek dagegen vorbringt, gelten weiter. Zentrale Instanzen müssten sich ein Wissen anmaßen, das sie gegenüber einer Vielzahl unkoordinierter Marktakteure überlegen machte. Das Preissignal als Koordinationsinstrument würde ausgesetzt. Für mich ist das ein Beispiel für ein Lagerdenken, das falsche Dichotomien (Kapitalismus vs. Klima) aufstellt und von nuancierten Lösungen eines Problems wegführt. Bemerkenswert auch, dass der Kapitalismusgegner Andreas Malm die Prioritäten anders setzt. Für die Transformation brauchen wir Tausende von Ideen und Institutionen. Kreativität entsteht im Wettbewerb, in einem Prozess schöpferischer Zerstörung. Und nicht weil Beamte den idealen Transformationspfad schon kennen.

Trotzdem verharrt das scheinbare Gegensatzpaar Kapitalismus vs. Klimaschutz hartnäckig in den Köpfen. Die kanadische Aktivistin und Publizistin Naomi Klein hat es sogar zum Titel ihres Buchs „Die Entscheidung Kapitalismus vs. Klima" gemacht. Die Dichotomie bleibt auch in ihrem Buch falsch, selbst wenn sie wertvolle Argumente entfaltet. Ein Grundfehler liegt darin, dass sie nicht ergebnisoffen prüft, ob sich Ziele des Klimaschutzes wie ein niedrigerer Durchsatz mit Marktwirtschaft/Kapitalismus vertragen, sondern dass sie Klimaschutz als Vehikel verwendet, um eine als ungerecht empfundene Ordnung zu überwinden. „Ich habe dieses Buch geschrieben, weil ich zu der Überzeugung gekommen bin, dass der Klimaschutz ein Katalysator für diesen Wandel sein könnte", schreibt sie. An anderer Stelle gibt sie zu, das Interesse am Klimawandel sei erst geweckt worden, als sie ihn als Katalysator erkannt habe. Das finde ich problematisch.

Im Verlauf ihres 500 Seiten starken Bestsellers bleibt diffus, was Klein unter Markt versteht: Die Interessenvertretung multinationaler Konzerne, die durch ihren Lobbyismus effektive Klimaschutzpolitik verhindert (häufig), eine auf Wettbewerb basierende Wirtschaftsordnung (eher selten) oder eine unregulierte Form des gewissenlosen Wirtschaftens (meistens). Auf diese Weise ist es einfach, dem Markt eine Unfähigkeit zu bescheinigen, Sinnvolles zum Klimaschutz beizutragen.

Es gibt selten Bücher, an deren Rändern sich bei mir Kommentare so unmittelbar widersprechen, wie bei dem von Naomi Klein: Ja, Nein!, genau, so ein Quatsch, gut. Lagerdenken findet sich in dramatisierenden Dichotomien: „Unser Wirtschaftssystem und unser Planetensystem befinden sich miteinander im Krieg." Gleichzeitig macht sie zu recht deutlich, dass Klima-Appeasement (danke Bernd Ulrich für diesen Begriff) nicht zum Erfolg führen wird: „Behutsame Korrekturen des Status quo sind keine Option mehr, seit wir in den 1990er Jahren angefangen haben, den amerikanischen Traum auf Übergröße aufzublasen, und dieses Konzept dann auf der ganzen Welt verbreitet haben." Mit Aristoteles ließe sich sagen, der Mensch hat sein Maß verloren.

Klein recherchiert genau, wie Mineralölkonzerne Klimapolitik blockiert haben. Sie zeigt Denkmuster von Klimaleugnern auf und verortet sie in einer hierarchischen und individualistischen Weltanschauung. Da in solchen Kreisen Denkmuster von Intellektuellen wie Friedrich August von Hayek verbreitet sind, halte ich es für aussichtsreich, den Wissenschaftsfreund Hayek gegen Klimaleugner in Stellung zu bringen. Auch Kleins Analyse der Fehler im Emissionshandel ist bestechend. Mit einem Clean Development Mechanism wurde es westlichen Staaten leicht gemacht, schmerzhafte echte CO_2-Einsparungen zu vermeiden.

Trotzdem finde ich die Rolle, die das Klein-Buch im Diskurs spielt, kritisch. Sie suggeriert ihrem Publikum, es gebe einen unüberbrückbaren Konflikt zwischen Markt und Klima, obwohl sie ihren Überlegungen nur ein Schrumpfkonzept des Marktes zugrunde legt. Bei Klimaaktivistinnen bleibt hängen, der Markt könne sich nicht entfalten, wenn der Klimawandel eingedämmt werde. Deshalb solle das Wirtschaftsmodell überwunden werden. Was sie beschreibt (Kartelle, Lobbyvertreter), ist kritikwürdig. Es ist aber nicht wesenhaft für die Marktwirtschaft, wie wir sie in der Tradition von Adam Smith über John Stuart Mill bis Amartya Sen kennen. Ökoliberalismus versucht zu zeigen, wie sich Freiheit und der Markt durch eine Anerkennung der durch globale Ökokrisen sichtbar gewordenen Beschränkungen entfalten kann.

Das überforderte Individuum braucht Regeln

Das Lagerdenken und Aufzeigen von Dichotomien verhindert intelligente Lösungen der Klimakrise. In einer zunehmend dramatisierenden politischen Diskurskultur treffen sie auf fruchtbaren Boden. Schon zuvor hatte ich beschrieben, wie die Zuspitzung von Debatten eine Folge der zunehmenden Frequenz von Krisen ist, mit denen sich Bürger auseinandersetzen müssen. Zudem hat sich eine Art politischer Kommunikation durchgesetzt, die vehemente Gegenreaktionen auslöst. Als eine der ersten hat die britische Premierministerin Margret Thatcher in den 1980er Jahren auf eine TINA-Rhetorik gesetzt – also auf das Argumentationsmuster „There is no alternative".

Die Münchener Politikwissenschaftlerin Astrid Séville hat darüber ihre Doktorarbeit geschrieben. 2016 gewann sie damit einen der Deutschen Studienpreise der Körber-Stiftung. Populärwissenschaftlich hat sie ihre Thesen im Buch „Der Sound der Macht. Eine Kritik der dissonanten Herrschaft" aufbereitet. Es ist hoch interessant für die Frage, wie wir über klimapolitische Instrumente sprechen. In der Klimabewegung ist zu beobachten, wie Handeln gegen den Klimawandel als alternativlos beschrieben wird. Das darf nicht in Diskursverweigerung münden. Weder von Seiten der Zivilgesellschaft noch der Politik.

In einem Interview für faz.net anlässlich ihres Preises habe ich Séville gefragt, ob Politik umstrittene Projekte nur noch umsetzen könne, wenn sie diese als alternativlos beschreibt. „Ich plädiere dafür, dass Politik schwierige politische Reformen oder Maßnahmen gerade dadurch legitimiert, dass sie sagt, was auf dem Spiel steht und welche Optionen es gibt", antwortete sie. Das Reden über Alternativlosigkeit von Thatcher bis Blair, von Schröder bis Merkel habe die Funktion, parteiinterne Kritiker in Schranken zu weisen oder Projekte in einem scheinbar herrschaftsfreien Dialog als erstrebenswert darzustellen.

Eine Politik als alternativlos zu beschreiben, wie es Angela Merkel in der Eurokrise tat, führe zu Ohnmacht der Bürger. „Wähler unterliegen einer Politik, von der sie das Gefühl haben, sie nicht mitbestimmen zu können. Das schürt Konflikte", sagte Séville. „In aufgeladenen Konfliktsituationen kommt es oft dazu, dass sich die politische Klasse abschottet und noch apodiktischer und kategorischer argumentiert."

Was sie hier sagt, möchte ich in den Kontext mit dem Ökomoralismus setzen, den ich beklage. Politik sollte bemüht sein, dem Ohnmachtsgefühl gegenüber scheinbarer Alternativlosigkeit etwas entgegenzusetzen: Partizipation, Freiheit, Handlungsspielraum. Wenn Ulrike Herrmann argumentiert, eine Planwirtschaft mit Privateigentum nach Vorbild der britischen Kriegswirtschaft sei nötig, gehen diese Kategorien verloren. Im Markt dagegen können sie sich entfalten, und weil er von selbst biophysikalische Grenzen nicht einhält, müssen sie von außen gesetzt werden – aber ohne detaillierte Vorgabe, was produziert oder konsumiert werden soll.

Wie ein politisches Vakuum in der wichtigsten Frage der Menschheit einen destruktiven Ökomoralismus befördert, hat Bernd Ulrich, stellvertretender Chefredakteur der Wochenzeitung „Die Zeit", in seinem Buch „Alles wird anders. Das Zeitalter der Ökologie" beschrieben. „Reine private Ökologie ohne begleitende, verstärkende und ordnende Politik führt zu Philistertum und grüner Spießbürgerei – erbitterte Zankereien an den Milieugrenzen inklusive. Auch das ist eine Hinterlassenschaft der späten Ära Merkel", schreibt er. Er beabsichtigt einen Perspektivwechsel und sieht die Ökologie als dominante Herausforderung unserer Epoche. Das aber sei schwer zu vermitteln, weil der Mensch nach drei Kränkungen (er ist nicht mehr das Zentrum der Welt – Kopernikus, er ist nicht mehr evolutorisch überlegen – Darwin, er ist nicht mehr Herr der eigenen Seele – Freud) nun die vierte erlebt (und die fünfte ist schon im Aufkommen der Künstlichen Intelligenz angelegt): Er ist der größte Zerstörer der Erdgeschichte.

Zu Spannungen zwischen Ökoavantgarde und Besitzstandswahrern komme es, weil die Minderheit einen Lebensstil hinterfrage, der von populistischen Politikern verteidigt werde. „Die Minderheit wiederum bringt es in Rage, dass die Blech und Fleisch gewordene Mehrheit sich neuerdings als verfolgte Unschuld geriert. Die materiell alles beherrschende Kultur führt sich als armes Hascherl auf – das hat ihnen gerade noch gefehlt." Gegensatzpaare, wohin man sieht. In

Abwesenheit einer stringenten Klimapolitik prallen Lager aufeinander.

Der hier verfolgte ökoliberale Ansatz postuliert, dass sich Lebensstile auf dem Weg zu einem klimaneutralen Wirtschaften schnell verändern müssen. Die Energieknappheit durch den Ukrainekrieg lässt nur wenige Optionen realistisch erscheinen: Entweder werden nichtnachhaltige Kraftwerke angeworfen, um das Wohlstandsmodell zu sichern und die höhere Nachfrage durch Elektrifizierung des Verkehrs abzudecken oder Verbrauchsmuster werden durch den Staat hinterfragt. Im Verkehrssektor würde das einen erheblichen Ausbau des Schienenverkehrs verlangen, der Individualverkehr in Teilen überflüssig macht. Individuen sind mit so grundlegenden Infrastrukturentscheidungen überfordert.

Ulrich meint, dass Ideologien blind gegenüber der Natur waren. Ausbeutung und fossiler Wohlstand könnten als charakteristische Kategorien des westlichen Modells erkannt werden, was eine Umdeutung des 20. Jahrhunderts erzwinge. Weiter werde versucht, die Welt mit seiner Grammatik (Kriege, Ideologien, Sozialversicherung) zu verstehen, obwohl längst eine Grammatik des 21. Jahrhunderts zu schreiben sei. Ein Liberaler müsse erklären, wie CO_2-Einsparungen ohne Bevormundung möglich seien. „Zu denken, das Ende des fossilen Zeitalters und der hemmungslosen Naturzerstörung sowie der Abschied von den grotesken Exzessen bei der Mobilität würden nichts Wesentliches ändern, wäre naiv. Das 21. Jahrhundert wird nicht das 20. auf solarer Basis sein, es wird vielmehr ganz anders sein", schreibt er.

Doch solang solche Visionen nur von Journalistinnen und Wissenschaftlern, nicht aber von der Politik formuliert werden, bleibt die Konsumentin, der Auto- oder Bahnfahrer und die Hausbewohnerin auf sich gestellt. In welchem Ausmaß das zu Rigorismus führen kann, haben die Journalisten und Ehepartner Petra Pinzler (Die Zeit) und Günther Wessel (freier Rundfunkautor) in ihrem Selbstexperiment erlebt, das unter dem Titel „Vier fürs Klima" veröffentlicht wurde. Es beschreibt, wie sich ihre vierköpfige Familie vornimmt, klimaneutral zu leben. Urlaub mit der Bahn in den Alpen statt mit dem Flieger nach Kreta, „der Kleiderschrank als Achillesferse" und Rückkehr zum Sonntagsbraten – Stichworte, die ihren privaten Paradigmenwechsel umreißen.

Für dieses Kapitel spannend ist die Erfahrung, dass ihre Freunde irgendwann nichts mehr über die Klimabilanz von Flugreisen hören wollen. Ob sie ein Pamphlet zu schreiben beabsichtigten, das kleine Leute gängle und große Umweltsünder vergesse, werden sie gefragt. Ein ansonsten offener, politisch engagierter Freund wirft ihnen grünes Getue, fair gehandelten Ökoscheiß und selbstgerechtes Verbesserungsgehabe vor. Andere bezeichnen sie als Spaßbremsen. In diesen Begrifflichkeiten steckt viel drin, worauf sich Ökoliberalismus einstellen muss, wenn er ernsthaft an den Reaktionen interessiert ist.

Es ist ein Dilemma: Auf der einen Seite braucht es Menschen wie Greta Thunberg, die ihre Forderungen glaubwürdig mit eigenem Handeln unterfüttern. Auf der anderen Seite ist der fossile Lebensstil so tief in uns verankert, dass selbst ein Zurschaustellen guten Handelns als Provokation wirkt. Pinzler und Wessel behelfen sich, indem sie eine Typologie erstellen, wie Leute auf sie reagieren: Gänseblümchen, die nichts wissen wollen, um für nichts verantwortlich zu sein. Antikapitalisten, die erst große Gerechtigkeitsfragen klären wollen, bevor sie bei sich anfangen. Technofixer, die glauben, der Fortschritt werde es richten. Ein Schlüsselkonzept zur Erklärung ist für sie kognitive Dissonanz – also der Widerspruch zwischen dem Wissen und dem eigenen Handeln.

Sehr gut war das zu beobachten, als es im Sommer 2022 nach Jahren der Pandemie wieder einfacher wurde zu reisen und selbst die eifrigsten verbalen Klimaschützer mit dem Flieger in gar nicht so weit entfernte Urlaubsquartiere flogen.

Für manchen mag überraschend sein, dass ich hier auch „WeltN24"-Chefredakteur Ulf Poschardt mit seinen Einsichten präsentiere. Wenn es gilt, ihn im Hinblick auf Lagerdenken zu positionieren, könnte man sagen, dass er eine geradezu lustvolle Aversion gegen eine vermutete, in erster Linie aber behauptete linke Diskurshegemonie entwickelt hat. Mit Freude an der Provokation liefert er sich Debattengefechte, schießt allzu oft weit übers Ziel hinaus. Dass er seine eigene Redaktion als „Team Freiheit" positioniert, gehört zu diesen Übertreibungen.

Seine liberale Radikalität in seinem Buchessay „Mündig" ist aber inspirierend. Unter Rückgriff auf Theoretiker wie Theodor Adorno, Ayn Rand, Ralf Dahrendorf und Martin Heidegger formuliert er aus, wie es zu schaffen ist, aus einer historischen Unmündigkeit herauszuwachsen. Poschardt liefert Denkanstöße für Sektoren wie Bildung, Unternehmertum, Politik, Medien und Partys aus. Für Männer und Frauen formuliert er einen je eigenen Zugang. Freigeister aus unterschiedlichen Sphären wie Kino (Jean-Luc Godard), Sport (Ayrton Senna) und Musik (Morrissey) führt er als Vorbilder der Mündigkeit vor.

Poschardt stört sich daran, dass die Freiheit häufig unter die Räder komme: „Bei jeder anstehenden Krise, sei sie ökonomischer, kultureller, sozialer oder ökologischer Art, wird als Erstes die Freiheit des Einzelnen problematisiert, um dann im nächsten Schritt die Entmündigung als wohlwollende Einschränkung der Freiheit vorzubereiten", schreibt er. Anders als seine öffentlich zelebrierte Vorliebe für Sportwagen denken lassen könnte, besteht er darauf, Wachstum und Fortschritt künftig „ressourcengeizig" zu denken. Die Vorstellung endloser Ressourcen habe zum Raubbau verlockt. „Im Kapitalismus verändert der Konsument mit seiner Nachfrage ständig und umfassend die Ausrichtung des Kapitalismus", schreibt er. Ein mündiger Verbraucher werde das Wirtschaftsmodell ökologisieren, wenn er durch gute Bildung in Schulen oder besser Kitas dazu angeleitet werde. Askese könne Lustgewinn erzeugen.

Klimaaktivisten brächten zwei Argumentationsstränge in den Diskurs: Sie forderten politische Lösungen statt einer Privatisierung der Probleme. Dabei setzten sie auf umfassende Verbots- und Regulierungsregime. Zweitens verwendeten sie in Abwesenheit solcher Politik eine Scham- und Schuldrhetorik, die Adressaten, mündige Bürger, nicht erreichten. Fridays for Future zeigten eine zum Teil heroische Mündigkeit, hätten aber in ihrem Sound „jede Menge Unmündigkeit verpackt". Mit ihrer Hilfe könne ein mündiger Konsument erkennen, dass „groteske Verschwendungswirklichkeiten" nicht mehr hinnehmbar seien. Chancen eines liberalökologischen Kapitalismus eröffneten sich.

Die in diesem Kapitel beschriebenen Konzepte lassen sich als planwirtschaftlich (Ulrike Herrmann), ökoliberal (dieses Buch) und ökolibertär (Ulf Poschardt) beschreiben. Den Beleg, warum ein mündiger Konsument zwar nach Veröffentlichung von „Die Grenzen des Wachstums" nicht auf Verschwendung verzichtet hat, aber angesichts der anstehenden Klimakatastrophe, bleibt Poschardt schuldig. Dennoch darf seine Emphase für die Freiheit für die kommenden Überlegungen als Impuls dienen.

Denn dass der Liberalismus und das Nachdenken über die Freiheit in einer Sinnkrise stecken, ist durch Christoph Möllers Buch „Freiheitsgrade" deutlich geworden. Ausgehend vom Erfolg nationalkonservativer Populisten wie

Donald Trump oder Viktor Orbán will der Berliner Staatsrechtler den Liberalismus aus einer defensiven Haltung herausführen. In einem Abschnitt zur liberalen Ökologie legt er wichtige Gedanken offen, die für ein Konzept des Ökoliberalismus fruchtbar sind.

Zunächst betont er, dass die ökologische Frage nicht in Kategorien von Freiheit, Fremdbestimmung, Individuum und Kollektiv zu fassen sei. Selbst jene des Fortschritts passten nicht. Um ihre langfristige Dimension in den Griff zu bekommen, helfe es, das Konzept eines konstruierten Subjekts der Liberalen in die Zukunft fortzuschreiben. Dadurch ließen sich subjektive Rechte künftiger Generationen definieren. Politische Fragen einer Risiko- und Kostenverteilung seien so leichter auszuklammern.

Möllers argumentiert, dass aus ökologischen Veränderungen zwangsläufig Unfreiheiten folgen dürften. „Man könnte eine Klimapolitik, die Rechte einschränkt, auch als Entscheidung für eine kontrollierte und gegen eine unkontrollierte Beschränkung von Freiheit verstehen", schreibt er. Dieses Argument, das auf intertemporalen Erwägungen fußt, hat eine Wucht in einer Debatte, in der Liberale oft auf einem individuell verstandenen Recht beharren, nicht im Konsum eingeschränkt zu werden. Es besagt: Die Freiheit künftiger Bürger wird eingeschränkt, wenn heutiger Konsum nicht nachhaltig ist. Dass Prozesse irreversibel sein könnten, heiße allerdings nicht, „alle politischen Vermittlungsprozesse fallen zu lassen".

Hier zeichnet sich ein Problem für das erforderliche Tempo einer Klimapolitik ab. Nur die Prozesse stellten sicher, dass die Antwort richtig sei. Habe sich die Politik aber erst einmal zu einem Ziel verpflichtet (Pariser Abkommen), müsse es als willensschwach gelten, sich nicht daran zu halten. Aus der Pandemie lasse sich lernen, was passiere, wenn man nicht rechtzeitig handle und nicht international kooperiere. Futter für die Verfassungsdebatte.

Möllers schließt wieder den Bogen zu meinem Kapitel, in dem Hayek und Rawls zu Wort kamen. Er zeigt, wie bedeutsam Prozeduren sind, damit Freiheit aufrechterhalten bleibt. Für saubere Aushandlungsprozesse sind ein ausgeprägtes Lagerdenken und eine dramatisierende Rhetorik nach dem Motto „There is no alternative" erhebliche Risiken. So groß die Krisen auch sind, mit denen wir im 21. Jahrhundert umgehen müssen, eine rhetorische Selbstdisziplinierung ist erforderlich. Doch ein Grundwiderspruch wird sich nicht auflösen lassen: dass sich jemand, der nach ökoliberаlen Maßstäben lebt, gegen das fossile Wohlstandsmodell des 20. Jahrhunderts stellt und damit all diejenigen provoziert, die noch nicht bereit sind, vom alten Modell Abstand zu nehmen. Ökoliberale Avantgarde und beharrliches fossiles Establishment sind unvereinbare Lager.

5 Plastik und Biodiversität

Weil es ohne Zweifel richtig ist
Dinge zu beschützen, die man mag
Und weil mir diese Erde wichtig ist
schütze ich sie an jedem neuen Tag
Darum singe ich so laut ich kann mit allen zusammen:
Mit den Vögeln, den Wolken, den Bäumen, dem Wind und
den Bergen, den Blumen, den Flüssen, den Wäldern
und den Fischen im Meer.
Wir singen dreh dich, dreh dich, dreh dich, dreh dich Planet.
Deniz Jaspersen — Planet

Neulich ist es wieder passiert. Ich war ungeplant einkaufen. Im Rucksack hatte ich einen Stoffbeutel, aber es wurde mehr, als in ihn hineinpasst. Also kaufte ich an der Kasse eine Papiertüte. Die Ökobilanz siebenmal so schlecht wie die einer Tüte aus Recyclingplastik. Wie oft sind mir solche Tüten schon mit dem halben Familieneinkauf gerissen? Diesmal habe ich Glück: Sie reißt direkt am Fahrradständer. So muss ich den Joghurt wenigstens nicht von der Straße kratzen. Aber wofür das?

Plastik ist ein Symbol unserer Ökokrise geworden. Deshalb sind Plastiktüten in deutschen Supermärkten verboten. Für Fridays-for-Future-Initiatorin Greta Thunberg war die Gefährdung der Ozeantiere Ausgangspunkt ihres Protests. Plastik im Meer ist ein gravierendes Problem. Bis zu 13 Millionen Tonnen Plastik landen jährlich in den Ozeanen. Für Meerestiere sind sie lebensgefährlich: In zurückgelassenen Fangnetzen von Fischern können sie sich verheddern, sie verschlucken Plastikteile oder ersticken daran. Oder es gelangt als Mikroplastik in ihre Körper und in die Nahrungskette. Mit unvollständig erforschten Folgen.

Die Umwelt-NGO WWF verweist in einem Dossier zum Thema auf Studien, nach denen neun von zehn Eissturmvögel Plastik im Magen hatten. Demnach werden bis Mitte des Jahrhunderts fast alle Wasservögel Kunststoff im Körper haben, wenn Meere weiter so verschmutzt werden wie bislang. Mikroplastik entsteht durch den Abrieb von Auto-, Bus-, und Fahrradreifen. Zweithäufigste Quelle sind Emissionen in der Abfallentsorgung, danach folgen Polymerabrieb von Asphalt, Verluste von Plastikpellets im Transport und Verwehungen von Sportplätzen.

Nicht eingerechnet ist Mikroplastik, das durch den Zerfall von Plastikmüll in der Natur entsteht. Um ein Gefühl dafür zu bekommen, wie groß unser Müllproblem ist, habe ich in einem Artikel für die Serie „Schneller Schlau" in der F.A.Z. die Zahlen zusammengefasst. 417 Millionen Tonnen Abfall gab es 2020 in Deutschland, hauptsächlich Bau- und Abbruchabfall, der zwar anders als Plastikmüll nicht ewig braucht, bis er zersetzt wird, aber auch Folgen unseres Wirtschaftens zeigt.

Die Bemühungen von Industrie, Handel und Politik, das Müllaufkommen zu senken, hat nicht gefruchtet: Seit Mitte der 1990er Jahre ist der Verpackungsmüll um gut 5 Millionen Tonnen im Jahr gestiegen. Eine Folge wachsenden Wohlstands: Hersteller und Supermärkte verweisen auf bessere Konservierung, Recyclingunternehmen klagen über zu komplexe Verbundstoffe, die schwer verwertbar sind, nachdem sie verwendet wurden.

Auch die Recyclingquoten für Kunststoffe entsprechen nicht dem Ideal einer Kreislaufwirtschaft, in der alle Abfälle wieder in die Produktion zurückgeführt werden. Papier, Glas und Metall haben Recyclingquoten nahe 90 Prozent. Für

Plastik liegt sie unter 50 Prozent. Die EU-Verpackungsverordnung soll Verbesserung bringen. Doch bislang wird mehr als die Hälfte des Plastikabfalls in Deutschland verbrannt. Knapp ein Zehntel geht in den Export. Vor einigen Jahren beendete China den Import europäischen Abfalls, Malaysia und die Türkei nahmen zuerst mehr, bald aber auch weniger auf. Das Volumen an Plastikmüll, der an Stränden gefunden wird, entspricht den Regalmetern in Supermärkten: Coca-Cola und PepsiCo liegen vorn, dann Nestlé, Mars, Unilever, Procter & Gamble und Colgate-Palmolive.

Drei Strategien erscheinen sinnvoll, um die es in diesem Kapitel am Rande gehen wird: Vermeidung, bessere Abfallsysteme und Wiederverwertung in der Kreislaufwirtschaft. Doch im Zentrum steht, weshalb uns das Plastikproblem so sorgt: wegen des Artensterbens. Viele sehen es als Zwillingsproblem des Klimawandels. Der Schutz der Biodiversität ist das komplexere Problem, weil ökologische Vielfalt anders als Kohlendioxid heterogen ist. Ihre Bedingungen sind überall auf der Welt anders.

„Das spezifische Design stabiler Steuerungssysteme für Gemeinressourcen ist von Fall zu Fall unterschiedlich, weil die Ressourcen selbst so unterschiedlich sind und ebenso die sozialen und wirtschaftlichen Bedingungen, unter denen sie genutzt werden", schreibt die US-amerikanische Politikwissenschaftlerin Elinor Ostrom, die 2009 als erste Frau den Nobel-Gedächtnispreis für Ökonomie erhalten hat, im Essay-Band „Was mehr wird, wenn wir teilen". Sie wurde für empirische Arbeiten zu Allmendegütern (also öffentlichen Gütern, um die rivalisiert werden kann) ausgezeichnet. Wer nach ökoliberalen Perspektiven der Biodiversitätspolitik sucht, wird es schwerer haben als beim Klima. Lassen sich dort biophysikalische Grenzen bestimmen, deckeln und in ein Handelssystem integrieren, braucht es hier mehr

Anstrengungen. CO2 ist ein homogener Stoff. Der Schutz der Biodiversität folgt überall anderen Regeln.

Wir werden dennoch sehen, dass auch hier ökoliberales Denken hilft, Lösungen zu finden – mit Einschränkungen. Im Jahr 2019 hat die britische Tory-Regierung einen Bericht in Auftrag gegeben, der eine Bestandsaufnahme des Artenschutzes liefern sollte. Sie beauftragte Sir Partha Dasgupta, einen führenden Umwelt- und Ressourcenökonomen. Seit Jahrzehnten ist der Forscher aus Cambridge verwurzelt im Lager neoklassischer Wissenschaftler, die Natur als Teil der Wirtschaft betrachten und ökonomischen Instrumenten mehr vertrauen als ökologische Ökonomen, die Wirtschaft als Teilsphäre der Natur verstehen.

Das ökonomische Vermögen der Natur

In seinem 600-Seiten-Bericht „The Economics of Biodiversity: The Dasgupta Review" gelingt es ihm bemerkenswert gut, beide Positionen zu kombinieren. Für einen Umweltökonomen ungewöhnlich deutlich, schreibt er dem expansiven Wesen des Wirtschaftens die Verantwortung für die bedrohte Artenvielfalt zu. Als Ökonomen Knappheitsprobleme lösen mussten, sei die Natur aus Modellen ausgeklammert und ab den 1970er Jahren unzureichend wieder einbezogen worden. Biodiversität sei die Vielfalt des Lebens; wer sie erforsche, müsse sich klar machen, dass wir in der Natur eingebunden seien. „Der Bericht wurde angeregt, weil immer klarer wurde, dass die Menschheit in den zurückliegenden Jahren unser wertvollstes Kapital, die Natur, in Raten zerstört hat, die höher als je zuvor waren", schreibt er.

Während über mehr als 1800 Jahre die Wachstumsrate kaum von null unterscheidbar war, hat sich das Pro-Kopf-Einkommen seit 1950 versiebenfacht. Aber: „Wir sind eingebettet in die Natur, wir sind nicht davon getrennt. Kein noch so großer technischer Fortschritt kann konventionell gemessenem Wirtschaftswachstum eine unendliche Möglichkeit verschaffen. Unsere Wirtschaft ist unweigerlich begrenzt, wie auch die Biosphäre, deren Teil wir sind", argumentiert Dasgupta. In der Folge analysiert er, wie sich Natur als Vermögen berechnen lässt, dessen Assetmanager Menschen sind, die ihr etwas entnehmen. Durch zu hohe Entnahmen sei das Vermögen angegriffen.

Als ich ihn dazu im Mai 2021 für die F.A.Z. befrage, sagt Dasgupta: „Die vergangenen 70 Jahre waren ökonomisch phänomenal, aber wir bringen die Welt durcheinander." Die Betrachtung der Natur als Vermögen sei nützlich. Die Kategorien produziertes, menschliches und Naturkapital müssten gemeinsam betrachtet werden. Wohlstand lasse sich nur steigern, wenn ihre Summe steige. „Der Wert von Kapitalgütern wird fallen, wenn wir keinen Schutz bieten. Wir müssen den Druck auf die Biosphäre mindern. Das hat auch mit einer zu hohen Nachfrage nach bestimmten Gütern und Dienstleistungen zu tun", sagt Dasgupta.

Der internationalen Gemeinschaft fehle eine Politik, die Regenwälder und Ozeane schütze. Ein Mittel könne sein, für Ökodienstleistungen der Natur Beiträge ihrer Nutzer zu erheben – als Abgabe von Reedereien oder Fischern, die sie nutzten. „Im Fall der Meere ließe sich ein enormer Fonds aus den Einnahmen aufbauen, mit dem dann der Schutz der Regenwälder finanziert werden könnte. Wir verschenken Geld, indem wir zulassen, dass sich Schiffe frei auf den Weltmeeren bewegen können. Jeder kann Güter darauf transportieren, ohne eine Gebühr zu bezahlen. Diese Verzerrung müssen wir beenden", sagt er.

Wolle Politik Biodiversität schützen, müsse sie ein Gefühl ihres Werts bekommen, schreibt der Volkswirtschaftsprofessor Stefan Baumgärtner in seinem Aufsatz „Measuring the diversity of what?". Das reine Zählen von Individuen einer Population ergebe wegen unterschiedlicher Größen von Hirschen, Schmetterlingen und Einzellern keinen Sinn. Solle ein Index den Artenreichtum abbilden, müsse auch berücksichtigt werden, ob eine Spezies knapp oder reichlich vorhanden sei. Ökonomen aber täten sich mit diesem Konzept schwer, weil sie Knappheit durch Produktion lösten. Erarbeiteten Ökologen und Ökonomen gemeinsame Modelle, müssten sie eine Wertabwägung treffen, wofür Biodiversität schützenswert sei: etwa um Ökosystemdienste wie die Sauerstoffproduktion zu erhalten oder eine Entscheidung von einer vielfältigen Basis an Ressourcen zu ermöglichen.

Vier wesentliche Ursachen für den Verlust an Artenvielfalt benennt er in seinem Paper „Der ökonomische Wert der biologischen Vielfalt" von 2002: Bevölkerungs- und Wirtschaftswachstum, Markt- und Staatsversagen sowie fundamentales Unwissen. An erster Stelle der Folgen steht der Verlust an Lebensraum: „Da die Landfläche auf diesem Planeten begrenzt ist, führt Wirtschafts- und Bevölkerungswachstum zwangsläufig dazu, dass die wirtschaftliche Nutzung des Landes aufgrund einer verstärkten Nachfrage einen höheren Wert zugesprochen bekommt", schreibt Baumgärtner.

Instrumente wie der Markt oder Eigentumsrechte seien nützlich, hätten aber Grenzen, sagt Stefan Baumgärtner im Gespräch für dieses Buch. „Das Klimaproblem sieht aus wissenschaftlicher Perspektive gelöst aus, Biodiversität nicht. Nicht weil sich Ökonomen schwer tun, allgemeine Aussagen zu treffen, sondern weil es vom Wesen her schwer ist", sagt er. Einige Innovationen, die den Markt einbezögen, funktionierten gut: Banking mit Biodiversitätsaspekten oder Ökopunkte für Bauverfahren. „Der Markt ist ein mächtiges Instrument: Manche Sachen klappen gut. Er klappt aber nicht so gut wie beim CO_2. Da würde ich sagen: Märkte, Märkte, Märkte und Deckel drauf", sagt Baumgärtner, der in Freiburg einen der wenigen Lehrstühle für Umweltökonomie mit Schwerpunkt Biodiversität hält und ein weiterer Schüler meines Heidelberger Professors Malte Faber ist.

Werde ein Gebäude gebaut und verschwinde ein Lebensraum, könnten sich Arten in einer Ausgleichsfläche überraschend anders verhalten als modelliert. Auch Menschen verhielten sich nicht vorhersehbar. „Die Bestandsdynamik ist nicht deterministisch wie bei CO_2. Dadurch ist die Biodiversitätspolitik schwierig. Globale Märkte helfen nicht immer, ein Finanzausgleich oft schon. Bei Biodiversität ist der Markt nicht die Lösung", sagt er.

Dennoch lohne es sich, nach ökoliberalen Perspektiven zu suchen. Ökosystemleistungen hätten biophysikalische Grenzen. Die Überfischung verlange Fangquoten und handelbare Rechte. „Erst einmal müssen die Grenzen her", sagt er. Sobald sie festgezurrt seien, müsse Biodiversität in Kombination mit sozialer Gerechtigkeit gedacht werden. In Indien hänge ein Drittel des Bruttoinlandsprodukts davon ab, ob familiengeführte Landwirtschaftsbetriebe auf Gebieten mit sensibler Biodiversität anbauen könnten. „Die Existenzsicherung muss deshalb bei den Schutzmaßnahmen mitgedacht werden", sagt er.

Liberale Marktinstrumente taugten aber für die Lösung eines anderen Problems: „Märkte sind für den Regenwald nicht schlecht geeignet", sagt er. Erachteten westliche Staaten den Existenzwert von Orang Utans für wertvoll, lasse sich ein Gleichgewichtspreis finden, zu dem Landwirte in Indonesien bereit wären, Flächen nicht zu nutzen. „Wenn wir ihn wichtig finden, sollten wir dafür bezahlen. Das ist unser Wert, wie wenn wir Schokolade essen. Das ist mehr als eine Forderung, das ist ein Geschäft", sagt Baumgärtner. Haushalte in Europa und den USA könnten ermitteln, wie viel sie für Artenschutz bezahlen wollen. „Das könnte man rational angehen, wenn ein Preis entstünde."

Kommen wir zurück zu unserem Müllproblem vom Beginn des Kapitels. Es ist weit entfernt von der Komplexität der hier beschriebenen Herausforderungen, um Biodiversität zu schützen, da es ein reines Mengenproblem ist. Ähnlich wie CO_2 ließe es sich deckeln und die erlaubte Menge über die Zeit zurückführen. Da Kunststoffe aber unübersehbar Vorzüge zum Beispiel in der Produktion von Industriegütern haben, ließen sich verbindlichere Regeln setzen, wie sie in Stoffkreisläufe eingebunden werden können. Oder Länder wie Deutschland, die ihren Abfall nicht ohne Exporte entsorgen können, könnten sich verpflichten, beim Aufbau von Kreislaufwirtschaftssystemen in Ländern mit schlechter Müllentsorgung finanziell und ideell zu helfen.

Wie so oft, wenn ein Vakuum in der politischen Regulierung besteht, treten andere in die Lücken. Drei Beispiele haben mich beeindruckt. Der niederländische Unternehmer Boyan Slat, der als Jugendlicher beim Tauchen in Griechenland vom Müll im Meer aufgeschreckt wurde, hat darauf sein bisheriges Lebenswerk aufgebaut. Als ich ihn im Mai 2021 spreche, ist er mit seiner Non-Profit-Organisation The Ocean Cleanup an zehn Flüssen auf der Welt und an der größten Plastikmüllstelle im Pazifik aktiv.

„Die Luftqualität haben wir als Gesellschaft verbessert, aber wie CO_2 bleibt Plastik, wenn man aufhört zu verschmutzen", sagt mir Slat. Von 400 Millionen Tonnen Kunststoff im Jahr würden 80 Millionen nicht angemessen entsorgt, eine Million lande im Meer. Deshalb erdachte er mit Mitstreitern einen maritimen Müllsammler mit gigantischen Fangarmen. Die prototypische End-of-the-Pipe-Anlage, die technisch löst, was der Mensch nicht durch adäquate Institutionen gelöst bekommt.

Slat hat viele Hebel bewegt, um das Problem zu lösen, das ihn als Jugendlicher gewurmt hat. Zum Beispiel hat er die Maschine so umgerüstet, dass sie Plastikabfall an Flussmündungen auffangen kann. „Wir ändern nicht unsere Strategie, sondern wir erweitern sie", sagt Slat im Mai 2021. Er beruft sich auf Unternehmer wie Nikola Tesla, Henry Ford und Thomas Alva Edison. „Manchmal vergessen die Menschen, dass man Dinge lösen kann, statt solche zu bekämpfen, die man nicht mag", sagt er. „Wir haben den günstigsten Weg, wie man Plastik davon abhalten kann, in den Ozean zu gelangen. Wir erkaufen uns damit Zeit." Er will den Müllbestand spürbar reduzieren. „Bis 2040 wollen wir eine Nettoreduktion von 90 Prozent erreichen", sagt Slat.

Auch Eduardo Gordillo denkt in langen Zeiträumen – und vor allem an die Generation seiner Tochter, die zwölf ist, als ich ihn im Juli 2022 in seiner nagelneuen Fabrik an der deutsch-polnischen Grenze in Schwedt besuche. Als Gründer von Bio-Lutions hat der Kolumbianer die weltweit erste Produktionsstätte errichtet, in der im Trockenverfahren ohne Einsatz von Wasser aus Agrarrohstoffen Einwegbehälter entstehen. „Die Motivation, etwas in Richtung Ökologie zu machen, ist durch die Geburt meiner Tochter entstanden", sagt er. Er hatte ein Unternehmen für Displays und suchte nach nachhaltigeren Verpackungen. So kam er darauf, Einwegbehälter für Flugzeuge, für Suppe oder Currywurst herzustellen. „Wir retten nicht die Welt, aber wir leisten einen Beitrag zur Biokreislauf-Ökonomie", sagt Gordillo. „Und die rettet vielleicht die Welt." Sein Ansatz: 100 Prozent erneuerbar, kurze Wege, Kreislaufdenken.

Beide Unternehmer sind von einer ökoliberalen Grenzsicht inspiriert. Innerhalb kurzer Zeit haben sie als innovative Gründer Berge versetzt. Mehr als Enabler versteht sich Carsten Gerhardt, Unternehmensberater bei Kearney, zuständig für Nachhaltigkeit. Vor einigen Jahren stellte er bei einem Spaziergang über eine stillgelegte Bahntrasse in seiner Heimatstadt Wuppertal fest, dass sich daraus eine innerstädtische Radstrecke schaffen ließe. Gegen Widerstände mobilisierte er Millionen an privaten und Fördergeldern. Danach wurde ihm sein nächstes Großprojekt zugetraut: Circular Valley. Seine Stiftung unter Schirmherrschaft des früheren Wirtschaftsministers von Nordrhein-Westfalen fördert weltweit Start-ups der Kreislaufwirtschaft und bringt Unternehmen der Region mit Wissenschaftlern zusammen, deren Know-how den hochtrabenden Namen rechtfertigt.

Gerhardt sagt: „Kreislaufwirtschaft treibt mich um, weil wir viele Probleme auf einmal lösen können: Rohstoffe, Biodiversität, Klimaproblematik." Würden Stoffkreisläufe geschlossen, bliebe Energie als Produktionsfaktor übrig. „Wenn das gelingt, müssen wir keinen Konsumverzicht üben", sagt er. „Man muss sich nicht mehr entscheiden zwischen Umweltneutralität und Wirtschaftswachstum." So erweist sich sogar das umstrittene Dosenpfand des früheren Bundesumweltministers Jürgen Trittin als Erfolg. Die Aluminiumindustrie ist Jahre später ganz begeistert, weil so Alu gegen andere Materialien geschützt wurde.

Die Grenzen der Kreislaufwirtschaft
Die Ampelkoalition strebt im Koalitionsvertrag an, Stoffkreisläufe zu schließen. „Je höherwertiger die Produkte und ihre Bestandteile sind, desto größer sind die Anreize für ein Remanufacturing", sagt Susanne Kadner, Leiterin Energie, Ressourcen, Nachhaltigkeit der Deutschen Akademie der Technikwissenschaften (Acatech). Mit dem Circular Economy Action Plan der EU sollen technische Designs von Produkten

so gestaltet werden, dass benutzte Produkte wiederverwertbar werden. Die Perspektive weitet sich vom Kunden und der Lieferkette zu Wertschöpfungsnetzwerken. Doch nicht überall ist man von diesem Ansatz überzeugt. „Es gibt progressive Akteure und solche, die sich schubsen lassen", sagt Kadner.

Was sie beschreibt, ist eine Frage des Willens. Doch auch physikalische Limitationen scheinen der Kreislaufwirtschaft Grenzen zu setzen. Als ich im März 2022 die Managerin eines Chemiekonzerns nach Aussichten zirkulärer Produktionsmodelle frage, ist sie zögerlich: „Als Industrieunternehmen haben wir feste Prozesse und Beziehungen. Es ist einfacher, sie neu zu bauen", sagt sie. Kreisläufe seien eine schwer zu erreichende Vision: „Ein Erfolg wäre es, wenn in einigen Jahren der Stoffkreislauf einer industriellen Produktion vollständig geschlossen wäre."

Neben produktionstechnischen Hürden gibt es auch Grenzen durch die Thermodynamik. Materialien lassen sich nur in einer begrenzten Zahl von Durchläufen recyceln, bevor sie an Wert verlieren. So sagt es mir der Ökologische Ökonom Herman Daly in einem Interview für die F.A.Z. sechs Wochen vor seinem Tod im September 2022: „Eine Kreislaufwirtschaft zu etablieren bedeutet: Man wird so viele Materialien wie möglich recyceln, aber man kann keine Energie recyceln. Und Material kann nur in einem begrenzten Bereich recycelt werden. Es ist nicht vernünftig zu glauben, dass wir zu einer vollständigen Kreislaufwirtschaft übergehen werden. Niedrige Entropie führt zu hoher Entropie. Das ist die Richtung."

Herman Daly hat mit anderen Pionieren der Ökologischen Ökonomik wie Malte Faber und Charles Perrings wichtige Konzepte entwickelt, die ohne Würdigung in Partha Dasguptas Biodiversitäts-Bericht vorgestellt werden. In einem kritischen Kommentar schreibt die führende Ökologische Ökonomin Rajeswari Raina in der indischen Zeitschrift der Fachdisziplin, Dasgupta erkenne Limitationen der neo-klassischen Ökonomik an. Er biete aber keine Konzepte an, wie sich das Verhältnis von Mensch und Natur neu denken lasse. Sozialwissenschaften seien weiter, indem sie empirisch untersuchten, wie Gruppen mit nachhaltigem Wertekanon im Einklang mit der Natur lebten.

Trotz dieser Kritik überrascht und beeindruckt die Klarheit, mit der Dasgupta Probleme benennt. „Wenn wir uns auf der anderen Seite darüber sorgen, welche Erde wir unseren Kindern und Enkelkindern zurücklassen, während wir uns immer tiefer in die Biosphäre hineinfressen, müssen wir feststellen: Wir können nicht beides haben", sagt er mir im F.A.Z.-Interview. Negative Preise für Umweltnutzung, zu geringe Produktpreise gemessen an ihrer ökologischen Schadwirkung und eine nachhaltige Entwicklung schlössen sich aus. „Lasst uns Natur nicht so behandeln, als gäbe es ein unbegrenztes Angebot", sagt Dasgupta.

So wie CO_2-Emissionen trotz internationaler Bemühungen nicht zurückgeführt werden, sind Versuche, Arten zu schützen, auf UN-Ebene gescheitert. Im „Strategischen Plan für biologische Vielfalt 2011-2020" waren 20 Unterziele formuliert, alle unerfüllt. Innerhalb eines halben Jahrhunderts hat sich der Bestand von Säugetieren, Vögeln, Fischen, Amphibien und Reptilien um 68 Prozent reduziert, heißt es im „WWF Living Planet Report". Ein neuer Anlauf wurde auf dem Biodiversitätsgipfel im chinesischen Kunming ab April 2022 genommen. Parallel dazu wurde ein Prozess angestoßen, wie Plastikmüll reduziert werden soll. Die Ergebnisse des UN-Weltnaturgipfels im kanadischen Montreal wurden im Dezember 2022 durchaus mit Anerkennung, aber auch Kritik beurteilt. Gut zwei Dutzend neue Schutzziele für Land und Meer wurden vereinbart, allerdings ist das keine Gewähr dafür, dass sie auch umgesetzt werden – dazu zählt auch der

Abbau von umweltschädlichen Subventionen. Und etwa die Ausrichtung der Landwirtschaft auf diese Ziele wird nicht konfliktfrei ablaufen.

Doch das globale Bemühen ist kompliziert. Der Staat ist nicht die einzige Handlungsebene. Nobel-Gedächtnispreisträgerin Elinor Ostrom erinnert daran: „Wenn es auf verschiedenen Ebenen mehrere unterschiedliche Steuerungseinheiten für eine geografische Region gibt, dann wird die Katastrophe geringer sein, wenn eine oder mehrere dieser Einheiten nicht angemessen auf eine Bedrohung reagieren oder ganz ausfallen", schreibt sie. Subsidiarität, Ausgleich zwischen Top-down- und Bottom-up-Entscheidungen: Das gilt auch im Schutz der Biodiversität als Modell. „Auf globaler Ebene aber ist es sehr viel schwieriger als auf lokaler Ebene, sinn- und wirkungsvolle Regulierungsformen zu entwickeln." Dagegen könne es zur Katastrophe führen, wenn Regeln von oben in Unkenntnis lokaler Normen und gewachsener Institutionen durchgedrückt würden.

Das zeigt sich etwa am unterschiedlichen Erfolg von Fangquoten, die Fischbestände schützen sollen. Die Akzeptanz ist größer, wenn Fischer beteiligt und die Entnahme überwacht wird. „Ozeane sind extrem produktive Ökosysteme, die wir erheblich übernutzen. Wir ernten durch Übernutzung viel zu viel – gemessen daran, was nachwächst", sagt Ressourcenökonom Stefan Baumgärtner. Das Argument, Artenschutz werde erreicht, sobald das Klimaproblem im Griff ist, weist er zurück. Von den fünf hauptsächlichen Ursachen des Biodiversitätsverlusts stehe der Klimawandel an vierter Stelle. Seine Bedeutung werde bis Mitte dieses Jahrhunderts zwar zunehmen. Aber der Hauptgrund Habitatverlust werde damit nicht eingedämmt.

„Unsere Nutzung liegt über den zulässigen Grenzen", sagt er. Überfischung, Verlust von Landwirtschaftsgebieten und Desertifikation gäbe es auch ohne den Klimawandel. Für die Übernutzung sieht er eine Lösung, die nicht in ökonomischen Lehrbüchern ausgeführt werde: ein Leben innerhalb biophysikalischer Grenzen, Suffizienz. „Das mit dem Maß ist so wichtig, weil wir unterschiedlichen normativen Anforderungen gehorchen müssen, die im Zielkonflikt miteinander stehen", sagt Baumgärtner. „Die Grenzen bedeuten, dass wir uns in unseren Ansprüchen bescheiden müssen. Wir konsumieren zu viel."

Viele Jahre lang gab es kaum Teilnehmerinnen des Nachhaltigkeitsdiskurses, die aktiv für eine Suffizienz-Strategie eintraten. Am überzeugendsten gelang das dem Bund für Umwelt und Naturschutz Deutschland, der mit der Veröffentlichung der Studie „Zukunftsfähiges Deutschland" handhabbare Vorschläge gemacht hat. Sie entstand 1996. Damals sei sie ungläubig angeschaut worden, erinnert sich die ehemalige BUND-Vorsitzende Angelika Zahrnt 2021 in einem Gespräch. „Die Reaktion der Politiker war dann: ‚Wollen Sie den Menschen das Glück rauben?' – ‚Wollen Sie zurück in die Steinzeit?'", sagte sie. „Es geht nicht nur darum, Produkte effizient zu machen, sondern auch folgende Fragen zu beantworten: Wie viele von ihnen braucht man? Ist die Steigerungslogik mit den planetaren Grenzen kompatibel?"

Inzwischen hat sich das gewandelt. Planetare Grenzen kauften einem heute alle ab. „Aber das zu übersetzen in Verkehr und Flächenverbrauch ist die eigentliche Herausforderung", sagt Zahrnt. Dafür hat der Ökonom Partha Dasgupta mit seinem Bericht einige Anstöße gegeben. Und anders als in der Vergangenheit ist auch er überzeugt, dass sich etwas fundamental ändern müsse. Die Erfahrung eines Komposthaufens könne ein Kind zum Naturfreund machen. Auf meine Frage, wie ich mich selbst zurücknehmen könne, sagt er: „Nur durch innere Beschränkungen – so wie in der alten

Zeit, in der man dachte, dass Gott nach einem schaut und uns bestraft. Wir haben aber keinen Gott mehr, es muss aus uns selbst kommen: weil wir finden, dass es falsch ist." Nachhaltigkeit aus der Freiheit!

Nachdem wir uns im Kapitel zuvor mit libertären und kapitalismuskritischen Konzepten der Nachhaltigkeit beschäftigt haben, lohnt sich eine kurze Rückkehr dazu. Im Umgang mit der bedrohten Biodiversität haben sich liberale Konzepte als nicht immer tauglich erwiesen. Das Plastik-Problem, das uns vor allem deshalb so besorgt, weil in die Umwelt geratener Kunststoff eine Gefahr für Tierarten ist, liegt näher am CO_2-Problem: Beide sind Mengenprobleme, die sich mit einem Deckel beheben lassen.

Es stellt sich aber die Frage, ob die anderen genannten Konzepte wie ökologische Planwirtschaft oder ein ökologischer Libertarismus erfolgreicher wären. Das Bevölkerungswachstum hat seine Ursache nicht im Kapitalismus, die maßlose Übernutzung der Meere genauso wenig. So scheint eine Komponente des Ökoliberalismus immer wichtiger zu werden: das Maß. Wir werden später darauf zurückkommen.

6 Sprache in einer begrenzten Welt

> If you don't like the news then press eject
> Baby Davis, getting older, can't take a rain check
> It's time to let 'em know what we expect
> Stop building SUV's, strung out on OPEC
> Hold up, wait up, you know, we come correct
> You wanna change things up, well, hey, then get set
> It's easier to sit back than stick out your neck
> It's easier to break things than build it correct
>> *Beastie Boys — It Takes Time To Build*

Auf so eine Situation war ich nicht vorbereitet: Ich stehe an einem Redepult in der Berlin-Brandenburgischen Akademie der Wissenschaften. Mit meinem Studium bin ich vor einigen Monaten fertig geworden. Jetzt sitzen vor mir Andrea Fischer, Julian Nida-Rümelin und Thomas Straubhaar – ehemalige Bundesgesundheitsministerin, Ordinarius für Philosophie und Direktor eines Wirtschaftsforschungsinstituts. Die hohen Decken des ehrwürdigen Saals und die Säulenarkaden flößen mir Respekt ein, aber auch Freude, meine Idee zu präsentieren.

Es gleicht einem Vorsingen in amerikanischen Spielfilmen, wenn Provinzkinder vor Koryphäen etwas vorführen müssen, um in eine ruhmreiche Schauspiel- oder Ballettschule aufgenommen zu werden. Eine Veranstaltung, wie sie sich eine wissenschaftsnahe Elite ausdenkt, um den akademischen Geist zu wecken. Ein Dutzend junger Leute stehen im Wettbewerb um einen von fünf Deutschen Studienpreisen der Körber-Stiftung. „Junge Wissenschaftler" traue ich mich nicht zu sagen, denn seit Anfang des Jahres bin ich raus aus der Uni und habe ein Volontariat beim Deutschlandradio in Köln und Berlin begonnen – seither bin ich Beobachter, nicht mehr Teilnehmer des Wissenschaftsbetriebs.

Trotzdem bin ich hier, denn ich habe einen Text eingereicht, der die Frage stellt, wie sich die politische Sprache verändert hat, seit von ökologischen Wachstumsgrenzen die Rede ist. Wie weiter oben beschrieben, war das für das ökonomische Denken ein Wendepunkt – in Anlehnung an seine wichtigen Vorarbeiten könnte man vom Kenneth-Boulding-Moment sprechen. Die Frage nach der Sprache des Nachhaltigkeitsdiskurses ist wichtiger, als vielen bewusst ist. Begonnen hatte dieser Wettbewerb für mich mit einem kleinen Flyer, der wie so viele an den Aushängen des Heidelberger Alfred-Weber-Instituts ausgelegt wurde oder auf den markant riechenden Linoleumboden gefallen war.

Für mich war dieser eine Werbezettel anders als die bisherigen, denn er sollte in ein spannendes Abenteuer münden: eine wissenschaftliche Idee zu präzisieren, sie vor ehemaligen Ministerinnen und Ordinarien vorzutragen, interessante Persönlichkeiten mit anderen Ideen zu treffen und mit ihnen ein gemeinsames Buch zu gestalten. Auf dem Flyer kündigte die Körber-Stiftung an, den Studienpreis für das Jahr 2005 auszuschreiben. Als Teil einer dreiteiligen Reihe um zukünftige Arbeits- und Lebensformen sollte es um Arbeit, Technik und Nachhaltigkeit in einer begrenzten Welt gehen.

Meine Ausführungen passten gut in diesen Rahmen. Voraussetzung für eine konfliktfreie Beziehung zwischen Ökologie und Ökonomie ist, dass es gelingt, durch nichtfossile Quellen in ausreichendem Maß Energie für wirtschaftliche Bedürfnisse bereitzustellen. Natürliche Senken für Treibhausgase wie die Atmosphäre, Ozeane und Wälder dürfen nicht weiter überlastet werden. Und technologischer Fortschritt darf nicht durch Rebound-Effekte (höherer Konsum, weitere Reisen, größere Autos) gemindert werden.

Kurzum: Umweltverbrauch und wirtschaftliche Aktivität müssen voneinander entkoppelt werden. Die Zweifel daran aus ökologisch-ökonomischer Perspektive sind ein wissenschaftliches Fundament für die wachstumskritische Haltung des Beitrags, den ich damals erfolgreich für den Deutschen Studienpreis eingereicht habe. Als ich ihn geschrieben hatte, begann erst ganz vorsichtig eine Entkopplung. Damals war sie noch nicht erkennbar. Doch selbst unter der Annahme, dass Nachhaltigkeit und Wachstum zusammen möglich sind und sich der Klimawandel bei steigender Wirtschaftsleistung aufhalten lässt, lohnt sich ein vertiefter Blick auf die Metaphorik des Diskurses.

Einen Auszug meiner beiden Abschlussarbeiten über die ökonomische Traditionslinie der Wachstumskritik und über die Sprache des deutschen Wachstumsdiskurses reichte ich zum Wettbewerb ein – damals war der Deutsche Studienpreis noch nicht Dissertationen vorbehalten. Ich schrieb, wie Metaphern unsere Sicht auf Wirtschaft, Nachhaltigkeit und Klima prägen. Der Kenneth-Boulding-Moment – also das Bewusstwerden, welch fundamentales Umdenken der Übergang von der Cowboy-Ökonomie in die Raumschiff-Ökonomie bedeutet – ist in der Politik noch gar nicht richtig angekommen.

Die in den 1960er Jahren neue Vorstellung von ökologischen Grenzen hat sich gegen die starke Wirkung bestehender Metaphernkonzepte („Die Wirtschaft ist ein Organismus", „Grenzen müssen überwunden werden") kaum in allgemein akzeptierte Vorstellungen integrieren lassen. Zwischenzeitliche Versuche, Gegenschlagworte zum Wachstum zu etablieren (etwa Lebensqualität) scheiterten spätestens, als in Wirtschaftskrisen Wachstum wieder zur Priorität erklärt wurde.

Um die Jahrtausendwende wurde zeitweise die Sicht von der Wirtschaft als Organismus erweitert: „Eine stagnierende

Wirtschaft ist krank". In Deutschland setzte sich damals eine Gesundheitsmetapher durch, die das Land als kranken Mann Europas konzeptualisierte. Allerlei kreative Erweiterungen dieses Denkkonzepts folgten. Um zu ermitteln, welche Wirkung eine solche Metaphorik hat, lohnt sich ein Blick auf die Konnotationen eines Krankheitswortfelds anderswo: Die US-amerikanische Publizistin Susan Sontag hat dieses schon von Mitte der 1970er Jahre an genauer untersucht.

Unter Rückgriff auf ihre Arbeiten lässt sich sagen: Wer von einer kranken Wirtschaft spricht, strebt danach, diese Krankheit mit allen möglichen Mitteln auszumerzen. Und wie immer, wenn wir Metaphern argumentieren lassen, rücken Aspekte in den Vorder-, andere in den Hintergrund – hier das Konzept einer Wirtschaft mit ökologischen Grenzen. „An heutigen Diskussionen um wirtschaftliche Probleme lässt sich kaum erkennen, dass es 30 Jahre intensiver wissenschaftlicher Auseinandersetzung um die sozialen und natürlichen Grenzen des Wachstums gegeben hat", schrieb ich in meinem Beitrag für den Wettbewerb im Jahr 2005.

Nachdem ich meine Ideen vom Rednerpult in der Akademie an der Berliner Adresse Unter den Linden vorgetragen habe, steht eine Fragerunde an. Ich erinnere mich an wohlwollende Erwiderungen. Nida-Rümelin, der Gerhard Schröder als Kulturstaatsminister gedient hat, fragt, wie sich ein solches Projekt wissenschaftlich ausdehnen ließe. Dann meldet sich Andrea Fischer zu Wort. Sie war im ersten rot-grünen Kabinett unter Schröder Bundesgesundheitsministerin. Drei Jahre nach ihrem Start musste sie das Amt in der BSE-Krise aufgeben, als Verbraucher in Sorge waren, an dem vor allem in Großbritannien grassierenden Rinderwahn erkranken zu können. Die politische Debatte nahm irrationale Züge an. Später wurde sie Spitzenkandidatin der Grünen bei der Berliner Landtagswahl und Finanzdezernentin in Hannover.

„Wie also sollten wir über Nachhaltigkeit reden?", fragt sie mich sinngemäß nach meinem Vortrag über Metaphern im Wachstumsdiskurs.

Um die nicht ganz so einfache Antwort auf diese Frage soll es in diesem Kapitel gehen. Die sprachliche Dimension der Nachhaltigkeit wird wenig beleuchtet. Dabei stehen sprachliche Phänomene (konzeptuelle Metaphern) und dahinter liegende Denkmuster (Frames) einer Sicht auf die Welt mit ökologischen Grenzen im Weg. Inzwischen ist es wissenschaftlich keine Exotenmeinung mehr, dass unsere Art, die Welt in metaphorischen Konzepten zu strukturieren und verstehbar zu machen, prägend für unser Denken ist. Es beeinflusst die Art, wie wir Lösungen für gesellschaftliche Herausforderungen suchen.

Der US-amerikanische Linguist George Lakoff hat wahre Pionierarbeit auf diesem Feld geleistet. Er ist ein Schüler des Sprachwissenschaftlers Noam Chomsky, der wichtige Forschung auf dem Gebiet des Spracherwerbs betrieben hat. Verkürzt gesagt, hat sein Lehrer Chomsky die These aufgestellt, dass in jedem Kind eine grundlegende Grammatik angelegt ist, die ihm zu einem bestimmten Zeitpunkt des Lebens erlaubt, eine Sprache schnell zu erwerben. Auf Basis einer kleinen Zahl grammatikalischer Regeln und eines festen Wortschatzes könne eine unbegrenzte Menge von Sätzen entstehen, auch wenn sie nie so gesagt wurden. Nach langjährigen empirischen Forschungen in der Linguistik gilt die These als bestätigt. Lakoff setzte sich in der Bedeutungslehre von seinem Lehrer Chomsky ab und entwickelte in der Folge die Basis der kognitiven Linguistik. Er lehrte und forschte an der Universität im kalifornischen Berkeley und untersuchte, wie die Sprache unsere kognitiven Fähigkeiten beeinflusst.

Es sei kein Zufall, dass unser Konzept vom Streiten mit Begriffen des Krieges strukturiert werde, schreibt er in seinem Buch „Metaphors we live by", das er 1980 mit dem Philosophie-Professor Mark Johnson veröffentlicht hat. Wir „attackieren" schwache Punkte eines Arguments, „gewinnen" oder „verlieren" einen Streit. Forderungen lassen sich oder lassen sich nicht „verteidigen". Zeit konzeptualisieren wir nach den Vorstellungen von Geld (mit Folgeschlüssen): Wir verschwenden, investieren, leihen uns Zeit. Glücklich und wach strukturierten wir als „oben", traurig, krank und tot als „unten". Fortschritt konzeptualisierten wir mit Hilfe nach vorn gerichteter Bewegungsmetaphern.

In Metaphern werden Eigenschaften eines Quellbereichs auf die eines Zielbereichs übertragen. Darin seien Werte einer Gesellschaft eingeschrieben. Ihre Lösungskompetenzen hingen davon ab, welche metaphorischen Konzepte der dahinterliegenden Probleme verbreitet sind. Auch eine Wachstums- oder eine Nachhaltigkeitsideologie werde durch Metaphern verfestigt. Neue Konzepte müssten zu traditionellen Metaphern widerspruchsfrei passen.

Das macht sie so wirkmächtig. Für die Debatte über einen ökoliberalen Zugang zur Nachhaltigkeit ist das bedeutend. Denn wie schon zuvor deutlich geworden ist, widerspricht der Kenneth-Boulding-Moment einer Welt, in der Menschen nicht mehr durch Expansion über Grenzen hinweg schreiten sollten, fundamental dem vorherigen Denkmuster. Es ist schlüssig, davon auszugehen, dass auch sprachliche Konzepte dieser neuen, nachhaltigen Sicht auf die Welt im Wege stehen.

Auch rund um die Konzepte von Klimawandel, Nachhaltigkeit, Ökologie, Wachstum, Wirtschaft, Mobilität oder Energie lässt sich eine Metaphorik nachweisen, die Aufschluss darüber gibt, wie wir zu gesellschaftlich akzeptablen Lösungen kommen. So zeigen wissenschaftliche Analysen zur Metaphorik des Klimawandels, dass über ein breites

Spektrum politischer Werthaltungen in der Gesellschaft die Vorstellung eines technologisch beherrschbaren Phänomens vorherrscht. Die Idee ökologischer Grenzen und eine Ökonomie des rechten Maßes nach Aristoteles scheinen nur in einzelnen gesellschaftlichen Gruppen anknüpfungsfähig.

Damit lässt sich eine erste Teilantwort auf die Frage der ehemaligen Gesundheitsministerin Andrea Fischer im ehrwürdigen Saal der Berlin-Brandenburgischen Akademie geben: Um angemessen über Nachhaltigkeit zu sprechen, sollten wir uns über die Herkunft und die Wirkweise unserer meist unbewusst verwendeten Metaphern bewusst werden und uns klar machen, dass Lösungen von solchen Metaphernkonzepten abhängen.

„Wenn wesentliche Akteure im Klimawandeldiskurs über den Klimawandel sprechen, schmücken sie ihre Argumente daher nicht nur mit Metaphern aus, sondern diese transportieren große Anteile der Vorstellungen und Handlungen, die den Akteuren naheliegen und die sie nahelegen", schrieb die Psychologin Ulrike Grassinger 2018 in ihrer Dissertation „Metaphern im Diskurs um den Klimawandel: Wie Sprache den Zugriff auf Kontrolle verspricht", die sich ebenfalls auf die kognitiven Linguisten Lakoff und Johnson stützt. „Metaphern spannen damit den Anschauungsraum der Akteure auf."

In ihrem wegweisenden Metaphern-Buch schreiben George Lakoff und Mark Johnson 1980: „Unsere Konzepte strukturieren, was wir wahrnehmen, wie wir uns in der Welt zurecht finden und wie wir uns zu anderen Menschen in Beziehung setzen". Die Art, wie wir Sachverhalte kognitiv verarbeiteten, nehme eine zentrale Rolle in unseren Alltagserfahrungen ein – die verbreitete Sicht vieler Menschen, dass sie hervorragend ohne Metaphern klarkämen, sei dagegen vollkommen falsch. Unser konzeptuelles System, das unser

Denken und Handeln bestimme, sei in seinem Wesen fundamental metaphorisch. „Wenn wir recht mit unserem Hinweis haben, dass unser konzeptuelles System in weiten Teilen metaphorisch ist, dann ist die Art, wie wir denken, was wir erfahren und was wir jeden Tag tun, sehr stark eine Frage von Metaphern", heißt es in ihrer Abhandlung.

Wie Metaphern biophysikalische Grenzen verstellen

Metaphern sind nach dieser Auffassung kein Mittel sprachlicher Spiele, mit denen Dichter, Theatermacher und politische Leitartikler ihr Publikum beeindrucken. Sie sind ein unverzichtbares Instrument, um die Welt zu erfassen. Wer die Sprache genauer untersucht, kann somit Hinweise darauf finden, wie das System des Denkens und des Handelns beschaffen ist. So lässt sich entdecken, welche Aspekte hervorgehoben und welche Aspekte mit Hilfe von Metaphern versteckt werden.

Eine Fundgrube solcher Metaphern sind politische Debatten. In meiner Magisterarbeit habe ich die Bundestagsprotokolle zur Aussprache über den Jahreswirtschaftsbericht in sechs Phasen von 1965 bis 2002 danach abgesucht. Die Suche war ergiebig. Wegen der Eigenschaft von Politik und Ökonomie, die Lebenswelt zu verändern, kämen der politischen und ökonomischen Metaphorik besondere Rollen zu, schrieb ich darin: „Die suggestive Kraft von Metaphern und ihre Eigenschaft, Aspekte auszublenden, haben hier eine gesellschaftliche Relevanz. Durch die Fähigkeit, an Altbekanntes anzuknüpfen, können Metaphern helfen, gesellschaftlich nachteilige Schritte zu legitimieren."

Ein Beispiel dafür ist der viel zu späte Einstieg in den Ausbau erneuerbarer Energien in Deutschland ab 1998, der gleichbedeutend mit einer viel zu späten Abkehr von fossilen Energieträgern war. In „Metaphors we live by" beschreiben Lakoff und Johnson, wie der demokratische US-amerikanische Präsident Jimmy Carter in den späten 1970er Jahren den Umgang mit der Energiekrise sprachlich als einen Krieg inszenierte. Ein gegnerischer Politiker, der den Sieg in einer „Energie-Schlacht" erklärte, würde schon mit der Verwendung dieser Metapher die dahinter liegende Weltsicht anerkennen. Die Frage des Sieges kann nur relativ zu der Metapher beantwortet werden. Metaphern zu identifizieren dient dazu, für eine abweichende Weltsicht eigene sprachliche Konzepte zu identifizieren. Das kann bewusstseinserweiternd sein, hat aber auch Grenzen, wie wir später in diesem Kapitel sehen werden.

In den 37 Jahren der Bundestags-Debatten zu Wachstum, Nachhaltigkeit, Klima und ökologischen Grenzen in meiner Analyse zeigte sich, dass Politiker phasenweise sehr wohl sprachlich auf die neue Weltsicht durch die Ökokrise reagierten. Zwischenzeitlich etablierten sich Hochwertwörter wie „Lebensqualität" und „Nachhaltigkeit", zeitweise wurde das „quantitative" vom „qualitativen Wachstum" semantisch abgegrenzt. Als die Grünen 1983 in den Bundestag einzogen, stigmatisierten erstmals Mitglieder einer Fraktion den Wachstumsbegriff. Konservative, die eine technische Lösung der Ökokrisen für möglich halten, unterstellten ihnen im Gegenzug, „zurück auf die Bäume" zu wollen.

Doch tradierte Konzepte wie „Die Wirtschaft ist ein Organismus" oder dessen Erweiterung „Eine stagnierende Wirtschaft ist krank" waren 1966 genauso wirkmächtig wie 2002. Mitte der 1960er Jahre, als die Nachkriegsdynamik erstmals etwas nachließ, lassen sich solche Begriffe finden: „(Wieder-)Belebung", „Schonung des Kapitalmarkts", „Erholung", „Krankbeten des deutschen Wirtschaftskörpers". In der Rezession 1982 sind Begriffe wie „Fieber", „Erschlaffung", „Diagnose", „Therapie", „Totsparen", „kräftige Konstitution" in den Reden zu finden.

Zwanzig Jahre später um die Jahrtausendwende ist die wirtschaftliche Dynamik nach langen Jahren des Aufschwungs wieder schwächer. Die Konzentration auf die deutsche Einheit und ihre Folgen hatte die Bundesregierungen dringende Reformen – etwa der sozialen Sicherungssysteme – verschleppen lassen. Die Krankheitsmetaphorik wird unter dem Begriff „Kranker Mann Europas" zum bestimmenden Schlagwort. Damit plädieren Lobbygruppen wie die Initiative Neue Soziale Marktwirtschaft oder der Bundesverband der Deutschen Industrie mit dem späteren AfD-Europaabgeordneten Hans-Olaf Henkel für einen Umbau des Sozialstaats.

Die rot-grüne Regierung nimmt Ideen davon auf, baut das System sozialer Sicherung vorsichtig um. Vor allem die federführenden Sozialdemokraten zerreißt dieses Vorgehen auf Geheiß der Metapher „Kranker Mann Europas" förmlich. Bis heute haben sie sich nicht erholt, die politische Linke hat sich aufgespalten und die SPD stand vor der Bundestagswahl 2021, in der Olaf Scholz sie zum unerwarteten Sieg führte, im diffusen Gegeneinander sich auflösender sozialer Milieus vor der Marginalisierung.

Ein Höhepunkt der Debatte ist ein Auftritt des CSU-Abgeordneten Ernst Hinsken, des späteren Tourismusbeauftragten der schwarz-roten Koalition. Er versucht, Bundeskanzler Schröder im Parlament eine rote Laterne zu überreichen. Sie übersetzt die Metapher vom kranken Mann Europas in das Metaphernkonzept eines Sportwettbewerbs, in dem der letzte Platz mit dem Schlusslicht oder mit der roten Laterne gleichgesetzt wird. An diesem Beispiel zeigt sich, wie effektiv sich politische Metaphern auch mit Sym-

bolbildern verknüpfen lassen, aus denen verdichtete Werbebotschaften werden. Politische Parteien haben diese Technik
des Framings in den vergangenen Jahren professionalisiert
– auch wenn es Hinsken eine Rüge des Ältestenrats des Par-
laments einbringt.

Die größte Meisterschaft im Framing hat der ehemalige US-Präsident Donald Trump entwickelt, der mit knap-
pen höchst fragwürdigen Aussagen auf Twitter Heerscharen
politischer Kommentatoren beschäftigte. Mit jeder Erwäh-
nung und vermeintlichen Richtigstellung seiner Frames hat
Trump Aufmerksamkeit bekommen und Gelegenheit, seine
fragwürdige Weltsicht unter seinen Anhängern tiefer zu verankern. Den Begriff „Fake News" entkräftete er effektvoll,
indem er einfach die Argumente der Gegenseite als „Fake"
verunglimpfte.

Nach allem, was bislang in diesem Kapitel zu lesen war,
überrascht es nicht, dass Berkeley-Linguist George Lakoff in
dem Ausmaß, in dem Framing wichtiger wurde, zum besten
Erklärer des Phänomens und von Trumps Sprachstrategie
wurde. „Frames sind mentale Strukturen, die unsere Art
gestalten, die Welt zu sehen", schreibt er in seinem Buch
„Don't think of an Elephant! Know your values and frame
the debate" im Jahr 2004 (2014 neu aufgelegt). An anderen
Stellen bezeichnet er sie als Denkmuster.

Seine These lautet: Wer die Welt ändern wolle, müsse
eigene Frames etablieren und dürfe auf keinen Fall unüber-
legt die Frames politischer Gegner übernehmen, die den eigenen Deutungen der Welt widersprechen. „Nicht nur aktiviert
es einen Frame, wenn man ihn negiert, sondern je mehr er
aktiviert wird, desto stärker wird er", schreibt Lakoff. Wer
aufgefordert wird, nicht an einen Elefanten zu denken, wird
daran scheitern. Deshalb sei Reframing (also Gegen-Framing)
sozialer Wandel.

Auch der Eindruck beim Publikum, den ein vermeintlich alberner Auftritt des inzwischen verstorbenen Bundestagsabgeordneten Ernst Hinsken mit einer roten Laterne hinterlässt, ist selbst durch Negieren nicht aus der Welt zu schaffen. Insofern war sein Auftritt ein gutes Beispiel dafür, wie sich ein eigener Frame vom Schlusslicht Europas durchsetzen lässt. Er passte perfekt in die tradierte Metaphorik „Die Wirtschaft ist ein Organismus" und ihre Erweiterung „Eine stagnierende Wirtschaft ist krank". Seiner Weltsicht widersprachen seine politischen Gegner nicht, was immerhin dabei half, den Frame nicht weiterzuverbreiten.

Doch allzu oft – auch im Konfliktfeld von Wachstum und Nachhaltigkeit – bleiben konzeptuelle Metaphern eher im Hintergrund. Sie agierten unerkannt und voller Nachdruck, schreibt der Sprachwissenschaftler Michael Pielenz in „Argumentation und Metapher": „Erst wenn sie nach gezieltem Blick in ihrer scheinbaren Beiläufigkeit gehoben sind, lässt sich ihre Wirksamkeit feststellen, kann ihr kohärenzstiftendes Potenzial entdeckt werden, und lässt sich nachzeichnen, wie wir auf Geheiß konzeptueller Metaphern argumentieren."

In den frühen 1970er Jahren – nach der Veröffentlichung von „Die Grenzen des Wachstums" – sahen sich Politiker unter Druck, den Begriff Wachstum durch Attribute wie „qualitätsbewusst" oder „qualitativ" gegen Kritik zu immunisieren. Schnell aber war der Konsens für quantitatives Wachstum wieder hergestellt. Politiker fanden Wege, die Wirkung des Gegenschlagworts „Grenzen" zu mindern. CDU- und CSU-Politiker traten den langen sprachstrategischen Weg an, die Vorstellung der Grenzen ausschließlich auf das Bevölkerungswachstum zu lenken, das eine unter mehreren Wachstumsgrenzen im Bericht an den Club of Rome war. Die Umdeutung des Grenzbegriffs hat die Botschaft des Kenneth-Boulding-Moments in den Hintergrund gerückt.

Bis heute ist dieses Argumentationsmuster auf konservativer Seite erhalten geblieben: Die (von westlichen Industriestaaten ausgelöste) ökologische Krise wird relativiert, indem auf die zentrale Bedeutung der (in ärmeren Staaten zu beobachtenden) hohen Geburtenraten hingewiesen wird. Die Bevölkerungsdynamik in ärmeren Ländern wird für ökologische Herausforderungen verantwortlich gemacht, die auf fossiler Energienutzung, Flächenverbrauch, Ressourceneinsatz und einen achtlosen Umgang mit Ozeanen, Wäldern und der Atmosphäre zurückzuführen sind.

Anders als es Kenneth Boulding in seinem Essay „The Economics of the Coming Spaceship Earth" angeregt hat, geben Unionspolitiker in den 1970er Jahren als Ziel aus, Grenzen zu überwinden – in Bouldings Terminologie gesprochen: bei der Cowboy-Ökonomie zu bleiben. Auch diese Sprachstrategie hat Erfolg, weil sie beim politischen Gegner ankommt. Unter Bundeskanzler Schmidt verliert Umweltpolitik an Bedeutung und SPD-Öko Erhard Eppler sein Ministeramt. Erst ein Jahrzehnt später erlangt Ökopolitik wieder die Bedeutung, die sie in der politischen Hierarchie und im Sprachkampf verloren hat.

Über all die Jahre der Analyse von Politikerreden im Bundestag ist festzuhalten: „Die metaphernreiche Sprache lässt eine Welt entstehen, in der hohes Wachstum gesund ist und geringes Wachstum krank. Durch die Sprache wird die Wachstumsideologie aufrechterhalten, da zwischen Sprache und Denken eine Wechselwirkung besteht", schrieb ich in dem Beitrag zu „Ausweg Wachstum? Arbeit, Technik und Nachhaltigkeit in einer begrenzten Welt", der das Ergebnis meiner Teilnahme an dem Wettbewerb in der Berlin-Brandenburgischen Akademie der Wissenschaften ist.

Faszinierend an den Thesen der kognitiven Linguistik George Lakoffs ist, dass sie nicht nur theoretisch plausibel klingen, sondern auch empirisch nachgewiesen sind. Der US-amerikanische Psychologie-Professor Raymond Gibbs hat viele Jahre lang untersucht, wie Menschen Metaphern wie „Anwälte sind Haie" verwenden und welche Schlussfolgerungen sie daraus ziehen. In einem seiner frühen Bücher „The Poetics of Mind – Figurative Thought, Language and Understanding" von 1994 weist er auf Studien hin, die zu bemerkenswerten Ergebnissen führten.

Welche metaphorischen Quellbereiche Probanden wählten, um über einen Sachverhalt zu sprechen, hatte Einfluss darauf, welche Schlussfolgerungen sie zogen. Lernten sie zum Beispiel anhand eines Konzepts einer Menschenmenge, was Elektrizität ist, antworteten sie in einem Fragebogen anders als diejenigen, denen Elektrizität mit Hilfe eines Konzepts von Hydraulik erklärt wurde. Wie ein Phänomen metaphorisch konzeptualisiert wird, beeinflusst die Fähigkeit, Schlüsse zu ziehen. Gibbs betont, dass eine Metapher nicht die Einstellung verändere, aber dass sie argumentative Schlussfolgerungen in den Vordergrund hebe.

In ihrer Dissertation zum Klimawandel-Diskurs erinnert Ulrike Grassinger an die US-amerikanischen Psychologen Bargh, Chen und Burrows. In „Automaticity of Social Behavior: Direct Effects of Trait Construct and Stereotype Activation on Action" haben sie 1996 über eine Studie berichtet, in der zwei Gruppen von Probanden einen Text über Kriminalität zu lesen bekamen – einer voller Virusmetapern, der andere voller Raubtiermetaphern. Im Anschluss wurden sie gefragt, wie sie gegen Kriminalität vorgehen würden. In der Gruppe „Virusmetaphern" hielten Teilnehmer Bildungsanstrengungen und bessere staatliche Institutionen für den richtigen Weg, in Gruppe „Raubtiermetaphern" dagegen mehr Polizei und Strafen. Die Metaphorik wirkt!

Auf das Ziel einer nachhaltigen Entwicklung mit dem Respekt vor ökologischen Grenzen gemünzt, lässt sich sagen, dass es Lösungswege schwerer haben, die mit tradierten Vorstellungen wachsender Ökonomien im Widerspruch stehen. Lernt man das Konzept einer Volkswirtschaft gemäß dem Konzept „Eine stagnierende Wirtschaft ist krank", haben es alternative Verkehrsideen im Autoland Deutschland („Schlüsselindustrie", „Freiheit auf vier Rädern", „Benzin im Blut") schwer. Wer den CO_2-Ausstoß mit Carsharing und öffentlichem Nahverkehr und weniger Individualverkehr senken will, muss gegen ein festes Geflecht von Metaphern und Frames argumentieren.

Besonders zeigte sich dies, als die Finanzkrise ab 2008 eine jahrzehntelang ungekannte Wirtschaftskrise auslöste und die schwarz-rote Koalition unter Angela Merkel eine Abwrackprämie beschloss. Um die Autoindustrie nach der Rezession wieder zum Laufen zu bringen, wurde subventioniert, die Fahrzeugflotte zu erneuern. Ein Umbau auf eine nicht-fossile und kollektivere Form der Mobilität wurde verworfen, da ein gesunder Organismus in Deutschland eine gesunde Autoindustrie vorauszusetzen scheint. In allen Krisen seither wurde das Wachstumsmodell zu stabilisieren versucht. Die Frage ist, nach wie vielen Krisen, die mit dem Komplex Fossilenergie – aufgeblähte nicht-nachhaltige Finanzmärkte, Ökologie, defektes Wohlstandsmodell – zu tun haben, das Bewusstsein für das richtige Maß entwickelt ist.

Auf „Metaphors we live by", diese wunderbar zu lesende Urschrift der kognitiven Linguistik, bin ich in der Literaturwissenschaft aufmerksam geworden, was unterstreicht, wie spannend Interdisziplinarität sein kann. In dem Seminar ging es um die Theorie der Metapher. Ich hatte es mit dem

Verdacht besucht, mehr über unser Reden vom Wachstum zu lernen. Die Jahre mit dem Erdkundelehrer mit der Baskenmütze, die Frederic-Vester-Lektüre und die Impulse meines VWL-Professors Malte Faber hatten Fragen ausgelöst. Doch mit Jacques Lacan, Hans Blumenberg oder Paul Ricoeur kam ich nur an den Rand dessen, was passiert, wenn wir „Wachstum" sagen und meinen, dass die Wirtschaftsleistung eines Landes, also das Bruttoinlandsprodukt zunimmt. Irgendwann gab die Dozentin Antje Büssgen einen Hinweis auf Lakoff und Johnson.

Ein nachhaltiger Umgang mit Frames

George Lakoff ist mir wiederbegegnet, als die Auseinandersetzungen in den Vereinigten Staaten um den Präsidentschaftskandidaten Donald Trump an Schärfe zunahmen. Mit verschiedenen Gastbeiträgen hat der bekennende linksliberale Linguist die Wirkweise des populistischen Demagogen einer breiteren Öffentlichkeit vor Augen geführt. Im Jahr 2018, als Trump längst im Amt war, hat Lakoff auf Twitter in einem Thread seine Sprachstrategie vorgeführt: „Mit jedem Tweet wird seine Botschaft wiederholt, sodass er die sozialen Medien beherrscht." Reporter, Influencer und andere Diskursteilnehmer, die sich über ihn aufregten, schüfen die Basis für seine Aufmerksamkeit.

„Sie tweeten, teilen und wiederholen seine Botschaften ins Unendliche. Das hilft Trump enorm", schrieb er. Über die eigene Wahrheit zu sprechen, sei der beste Weg, um vereinfachende, fremdenfeindliche, institutionenkritische Tweets zu beantworten. Wer als erster ein Denkmuster etabliere, gewinne die Auseinandersetzung. Trumps Erfolg habe lange darin bestanden, den ersten Frame zu setzen, damit von bestehenden Problemen abzulenken, Misstrauen gegen die Urheber von Kritik zu säen und Testballons zu neuen politischen Initiativen zu starten.

Mitten hinein in den politischen Meinungsstreit stürzt sich Lakoff mit seinem „Truth Sandwich" (Wahrheits-Sandwich): Um die Wirkung eines als falsch bezeichneten Frames zu schwächen, müsse der Gegner beginnen, die Wahrheit kurz zu beschreiben, im Anschluss könne er aufzeigen, warum der Ursprungs-Frame eine Lüge sei, und im dritten Schritt die Wahrheit mit Details und treffenden Quellen unterlegen. Sein Buch „Don't think of an Elephant" ist aus der Wahrnehmung heraus erschienen, Konservative beherrschten in den Vereinigten Staaten mit Hilfe spezialisierter Denkfabriken seit langem den politischen Diskurs.

Ihm geht es darum, Progressiven in den USA beizubringen, was aus seiner Sicht Republikaner und ihre vorparlamentarischen Verbündeten beherrschen: Über Frames ihre Weltsicht zu verbreiten. Hier begibt sich der anerkannte Forscher auf neues Terrain: den politischen Sprachkampf. So vermischen sich analytische Instrumente und politische Haltung. Seine Analysen sind unabhängig von seiner politischen Verortung so wichtig für die Frage, wie sich Ideen einer ökoliberalen Nachhaltigkeitspolitik etablieren lassen, dass man darauf nicht verzichten kann.

Doch wenn man weite Teile einer Bevölkerung ansprechen will, ist es erstrebenswert, das auf seinen Überlegungen basierende Lagerdenken zu überwinden. Das ist eine weitere Teilantwort auf Andrea Fischers Frage in der Berlin-Brandenburgischen Akademie, wie wir über Nachhaltigkeit sprechen sollten: Nicht im Lager verbuddeln und überzeugende Bilder einer Ökonomie des rechten Maßes finden, die keine Gruppen ausschließen. Denn Lakoffs Framing-Analysen haben auch Tücken und Limitationen.

Zunächst soll es darum gehen, was an Lakoffs „Don't think of an Elephant" fruchtbar zu machen ist. Wichtigster Aspekt: Fordert jemand andere dazu auf, nicht an einen Elefanten zu denken, ist das unmöglich. So funktionieren Frames: „Wir kennen Frames durch die Sprache. Alle Wörter sind relativ zu konzeptuellen Frames definiert. Wenn du ein Wort hörst, wird sein Frame in deinem Gehirn aktiviert", schreibt er. Reframing, also das Durchsetzen eigener Deutungsmuster, bringe Verstehensweisen an die Oberfläche. Fakten dürften nicht verdreht werden. Damit sie aber wirken können, müssten sie in Begriffen moralischer Bedeutung ausgedrückt werden.

„Falls Fakten in deinem Gehirn nicht zu den Frames passen, verharren die Frames in deinem Hirn, die Fakten werden ignoriert, in Frage gestellt oder herabgesetzt", schreibt Lakoff. Hier sehen wir noch einmal den schmalen Grat, wenn wir mit Frames und Gegenframes arbeiten: Mit seinen Werkzeugen öffnet sich die Tür zur moralischen Debatte, die wir in den vorherigen Kapiteln als so zersetzend beschrieben haben. Doch so wie er es beschreibt, ist es gar nicht anders möglich, weil andere Teilnehmer des politischen Diskurses ebenfalls (manchmal unerkannt) moralisch argumentieren und das auch besonders effektiv ist.

Die Beispiele, die er in seinem Buch verwendet, erinnern an die aus „Metaphors we live by". Der von Konservativen benutzte Begriff „Steuerentlastung" enthalte so viele ihrer Werte, dass Progressive ihn nicht übernehmen sollten. Er klammere den Nutzen von Steuern aus und erlaube Politikern, sich als Helden zu inszenieren, wenn sie die Last mindern. Viele politische Forderungen folgten dem Familienmodell Konservativer und Progressiver. Erstere gingen davon aus, dass Gott über allem, der Mensch über der Natur, Erwachsene über Kindern, westliche Kulturen über anderen stünden. Progressive dagegen sähen beide Eltern als gleichberechtigt in der Erziehung, Kinder kämen gut auf die Welt und würden unterstützt, zum Wohl aller zu handeln, die Aufgabe des Menschen sei es, die Welt in einem besseren Zustand zu hinterlassen.

Daraus folgten stark abweichende Haltungen zu Umwelt und Nachhaltigkeit. „Wissenschaftliche Fakten zur Erderwärmung werden Tag für Tag zitiert und wieder zitiert überall im Land, aber sie stoßen auf taube konservative Hirne – Hirne mit Frames, in die diese Fakten nicht hineinpassen", schreibt er. Der konservative Begriff Klimawandel sei ein Reframing des progressiven Begriffs Erderwärmung und trage die Konnotation, der Wandel breche über Menschen herein. Sie wählten Parteien vor allem nach Werten und Identität. Er behauptet, eine Ideologie der Mitte gebe es nicht, nur Wähler, die sich aus progressiven und konservativen Ideen ein Potpourri zusammenstellten. Schon die Analyse ist Lagerdenken.

In seinem Buch stellt Lakoff klar, dass es beim Framing nicht um griffige Slogans geht. „Effektives Reframing heißt, Millionen Hirne zu verändern, sodass sie darauf vorbereitet sind, eine Wirklichkeit anzuerkennen", schreibt er. „Manche Ideen müssen in uns eingegossen werden – über eine längere Zeit widerspruchsfrei und präzise genug, um einen akkuraten Frame für unser Verständnis zu schaffen." Dafür reichen keine Werbebotschaften. Komplexe neue Phänomene wie Erderwärmung (oder wie ich sage: ein Leben in ökologischen Grenzen) verlangten nach neuen überzeugenden Frames.

Ohne einen Frame zu entwickeln, ergäben Fakten zur Erderwärmung keinen Sinn. Klimawissenschaftler hätten bessere Fakten, aber die schlechtere Sprache. Sie beriefen sich auf einen „hohen Grad an Sicherheit", „Anomalien", „Konsequenzen", „Wahrscheinlichkeiten", „Abwesenheit" und „außerordentlich klein". „Das Schicksal der Erde steht auf dem Spiel. Die Wissenschaft ist exzellent. Es fehlt aber an der Fähigkeit der Wissenschaftler zu kommunizieren", kritisiert er. Tod, Zerstörung, ökonomische Verluste – das seien Kategorien, in denen die Krise ausgedrückt werden müsse.

Ich habe Zweifel, ob die politischen Grundlagen von „Don't think of an Elephant" auch auf Deutschland zu übertragen sind. Die klare Zweiteilung politischer Ideologien ist in den USA ausgeprägter. An manchen Stellen besteht mir das Buch zu sehr aus einer Abwertung konservativer Ideen. Politische Argumente erscheinen mir holzschnittartig. Doch es gibt auch viele inspirierende Ideen darin. In einem Kapitel stellt Lakoff die Frage, wem die Freiheit gehört. Sie sei kein Eigentum der Konservativen. Es sei Zeit, die progressive Bedeutung der Freiheit zurückzuholen. Auch ich habe mich weiter oben darum bemüht, die Freiheitsliebe Friedrich August von Hayeks ins Nachhaltigkeitslager zurückzuholen.

George Lakoffs große wissenschaftliche Leistung ist es, das metaphorische Wesen unserer Kognition zu erkennen. Dominante Metaphernkonzepte wie „Streiten ist Krieg, „Liebe ist Zauber", „Mehr ist oben" sind in der westlichen Kultur verankert. Dabei verändert sich die Wahrnehmung einer argumentativen Auseinandersetzung gravierend, wenn ein Streit nicht mehr in Begriffen eines Krieges, sondern eines Tanzes verstanden wird. In manchen Kulturen entspricht das dem Umgang mit Konflikten.

Wie wir im Klimadiskurs über Grenzen sprechen

An Lakoff kommt niemand vorbei, der sich mit der Wirkung von Sprache auf politische Phänomene beschäftigt. So ist es auch im Fall von Ulrike Grassinger, deren Dissertation über

Metaphern im Diskurs um den Klimawandel schon erwähnt wurde. Darin geht sie der Frage nach, welches Denken, das sich durch Äußerungen offenlegen lässt, sozial-ökologischen Transformationen im Weg steht. Die Analyse von Metaphern im Klimadiskurs dient dazu, Handlungsmöglichkeiten und Pfadabhängigkeiten sozialer Praktiken zu erkennen. Große Anteile der Vorstellungen zum Klimawandel würden metaphorisch transportiert. Grassinger liefert erstmals eine umfassende Analyse dazu.

Im Vergleich zu meiner Analyse des Wachstumsdiskurses seit 1965 hat sich etwas Wichtiges verändert: Mit den Klimawissenschaftlern und der Postwachstumsökonomie gibt es zur Zeit ihrer Arbeit (2018 erschienen) zwei neue gesellschaftliche Gruppen, die für den Diskurs relevant sind und bestimmte Argumentationsmuster des Nachhaltigkeits-Paradigmas transportieren. Weiterhin sind wachstumskritische Positionen nicht in der Mainstream-Politik zu finden. Für ihre Analyse hat Grassinger je fünf Akteure aus Wirtschaft, politischer Beratung und Postwachstum herausgegriffen. Mit ihnen hat sie einen Korpus schriftlicher Äußerungen aus Positionspapieren und mündlichen Äußerungen in Form selbst geführter Interviews erstellt und auf die Metaphorik hin untersucht.

Sie weist nach, dass Akteure aus der Wirtschaft häufiger Metaphern verwenden, die Kontrolle vermitteln. „Die Gruppierung dieser Metaphern deutet auf Vorstellungen und Erfahrungen darüber hin, dass Einfluss genommen und Macht über die Umwelt ausgeübt wird", schreibt sie. In allen Gruppen werden klimapolitische Maßnahmen als Weg beschrieben. Danach zu streben, das Zwei-Grad-Ziel zu erreichen, baue auf metaphorischen Konzepten eines Wettlaufs auf. Klimawandel werde häufig als eine Person konzeptualisiert, die aufgehalten werden müsse. Die Gruppe der politischen Berater verwendet Fahrzeug- und Zugmetaphern wie Motor oder Weichenstellung, die einen zielgerichteten Weg zu mehr Klimaschutz andeuten.

Mit den Akteuren des Postwachstums nimmt erstmals eine relevante gesellschaftliche Gruppe am Diskurs teil, für die ökologische Grenzen zum Nachhaltigkeitskonzept gehören. Auch bei politischen Beratern zeigten sich zum Teil solche Metaphern. Ähnlich ungewöhnlich ist der Rückgriff der Postwachstumsakteure auf Konzepte wie Maß, Langsamkeit und Suffizienz. Das steht im Kontrast zu meiner Analyse. Womöglich brauchen Werteverschiebungen mehr Zeit und dringen in die politische Sphäre nur bedingt ein. „Dabei ist die Metapher der Belastungsgrenze insofern ein interessanter Schnittpunkt, als sie die Grenz-Metaphorik mit den Metaphern der Last und Überlastung durch den Klimawandel zusammenbringt und eine Begrenzung der unnötigen Last beschreibt", heißt es bei Grassinger.

Auch die ökologische Grenze, die für meine Argumentation so wichtig ist, beruht auf Metaphernkonzepten, hebt Aspekte des Quellbereichs der Metapher hervor und verdeckt andere. „Grenzen als menschliche Konstruktion machen die Bedrohung übersichtlich." Für die Autorin beruht die Grenz-Metaphorik auf einem Konzept wie Metaphern der Kontrolle, Handlungsfähigkeit und Planbarkeit. „Bei der vielfältigen Verwendung solcher Kontrollmetaphern wird die bereits erwähnte Eigendynamik der sozial-ökologischen Transformation, ihre Unkontrollierbarkeit und die Bedrohung durch den Klimawandel ausgeblendet."

Wir lernen daraus etwas über Ökoliberalismus: Er ist eine Idee, die mit Hilfe steuernder Instrumente darauf hinwirkt, Nachhaltigkeit so zu erreichen, dass schädigende Folgen gering bleiben. Begriffe des Vorangehens transportieren Fortschrittsvorstellungen. „Die Häufigkeit von Bewegungsmetaphern, um Maßnahmen zu beschreiben, überschneidet sich insofern mit Metaphern der Kontrolle, als die Akteure einen Akzent auf die stetige Bewegung in der Veränderung setzen, die es ihnen erlaubt, aktiv zu sein, anstatt passiv abzuwarten", schreibt Grassinger.

Änderungen durch einen unkontrollierten Klimawandel blenden solche metaphorische Konzeptionen aus. Die Autorin bescheinigt Diskursteilnehmerinnen und Postwachstumsakteuren, in ihrer Metaphorik an traditionellen Fortschrittskonzepten festzuhalten. Metaphern des Zudeckens dienten dazu, eine Vorstellung unkontrollierter Entwicklungen zu vermeiden. „Alle Akteure bedienen sich, manche deutlicher, manche weniger ausgeprägt, solcher Metaphern, die Unbehagen in Steuerbarkeit übersetzen", schreibt Grassinger. Sie sieht in Begriffen rund um das Wortfeld von „Transformationsdesign" Potenzial, alte Werthaltungen zu überwinden. Kontrollmetaphern besäßen im Klimadiskurs eine Wirkung. „Sie halten die Akteure gegenüber einer Krise, die eben nicht überschaubar, kaum planbar und kalkulierbar ist, handlungsfähig und versetzen sie in eine Position, aus der die Herausforderungen machbar scheinen und aus der gehandelt werden kann", schreibt sie. Der Umgang mit Metaphern könne diesen Kontrollanspruch deuten und Pfadabhängigkeiten aufzeigen, die aus Denkmustern entstehen.

Es tut ganz gut, das Bild der ökologischen Grenzen und den Kenneth-Boulding-Moment, der für meine Konzeption des Ökoliberalismus wichtig ist, aus fremder Feder mit Hilfe der kognitiven Metapherntheorie analysieren zu lassen. Grenzen zu setzen ist eine Form, Kontrolle zu erlangen. Der ökonomische Umgang mit der Nachhaltigkeitskrise von Hayek bis zum Ressourcen-Ökonom Partha Dasgupta hat viel mit Kontrolle und Kalkulierbarkeit zu tun: Preise setzen, um Grenzen einzuhalten.

Die Metaphernanalyse von Ulrike Grassinger ist hilfreich im Hinblick auf die eigene Standortbestimmung, aber auch auf feste tradierte Denkmuster im Diskurs. Die Leitfrage dieses Kapitels, zu der wir immer wieder zurückkehren, hat die Grünen-Politikerin Andrea Fischer formuliert: Wie sollten wir über Nachhaltigkeit sprechen? Dafür gibt die kognitive Metaperntheorie von Lakoff und Johnson wertvolle Hinweise und die Framing-Theorie von Lakoff zusätzlichen Anschauungsunterricht.

Grenzen der Methoden der kognitiven Linguistik

Doch wie anknüpfungsfähig ist eine ökoliberale Nachhaltigkeitsideologie für breite Bevölkerungskreise? Als ökologische Partei haben Bündnis 90/Die Grünen in dieser Frage sicherlich mehr Erfahrungen gesammelt als andere. Manchmal legen sie damit Wertvorstellungen offen, die wenig überzeugend wirken. Ein Beispiel dafür ist die Wahlwerbung für die Bundestagswahl 2021. Ein Wahlplakat, auf dem eine vierköpfige Familie mit einem Lastenrad in der Natur zu sehen ist. Der Vater radelt, die Mutter sitzt mit zwei behelmten Kindern im Frontlader. Was sie propagieren, erscheint für Bevölkerungsgruppen mit geringeren Einkommen kaum erschwinglich (trotz finanzieller Förderung in vielen Kommunen). Wer Frames setzt, muss sich Fragen gefallen lassen. Sie provozieren zwei Fragen: Was hebe ich hervor, was rücke ich in den Hintergrund? So haben es die Arbeiten des Linguisten George Lakoff aufgezeigt. Soll man also wie die Grünen mit dem Lastenrad-Plakat über Nachhaltigkeit kommunizieren? Als Idealbild taugt es nicht.

Doch mit Lakoffs Methode kann man auch weit übers Ziel hinausschießen, wie seine ehemalige enge wissenschaftliche Mitarbeiterin Elisabeth Wehling im Winter 2019 erleben musste. Unbeabsichtigt gelangte das Framing-Manual „Unser gemeinsamer, freier Rundfunk" für die ARD-Anstalten an die Öffentlichkeit. Um öffentlich-rechtlichen Sendern gegen wachsende Kritik argumentativen Beistand zu geben, hatte sie eine Handreichung zu einem Gegenframing verfasst. Das Manual führt die Grenzen der Lakoffschen Framingmethode vor. Nach den Enthüllungen über die verschwenderische Amtsführung der RBB-Intendantin Patricia Schlesinger zweieinhalb Jahre später, wirkt die Argumentationshilfe sogar unfreiwillig komisch.

Zumindest im deutschen Kontext sorgt die Grundrichtung der Argumentation für Befremden, weil die moralische Aufladung von Debatten durch Framing noch weniger verbreitet ist. Wenn man Mitbürger vom Mehrwert der ARD gegen gezielte Kampagnen ihrer Gegner überzeugen und hinter die Idee des öffentlich-rechtlichen Journalismus bringen wolle, „dann muss Ihre Kommunikation immer in Form von moralischen Argumenten stattfinden", schreibt Wehling. Gemeinsame Werte müssten herausgestellt werden. Ein Satz wie „Wir stehen für Inklusion", kommuniziere nur auf der Ebene einer Haltung. Ein Gedankengang, der klarmache, dass die ARD nicht an eine Hierarchie der Menschen glaube, lasse sich auf der Ebene moralischer Prinzipien kommunizieren. Fakten erhielten erst im Rahmen moralischer Framings ihre Bedeutung. So hatte es Lakoff auch in „Don't think of an Elephant" postuliert.

Wie er rät sie dazu, eigene Frames zu entwerfen und durch ständige Wiederholung in den Gehirnen zu verankern. „Es führt kein Weg an einem strategischen Framing vorbei, will man erfolgreich Mitbürger mobilisieren und sie heute und morgen für die ARD begeistern." Das Manual ist in der Öffentlichkeit auf großen Widerspruch gestoßen. Wehlings

Vorgehen wurde als manipulativ beschrieben. Sie trainiere ARD-Mitarbeiter in Heuchelei, kritisierten Leserbriefschreiber. Für mein Porträt in der F.A.Z. wählte ich den Titel: „Die Sprachmanipulatorin". Mein Fazit in dem Artikel: Ob es dem Austausch von Meinungen dienlicher ist, Gegenentwürfe zu verbreiten, die von Moral und Selbstgerechtigkeit durchsetzt sind, sei äußerst fraglich.

Damit ist Zeit für ein Zwischenfazit mit Blick auf die Andrea-Fischer-Frage, wie über Nachhaltigkeit zu reden sei. Es ist hilfreich, sich Metaphernkonzepte vor Augen zu führen, die einer ökoliberalen Perspektive im Wege stehen. Der Wachstumsdiskurs hat uns Anschauungsmaterial geliefert: Das Metaphernkonzept „Die Wirtschaft ist ein Organismus" ist bis in viele Ableitungen wirkmächtig. Doch was ist mit aktiver Sprachgestaltung? Wer Framing-Methoden verwendet, sollte auf keinen Fall einen moralischen Überlegenheits-Gestus durchscheinen lassen.

Im ARD-Framingmanual finden sich absurd wirkende Textvorschläge: „Die ARD ist von uns, mit uns und für uns geschaffen", „die ARD ist die Gesellschaft: Wir sind Ihr!", „wir stiften sozialen Frieden und Verständigung durch das gemeinsame Rundfunkprogramm, das menschliches Wohlwollen, Freude an der Unterschiedlichkeit der Menschen und faires Miteinander in den Mittelpunkt stellt", „medienkapitalistische Heuschrecken". Framing ist oft spaltend. In sozialen Medien, in der kurze bewegte Bilder (Gifs) an die Stelle schriftlicher Botschaften treten, droht das Lagerdenken überhand zu nehmen.

Ein leichtes Unbehagen verspürte ich schon, als ich vor eineinhalb Jahrzehnten am Rednerpult der Berlin-Brandenburgischen Akademie stand – vor mir die Jury-Mitglieder des Deutschen Studienpreises und auf die Frage antworten sollte. „Man sollte attraktive Gegenbilder erzeugen", fiel mir damals auf Andreas Fischer Frage nach einer adäquaten Sprachstrategie der Nachhaltigkeit ein. Über diese Antwort hinaus war ich zögerlich.

Wo Tücken eines Gegenframings liegen, dass ein zunehmendes Lagerdenken in der Gesellschaft dadurch Rückenwind erhalten könnte, dass man sich auf eine Ebene der Sprachmanipulation begibt – das war mir alles an diesem Tag in Berlin noch nicht bewusst. Einen der fünf Studienpreise konnte ich in einer sehr feierlichen Vergabe am Tag darauf in Empfang nehmen. Es war meine letzte Berührung mit der akademischen Welt als ihr Teil.

Versuche, mit einer bewussten Sprache ökoliberale Ideen umzusetzen, sind zu begrüßen. Als erste deutsche Zeitung hat sich die taz im September 2020 Leitlinien einer klimagerechten Sprache gegeben. „Der bisherige journalistische Umgang mit dem Klima war in vielen Medien zu monoton, ungenau, verharmlosend, vielleicht sogar unzutreffend und sicher nicht ausreichend publikumswirksam und verständlich", lässt sich Torsten Schäfer, Professor für Journalismus an der Hochschule Darmstadt, zitieren. Er hat die Leitlinien formuliert. Klimawandel sei als Wort etabliert und bekannt, suggeriere aber eine lineare Entwicklung. Das Framing klammere chaotische, konfliktreiche Aspekte der Erderwärmung aus.

Ungeeignet sei der Begriff Klimanotstand, weil er suggeriere, dieser bestehe nur vorübergehend. Klimakatastrophe und Klimachaos seien hilfreicher als Klimakrise, die sprachlich auf einen begrenzten Zeitraum hindeute. Erderhitzung erfasse die reale Situation besser als die noch nicht stark gebräuchliche Erderwärmung und sei darum geeigneter. Begriffe wie Klimawandel- oder Wissenschaftsleugner bezeichnet Schäfer als sinnvoller als Klimawandelskeptiker, da dieser im Tarnkleid einer philosophischen Tugend daher komme. Die Vorschläge zielten nicht auf Frames, sondern auf einzelne Schlüsselbegriffe ab. „Die hier eingenommene Perspektive ist nicht die der Sprachverbote und zu befolgender Regeln. Denn grundlegend ist Sprache nicht statisch sondern lebendig, veränderlich und kreativ", heißt es in der Leitlinie.

In dieser Veränderlichkeit liegt Potenzial für eine ökoliberale Sprache. Doch zum Aktivismus ist es nur ein sehr schmaler Grat. Die US-amerikanische Klimaaktivistin Genevieve Guenther ist Gründerin der Initiative End Climate Silence. Mit Freiwilligen setzt sie sich zum Ziel, das Bewusstsein für die Erderwärmung zu schärfen. Erscheinen in Medien Berichte, die mit dem Klimawandel zusammenhängen, ohne dass dieser Kontext hergestellt wird, machen sie darauf aufmerksam.

Guenther hat sich akademisch mit der Renaissance beschäftigt und vertiefte sich während einer Babypause in die Folgen des Klimawandels. Sie vertritt die Auffassung, dass die Dringlichkeit stärker kommunikativ herausgestellt werden muss. In ihrem Beitrag „Communicating the Climate Emergency: Imagination, Emotion, Action" argumentiert sie, dass Angst, Empörung und der Wunsch nach einer transformierten Weltwirtschaft leitend für die Klima-Kommunikation werden sollten. Dadurch entstehe der Wille, die Menschheit zu schützen. Zudem lasse sich so die Klimakatastrophe als politisches Problem mit klaren Gegnern erkennen. Kosten des Klimaschutzes relativierten sich, wenn sie als Preis für den Schutz der lebenden Welt angesehen würden.

Der Klimawandel werde unser Leben und das unserer Kinder zerstören. Die Ideologie der fossilen Energieträger habe Natur als etwas Separates vom Menschen konzeptualisiert. „Menschen sollten ihre eigenen Leben und die ihrer geliebten Menschen so ausmalen, dass sie von der Klimazerstörung ruiniert werden, bevor der planetare Notstand für sie zum persönlichen Thema wird", schreibt Guenther.

Dafür sollten Bedrohungen konkret beschrieben werden: mit Bildern vom Nachschub knapper Wasserflaschen oder vom Hunger wegen eines sinkenden Fischangebots durch zerstörte Korallenriffs. Untersuchungen hätten zwar gezeigt, dass Angst die Menschen lähme. Aber ihr wird auch eine motivierende Rolle zugesprochen, wenn sie mit anderen Emotionen kombiniert werde. Die Idee der Nachhaltigkeit aus der Freiheit sollte stark genug sein, ohne solche Emotionen auszukommen.

In den USA ist das Phänomen der Klimawandelleugner stärker verbreitet als in Europa. Um ihnen entgegenzutreten, empfiehlt Guenther, auf Empörung zu setzen. Sie solle dominieren, wenn thematisiert wird, dass sich die Hälfte des Treibhausgasausstoßes auf wenige Reiche beschränke. „Nicht jeder ist gleichermaßen verantwortlich für den Klimawandel, die Entscheidungsträger der fossilen Brennstoffe in Wirtschaft und Politik haben zusammengespielt, um uns zu diesem erschreckenden Punkt zu führen, und sie setzen ihre völkermörderische Energiepolitik fort, während der Klimanotstand immer tödlicher mit jedem abgelaufenen Tag wird", schreibt sie.

Dass die Anforderungen an eine nachhaltige Sprache einer Klimaaktivistin nicht die einer beobachtenden Wissenschaftlerin ist, überrascht nicht. Wir haben in diesem Kapitel gesehen, wie auf Geheiß konzeptueller Metaphern und Frames argumentiert wird. Zum Schluss haben wir erkannt, dass es nur ein schmaler Grat von der wissenschaftlichen Beschreibung zum aktivistischen Reframing bestehender Denkmuster ist. Hier zeigt sich ein aggressiver Wandel in der Kommunikation.

Aktivisten empfehlen den Vertretern einer progressiven Haltung, moralischer, emotionaler, bildreicher und schärfer zu argumentieren. Frames sollen aus ihrer Sicht sehr bewusst gesetzt werden. Mit ihrer Anknüpfung an Moral und Identität öffnen sie damit das Tor sehr weit für einen Nachhaltigkeitsdiskurs, in dem stärker auf die Zugehörigkeit zu Lagern gesetzt wird. Der Ökoliberalismus kann sich solchen Trends nicht vollständig entziehen. Auch er muss attraktive Bilder kreieren, die ein Leben mit einem niedrigen ökologischen Fußabdruck so wünschenswert wie möglich macht. Allerdings sollte er auch vor allzu flachen Reframing-Versuchen nach dem Muster „die ARD ist die Gesellschaft: Wir sind Ihr!" gefeit sein.

Nach Jahrzehnten des Wachstumskonsenses wird es Zeit, dass Vertreter der Idee einer marktfreundlichen Nachhaltigkeit erkennen, woran ihr Ansatz (auch) scheitert: an tief liegenden Grundüberzeugungen, die sich nicht überwinden lassen und durch Metaphern und Frames stabilisiert werden. Ökoliberalismus braucht Bilder, die nicht verzerrt sind und nicht die falschen Symbole (Papiertüte, Lastenfahrrad) verbreitet.

Es ist verblüffend, dass sich relevante neue Konzepte der Nachhaltigkeit begrifflich am Wachstum abarbeiten. Wie soll sich eine positive Vision nachhaltiger Lebensstile durchsetzen, wenn sie sich „Post-Wachstum" oder „De-Growth" nennt? Der Markt als Uridee liberalen Gedankenguts dagegen trägt die Bürde, als unzulässig erachtet zu werden. Eine Ökonomie des rechten Maßes braucht starke Symbole ohne aktivistische Sprache und flache Emotion: den ökologischen Fußabdruck als positives Leitbild eines Lebens innerhalb planetarer Grenzen.

7 #Wassermelone

Tastes like strawberries
On a summer evenin'
And it sounds just like a song
I want more berries
And that summer feelin'
It's so wonderful and warm

Harry Styles — Watermelon Sugar

Der 12. August 2019 ist ein Montag. Wie fast immer zu
Wochenbeginn gehe ich abends Basketballspielen. Nach
dem Duschen verabrede ich mich mit einigen Mitspielern
am Kiosk. Ich muss kurz einkaufen gehen. Am nächsten Tag
wird mein Mittlerer eingeschult. Mit Sporttasche über der
Schulter betrete ich den Supermarkt, um Lebensmittel für
die Feier zu besorgen. Alles lässt sich in der Sporttasche ver-
stauen. Doch dann sehe ich eine Wassermelone. Sehr beliebt
zu Hause. Also klemme ich sie mir unter den Arm, bezahle
und gehe zu meinem Fahrrad, wo ich sie auf den Gepäckträ-
ger spannen will. Aber ich bin ungeschickt, die Sporttasche
schaukelt, die Frucht fällt auf den Boden.

Also überlege ich, dass ich sie anders nach Hause befördern muss. Ich schaue in den Supermarkt. An einem Regal
für Rosen sind Plastiktüten befestigt. Sie sehen stabil genug
für meinen Zweck aus. Also nehme ich mir eine und lege
die etwas demolierte und klebrige Melone hinein. Sie und
ich wissen nicht, dass wir wenig später gemeinsam zum
Deutschlandtrend bei Twitter werden. Bald werde ich mit
Ex-Verbraucherministerin Renate Künast nicht kommunizieren und einen frühen Eindruck davon bekommen, warum

Saskia Esken einige Monate später SPD-Vorsitzende ist. An diesem Abend aber stehen andere Dinge im Fokus: Nachdem das Problem gelöst ist, fahre ich zu meinen Basketballkameraden, trinke einen Ebbelwoi und unterhalte mich.

Am nächsten Morgen sitze ich mit der eigenen Zeitung am Küchentisch. Auf Twitter empfehle ich oft ein bis vier Artikel der aktuellen Ausgabe zu meinen Themen Reportagen, Nachhaltigkeit, Versicherungen und Politisches Geschehen. An diesem Morgen weise ich auf einen eigenen Kommentar hin, in dem ich einen Plan der Bundesumweltministerin bewertet habe, wie weniger Müll entstehen soll.

Für das Vorhaben von Svenja Schulze verteile ich etwas Lob, weil Verursacher in die Verantwortung genommen werden. Und etwas Kritik, weil sie auf Verbote setzt, wo aus meiner Sicht eher degressive Obergrenzen sinnvoll wären. Ich schreibe, sogar Umweltschützer vom Naturschutzbund Deutschland warnten vor einem Plastiktütenverbot, weil sich sonst die ebenfalls schädlichen Papiertüten verbreiteten. Statt aktionistischer Ideen warb ich, über Stoffkreisläufe und Umwelteffekte präziser zu sprechen.

„Gestern Abend ist mir eine Wassermelone heruntergefallen. Im Supermarkt gab es eine Tüte, mit der ich sie nach Hause transportieren konnte. Nach dem #Plastiktütenverbot von @SvenjaSchulze68 ginge das nicht mehr. Ich bin dagegen. Warum, steht auf @faznet", tippe ich ins Tablet. Das soll an Input reichen. Denn später steht wichtigeres an, weshalb ich länger nicht mehr bei Twitter vorbeischaue und am Tag der Einschulung nichts mitbekomme vom Sturm. Eine süffisante Anmoderation zu einem eigenen Text sollte das sein. Später wussten es alle besser: eine Provokation!

Bis heute 246.000 Impressions, 11.000 Link-Klicks, 28.000 Interaktionen. Artikel in der taz und auf dem Nachhaltigkeitsportal Utopia („#Wassermelone: Journalist blamiert sich mit Tweet über Plastiktüten – die Reaktionen sind großartig"). Von hasserfüllten Antworten über witzige Repliken alles dabei. Ein Lehrstück über die Emotionalisierung von Politik, das Framing homogener sozialer Gruppen und Lagerdenken in Debatten. Und über Diskursmacht. Die Partei Bündnis 90/Die Grünen springt auf und befeuert den Trend. Mein Tweet ist Vorlage für eine Verbrüderung mit dem eigenen Milieu.

Als Leser meines Buches kennen Sie mich inzwischen ein wenig: Priorität auf Ökogrenzen, Befürworter marktwirtschaftlicher Instrumente gegen den Klimawandel, nahezu null Tonnen CO_2-Emissionen durch Mobilität, Wohnen und Stromerzeugung. Ökologie war meiner Familie schon 1985 so wichtig, dass wir seither Stoffbeutel für den Einkauf nutzten. Nur habe ich manchmal eben keinen dabei. Und da ich seit 2011 mehrfach über die Ökobilanz von Plastiktüten geschrieben habe, weiß ich, dass auch ihre Alternativen nicht gut sind.

16 Monate vor meinem Twitter-Fiasko hatte ich „Liebe Rewe-Tüte" verfasst, einen Brief an die Papiertüte im Supermarkt, in dem ich den Schwenk hin zu ihr als Greenwashing kritisiere. Am Fahrrad reiße sie und erfülle nicht ihren Zweck. Mit Blick auf das Klima und die Überdüngung sei sie zwar besser als die Plastiktüte, wie eine Analyse des Schweizer Materialforschungslabors EMPA ergab. Auf die Versauerung und den Ozonschichtabbau allerdings habe sie eine starke Wirkung – und auf die Humantoxizität, also die Schädlichkeit für den Körper. Der Papier-Tüte schrieb ich, sie sei ein tolles Symbol dafür, wie wir in Deutschland über Umwelt und Technik diskutieren: pauschal, hysterisch, irrational.

Stoffbeutel müsste man nach EMPA-Untersuchungen 82 mal verwenden, nach einem WDR-Bericht sogar 131 mal, um auf die Ökobilanz wie einer Recycling-Plastiktüte zu kommen. Wenn man häufiger von Umwelt-NGOs oder Unternehmen einen mit Material gefüllten Beutel geschenkt bekommt und dann zwölf davon hat, müsste man jeden davon 16 Jahre lang zum Einkaufen nehmen, um dieselbe Ökobilanz zu erhalten, als nähme man jedes Mal eine Recyclingtüte.

Als Twitterer muss man wissen, dass ein Tweet für sich selbst steht und die Vorgeschichte nicht mittransportiert. Als Journalist sind wir keine Missionare und nicht unfehlbar. Daher kann es nicht schaden, nahbar zu sein und zu zeigen, dass wir im selben Leben unterwegs sind wie die Leser. Der Shitstorm der nächsten drei Tage besteht aus vielen witzigen Reaktionen – etwa „Wenn Baby aus Dirty Dancing eine Wassermelone tragen kann dann solltest du das auch" von @ trixeltweets, der mehr als 500 Likes erhält und auf den mit Kurzausschnitten aus Filmen oder Fotos reagiert wird.

Andere Reaktionen stehen für sich: „dämlich". „Herr, schmeiß Wassermelonen vom Himmel". „Nicht böse gemeint Philipp, aber fick deine Wassermelone". „Wie schafft man das im Kopf in dem Alter schon ein alter weißer Mann zu sein." „Halt dein maul", darauf die Antwort: „Selten so eine gute, treffende Zusammenfassung dessen was alle denken gelesen. Danke!". „Wassermelonen und Phillipp raus aus Deutschland, meine Meinung." „Das ist das dümmste Argument, das jemals irgendjemand zu irgendwas vorgebracht hat."

Oder: „Und Ihnen ist dieser Mangel an Problemlösungsfähigkeit nicht peinlich? Genau deshalb habe ich die F.A.Z. vor 20 Jahren schlicht stehen lassen." „Haste es zur Senkung deines CO_2-Footprints mal mit Plastiktüte über den Kopf ziehen probiert?" „Wie wärs wenn du deine scheiß Wassermelonen einfach festhältst anstatt sie auf den Boden zu schmeißen du opfer". „Du verwöhnter, ignoranter Mensch! Wegen solchen Lappen, die sich für nix weiter als für sich selbst interessieren, versinkt alles im Müll und geht unsere Umwelt den Bach runter".

Wenn drei Tage lang jede Sekunde zwölf Zustimmungen zu kritischen Repliken kommen, lässt sich ermessen, warum es Shitstorm heißt. Erheblichen Einfluss darauf nehmen die Grünen, die über ihren Twitter-Account mit damals einer halben Million Followern zu einem Fotowettbewerb aufrufen, die für die fünf schönsten Motive eines Melonen-Transports fünf Stoffbeutel in Aussicht stellen. So wird das Thema zum Twitter-Trend. Um mein ernstes Anliegen zu unterstreichen, schlage auch ich den Grünen einen Wettbewerb vor: Die F.A.Z. und die Grünen zeichnen in zwölf Monaten Personen mit der stärksten CO_2-Reduzierung aus und Personen, die ihren Ausstoß am weitesten unter 2,2 Tonnen senken. Keine Reaktion.

Twitter ist wie ein mittelalterlicher Marktplatz konzipiert. Jemand sagt etwas Unpopuläres. Alle dürfen etwas zurückrufen, was durch ihre Echokammern verstärkt wird. Aber die Erklärungen des Urhebers finden nicht wieder den Weg zurück. Manchen Beteiligten, deren Kommentare schließen lassen, dass sie am Diskurs interessiert sind, antworte ich. Zwei ziehen ihre kritischen Tweets zurück oder relativieren sie anschließend stark. Doch problematisch wird es, sobald der Schabernack im öffentlichen Raum – von Parteien oder seriösen Politikern – weitergetrieben wird.

Deshalb ärgere ich mich über einen Tweet der SPD-Bundestagsabgeordneten Saskia Esken, der auf die Wassermelone anspielt: „Gestern Abend ist mir eine Milchtüte runtergefallen. Die Schweinerei könnt Ihr Euch sicher vorstellen. WARUM TUT DIE POLITIK NICHTS??!?". Frühzeitig antworte ich ihr, sie möge sich den Originalkommentar in der F.A.Z. durchlesen, um zu sehen, dass es mir um effiziente Umweltpolitik geht. Sofort fragt sie nach meiner Nummer. In einem 20-minütigen Gespräch kann ich ihr meine Kritik erläutern: dass sie mit ihrem harmlosen Spott eine Debatte am Köcheln hält und einen Frame in seriöse Kreise trägt. Unter ihren 9000 Followern sind viele politiknahe Vertreter, in deren Antworten Häme gegen Journalisten und meine Zeitung durchklingt. Sie bestreitet, dass das ihre Absicht war, was mir bekannt vorkommt. Sender und Empfänger halt.

Die Grünen haben mit ihrem Klamaukwettbewerb um das schönste Melonen-Motiv einen Twittertrend aufgegriffen und beschleunigt. Es war ein billiges Instrument, um sich ihrer Klientel als Wohlfühlpartei zu empfehlen: Wir sind nett, unser Lebensstil ist gut und nachhaltig, wir benutzen immer Stoffbeutel (anders als die Deppen von der bürgerlichen Presse) und deshalb sind auch unsere Verbotsrezepte nicht schlimm. Dieses Framing kreiert homogene Lager, die es gleichzeitig beklagt. Behauptet wird, es gebe richtige und falsche Politik.

Die Politik mischt mit

So konnten das Volksparteien nie machen, weil sie von heterogenen Milieus getragen wurden. Wollte die CDU nicht die Kolping-Fraktion verschrecken, durfte sie nicht zu marktradikal auftreten. Wollte sie Konservative bedienen, durfte sie nicht den liberalen Flügel verlieren. Das zwang zu Maß und Mitte. Genauso in der SPD, deren Zielgruppe insbesondere Arbeiter, Intellektuelle, Zuwanderer und Lehrer sind. Saskia Esken ruft aus ihrem Urlaub an, um zwanzig Minuten über die Wirkung ihres Tweets zu reden.

Renate Künast stellt sich lieber taub. Früh greift die ehemalige Agrarministerin in den Shitstorm ein: „Morgen beginne ich mit einem neuen Projekt: #Kochbuch zum Thema #Wassermelone!! Natürlich mit ein paar PromiRezepten. Wer möchte?", schreibt sie am 14. August auf Twitter, also einen Tag nach dem Ursprungs-Tweet. Ihr Eintrag löst hämische Kommentare aus, die im grünen Milieu die Erzählung vom Deppen verfestigt: „Das wird der @pkrohn1 wohl nicht hin bekommen. Der ist so ungeschickt und lässt die Wassermelonen immer fallen." Man klopft sich auf die Schultern, es der doofen Zeitung gezeigt zu haben. Als ich ihr am Abend meinen Einwand sende, als ehemalige Ministerin adle sie den Shitstorm, antwortet sie mit einem Fragezeichen an ihre Follower. Nachdem ich ihr gegenüber mein Angebot eines Wettbewerbs an die Grünen bekräftige, viele Leute zum CO_2-Sparen zu bewegen, antwortet sie nicht. Keine Diskussion mit dem falschen Lager? Künast macht zu. Kein Zugeständnis, dass sie im Klamauk eine Rolle gespielt hat.

Am 17. August veröffentlicht die taz einen lustigen kleinen Text, der den besten Witz aus dem Shitstorm (aus „Dirty Dancing") einbezieht. Morgens veröffentliche ich meinen letzten Thread zu diesem Thema, in dem ich mit eigenen Artikeln zum ökologischen Fußabdruck an meinen Vorschlag erinnere, einen Wettbewerb zum CO_2-Sparen auszurichten. Ich kritisierte, dass Künast nicht darauf reagierte und frage, ob sie die SUV-fahrende Wählerklientel nicht verschrecken wollte. Die Welt sei nicht schwarz-weiß, auch in der F.A.Z. gebe es Ökos.

Doch vorher gab es auch Gutes: Dass ich ab Mittwoch etwas mehr Zeit habe, in die Diskussion einzugreifen, bringt mir interessante Bekanntschaften ein: mit einem engagierten Streiter für die Kreislaufwirtschaft, einem Hobbygärtner, der nach unserem Dialog seine Kritik zurückzieht und seinen Followern meine Öko-Positionen referiert, und einer Userin, die einem anderen schreibt, er solle sich den Rest meines Accounts ansehen.

Bemerkenswert finde ich die Aussage eines Users, der mir erklärt, die Wassermelonen-Geschichte zeige, warum wir es mit dem Klimaschutz schwer haben werden (finde ich auch, nur anders als er). „Sie stellen die persönliche Bequemlichkeit (keine neue Wassermelone kaufen zu müssen) über Nachhaltigkeit. Das ist leider sehr westlich-egoistisch. Melone verrottet – Plastik nicht". All meine Prioritäten in der Umweltpolitik und Rechnungen, die ich in diesem Buch aufmache, alles Relativieren, was Plastiktüten für einen minimalen Effekt auf den Klimaschutz haben, wird unter einem ökomoralischen intersektionalen Diskurs verdeckt.

Dass er meine Vorschläge, die ich zuvor schon in der Zeitung ausgebreitet hatte, wie man dicke Brocken der CO_2-Bilanz in den Griff bekommt, nicht gesehen hat, ist okay. Aber dass er mir eine persönliche Bequemlichkeit unterstellt, weil ich in etwa die Größenverhältnisse einschätzen kann, ob eine Plastiktüte meinen recht intakten Fußabdruck durcheinander bringt, lässt mich mit einigem Abstand schmunzeln.

Ein anderer beruft sich auf die Paywall, hinter der mein Artikel für Abonnenten reserviert ist: „Ich überweise dir 15cent wenn du mir das Fazit aus deinem Beitrag hier mitteilst." „Verbote sind für Umweltgifte. Ökonomische Anreize sind für die Reduktion großer Mengen. Die 15 Cent bitte direkt an den @WWF_Deutschland", schreibe ich. Er bedankt sich und fotografiert einen Spendenbeleg über 5 Euro. Ich beantworte das mit meinem Beleg über 5 Euro. Zwar gibt es weiter Ökomoral à la „Lasst die Wale sterben, ich kann keine Melone halten!" Aber allmählich beginnt #Wassermelone Spaß zu machen.

Wassermelone und Stoffbeutel sind Symbole einer Debatte über ökologische Lebensstile. Wir diskutieren stundenlang darüber, ob es besser ist, heruntergefallenes Obst liegen und verkommen zu lassen, als es mit dem falschen

Behältnis nach Hause zu transportieren. Wir sind bereit, unseren Joghurt von der Straße zu kratzen, wenn die ökologisch unterlegene Papiertüte den Geist aufgegeben hat. Ich habe mich gefreut, dass Juli Zeh in ihrem Roman „Über Menschen" das Herumrechnen an der Ökobilanz von Jute-Beuteln zu einem wiederkehrenden Motiv gemacht hat. Auf der Suche nach einer leitenden Moral in brüchigen Zeiten erweisen sich Glaubenssätze als schwer haltbar. Moralisch vermeintlich Sinnvolles erweist sich als zu flach. Wenn ein Beutel 130 Mal zum Einkaufen verwendet werden muss, um besser als die Plastiktüte zu sein, warum dann eine Sammlung von Stofftaschen in der Wohnung haben?

Ökoliberalismus sollte sich zur Aufgabe machen, das Individuum von persönlichen moralischen Abwägungen zu entlasten. In einem freiheitlichen Modell sollte es möglich sein, im Rahmen ökologischer Grenzen zu entscheiden, was man als sinnvoll zu tun erachtet. Noch bevor mein Tweet zum #Wassermelone eskalierte, hatte ich eine Diskussion auf Twitter mit einem Öko-Vertreter, der aus drei Antworten und Gegenantworten schlussfolgerte, dass ich mich falsch fortbewege und für meine fünfköpfige Familie längst ein Lastenrad benötige.

Die Diskussion um #Wassermelone hat gezeigt, dass es starke Gruppen gibt, die für ein Verbot ökologischer Störfaktoren eintreten. Auch das befeuert Diskussionen über eine „Verbots"-Partei Die Grünen. Es gehört mehr Offenheit in den Diskurs, um einen Wettstreit für bessere Konzepte zu initiieren. Klimaschutz darf nicht nur grün sein. Ein freiheitliches Konzept des Ökoliberalismus ist skeptisch gegenüber Verboten, wenn es nicht um Umweltgifte wie FCKW geht, die anders schwer aus der Welt zu schaffen sind. Die Praxis hat viele Lösungen hervorgebracht, wie mit Mengenproblemen umzugehen ist: Abgaben, Pfandsysteme, Tauschbörsen.

Unvorbereitet im Supermarkt zu stehen und nur noch die zerreißende Papiertüte oder teure Mehrwegbeutel vorzufinden, die die meisten genau einmal benutzen, ist eine Scheinlösung. Eine deutsche Scheinlösung.

Als ich den Forscher des Schweizer Materialforschungslabors EMPA fragte, wie es der Schweiz gelungen ist, ihr Aufkommen an Tüten pragmatisch und ohne großen Streit mit Abgaben um 80 Prozent zu senken, hatte er eine Erklärung, die im Ökolager ungern gehört werden dürfte: „Aus meiner Wahrnehmung spielen deutsche Nichtregierungsorganisationen eine große Rolle." Auch sie zählen zu vorparlamentarischen grünen Gesinnungstruppen, die eine Hegemonie in der Interpretation von Ökoproblemen beanspruchen. Sie wollen Deutungsmuster durchsetzen. Doch in Zeiten der sozialen Medien ziehen sich leider viele aus dem argumentativen Diskurs zurück, um ihre Reihen zu stärken.

#Wassermelone ist für mich ein Beleg dafür, wie in einer Epoche des Lagerdenkens der Ökomoralismus genutzt wird, um einseitige Frames durchzusetzen. Ich würde das gern mit dem Konzept des Ökoliberalismus umkehren: Welche Ziele wollen wir erreichen? Welche bewährten Mittel gibt es dafür? Was bedeutet das für den eigenen Lebensstil?

8 Verbote, Freiheit und Innovation

Don't it always seem to go
That you don't know what you've got till it's gone
They paved paradise, put up a parking lot
They took all the trees put 'em in a tree museum
And they charged the people a dollar an'a half just to see 'em
Joni Mitchell — Big Yellow Taxi

Die Situation hatte ich mir schwierig vorgestellt. Aber nicht so absurd. Ich stehe auf einer Bühne im Haus am Dom in der Frankfurter Innenstadt. Eine Veranstaltung mit Gewerkschaftern. Das Thema ist „Gutes Arbeiten ohne Wachstum". Wir wollen über Strategien für einen sozialökologischen Umbau diskutieren. Die Katholische Akademie hat mich als Redakteur der F.A.Z. eingeladen, aus unserer Perspektive Stellung zu Thesen eines IG-Metall-Vorstands zu nehmen. Er hatte nachgedacht, wie sich ökologische Erfordernisse am Arbeitsmarkt auswirken werden.

Ich stehe vorne und muss Argumente abwehren, gegen die Produktion großer SUV seien Verbraucher machtlos. Konzernen fielen Werbebotschaften ein, warum die überdimensionierten Fahrzeuge gekauft werden müssten – ganz egal, wie sehr diese auch an die Umwelt dächten. Die Mehrheit ist gegen mich. Ich versuche, Ulf Poschardts mündigen Konsumenten stark zu machen, der um Senken und Ressourcen einer begrenzten Welt weiß und sein Konsumverhalten daran anpasst. Als Redner repräsentiere ich meine Zeitung, liberal in Arbeitsmarktfragen (und Verteidiger der Agenda-Politik der Schröder-Regierung), ich zudem radikal ökoliberal in der Umweltpolitik. Wie ich dazu wurde, erzähle ich wie hier im Buch. Vom Erdkundelehrer, vom VWL-Prof, von Mill, Georgescu-Roegen, Daly, biophysikalischen Grenzen, die eine Entkopplung von Wirtschaftsentwicklung und Durchsatz nötig machten. Der Wachstumsverzicht der Degrowthianer aber verfolge das falsche Ziel.

An meiner Vorlage lobe ich, dass sie über eine vom Wachstumszwang befreite Wirtschaft reflektiere. Allerdings ermögliche erst der Verteilungsspielraum durch Wachstum großzügige Zusatzleistungen von Arbeitgebern, sage ich. Erwartungen an eine Arbeitswelt ohne Wachstumszwang dürften nicht mit materiellen Zielen überfrachtet werden. Dann meine Gedanken zur Autoindustrie: Das Wirken Winfried Kretschmanns als grüner Ministerpräsident im Autoland Baden-Württemberg zeige, was das für ein Spagat sei.

Hunderttausende Arbeitsplätze bei Herstellern, Zulieferern und Dienstleistern hingen an der Branche. Setze sie auf die falsche Antriebstechnik oder übersteuere seine Regierung, drohe ein Einkommensverlust. Ich bemühe mich, im Saal zu verdeutlichen, wie wertlos Stichworte wie qualitatives, nachhaltiges oder grünes Wachstum sind, wenn das Bruttoinlandsprodukt weiter Umweltschäden als Wertzugewinn erfasse. Ich gebe zu bedenken, dass der Konflikt von Kapital und Arbeit in einer ökoliberalen Welt nicht aufgehoben sei. Eine Postwachstumsökonomie sei nicht die Traumwelt des Arbeitnehmers.

Von der Diskussion danach ist mir ein Gedankenaustausch in Erinnerung, ob Georgescu-Roegen das Potenzial der Solarwirtschaft unterschätzt habe. Ja, aber das entwerte nicht seine Aussagen darüber, wie wichtig die Thermodynamik sei, sage ich. Und: die SUVs! Ein Dutzend Teilnehmerinnen, denen mein Argument, jeder Verbraucher könne sich für oder gegen Ökologie entscheiden, vollkommen wesensfremd ist. Was sei mit dem bequemeren Einstieg? Mit den Werbebudgets der

Konzerne? Ich erwidere, dass ich es für sinnvoller als diese zu regulieren hielte, wenn der Staat CO_2-Grenzen setze und sich zeige, welche Automodelle dann noch überlebensfähig seien.

Seit Jahren stelle ich fest, dass deutsche Verbraucher gut darin sind, von der Politik strengere Klimaregeln zu verlangen. Wenn sich aber die Frage stellt, welche Konsumnormen sie aufgeben würden, kommen Antworten wie: auf Plastiktüten verzichten, Inlandsflüge vermeiden (also Zubringer zu längeren Flügen) oder auf Bio-Essen umsteigen. Mini-Schritte auf dem Weg zur Klimaneutralität. Dazu das NIMBY-Phänomen (Not in my backyard): Stromleitungen für Wind von der Küste sind gut, aber bitte nicht hinter meinem Haus.

Eine Umfrage des Redaktionsnetzwerks Deutschland vom Juni 2021 illustriert diese Haltung: Zwei Drittel der Befragten würden nicht auf Fleisch verzichten, nur ein Drittel hält es für vorstellbar, sich innerhalb von drei Jahren ein E-Auto zuzulegen. Nur jeder Fünfte finde es uneingeschränkt in Ordnung, eine Wind- oder Wasserkraftanlage nahe der eigenen Wohnung zu haben. Die Hälfte spricht sich für ein Tempolimit auf Autobahnen aus, das einen messbaren Effekt aufs CO_2 hätte. 56 Prozent der Befragten finden, klimaschädliche Kreuzfahrten sollten eingeschränkt werden, 12 Prozent meinen, sie seien ganz verzichtbar. Bedenkt man, wie klein der Anteil der Bürger ist, die solche Reisen machen, zeigt sich das Phänomen: Einschränken sollen sich die anderen, abschaffen lässt sich, was einen nicht selbst trifft.

Weiter oben habe ich argumentiert, Klimapolitik bewirke, dass alle Haushalte ein so klimaneutrales Leben führen wie Ökopioniere schon jetzt. Möglicherweise werden dann Schwerpunkte zwischen Verzicht und Technik etwas anders gesetzt als bei diesen. Aber das Ergebnis muss dasselbe sein: null Ausstoß. Dafür kann es nicht schaden, etwas über den eigenen Einfluss auf das Klima zu wissen. Doch darum ist es nicht besonders gut bestellt, wie sich mit einer anderen Erhebung zeigen lässt.

Für das von der Bundesregierung geplante Klimageld wünschte sich nach der Umfrage des Sachverständigenrats für Verbraucherfragen 2022 eine Mehrheit, Einnahmen sollten direkt an Haushalte rückverteilt werden. Zwei Drittel wären dann für eine CO_2-Bepreisung. Soweit der Konsens mit der Wissenschaft. Die Wirtschaftsweise Veronika Grimm sagte: Sobald er eingeführt sei, müssten Verbraucher nur auf den Preis achten, um klimafreundlich zu handeln. Die überwiegende Zahl der Deutschen aber hat der Studie zufolge keine Vorstellung, wie groß ihr Fußabdruck ist – hält sich gleichwohl für sehr umweltbewusst.

Die kognitive Dissonanz löst Konflikte aus, wie wir sie weiter oben im Experiment „Vier fürs Klima" beobachtet haben. Ökopioniere gelten als Spaßbremsen. Bezeichnend ist, dass rund ein Sechstel der Befragten gar kein Interesse hat, den eigenen Anteil am CO_2-Ausstoß zu erfahren. Später werden wir sehen, dass für eine langfristige Akzeptanz der Klimapolitik eine innere Zustimmung hilfreich wäre. Der Wandel wird gravierend sein.

Kognitive Dissonanz kann einen verzweifeln lassen. Brennende Dörfer in Kanada, verendende Tierherden in den Vereinigten Staaten, versiegende Flüsse in Westeuropa, in Rekordzeit schmelzende Gletscher in den Alpen zeigen: Der Klimawandel verändert längst die Welt dramatisch in viel schnellerer Zeit als während den von Peter Brannen untersuchten fünf bisherigen Massensterben der Erdgeschichte. Die Dringlichkeit dürfte auch erklären, warum etwas so beliebt ist, das innerhalb der Logik des Ökoliberalismus nur in kleinen Dosen erträglich ist: Verbote.

Die Kanzlerkandidatin der Grünen Annalena Baerbock sagte in einem der Fernseh-Trielle mit ihren Widersachern

Olaf Scholz und Armin Laschet den Satz: „Jedes Verbot ist auch ein Innovationstreiber." Verträgt sich das mit dem Denken des Liberalen Friedrich August von Hayek? Der hielt es zwar für angemessen, Umweltgifte durch Verbote aus der Welt zu schaffen. Aber gleichzeitig sah er das unkoordinierte Zusammenspiel dezentraler Wissensträger als Voraussetzung für Innovationen. Verbote dagegen können nur zentrale Behörden verhängen, die sich anmaßen, mehr zu wissen als der Markt.

Die ökoliberale Perspektive und Verbote

Ein Befürworter von Verboten ist der Münchner Verleger Herbert Lenz. Mit Komplett-Media hat er einige sehr erfolgreiche Nachhaltigkeitstitel (zum Beispiel des Astrophysikers und Fernsehmoderators Harald Lesch) veröffentlicht. Es lohnt sich, seine Thesen genauer zu lesen. Denn was er sagt, ist für Ökoliberale herausfordernd. Um es flapsig zu sagen: Er kommt aus demselben Stall wie wir. Sein Buch „Zur Hölle mit uns Menschen – Warum wir mehr Verbote und ein neues Denken brauchen" stützt sich auf Argumente und Denkfiguren, die auch in diesem Buch auftauchen: das Raumschiff Erde, Tragfähigkeit und Bevölkerungswachstum, das Verhältnis von Freiheit und Verantwortung, die nur noch knappe Zeit, mündiger Konsument.

In einem Interview mit dem Portal Riffreporter führt Lenz seine Ansichten im Juli 2018 aus. Angesichts der Lage der Erde sei er Anhänger der Disruption, also eines Bruchs mit bestehenden Verhältnissen. „Natürlich sind damit veränderte Rahmenbedingungen verbunden, und das ist ein euphemistisches Wort, ich meine damit auch Verbote", sagt er. Die Zeit sei zu knapp, um sozial-ökologische Transformationen innerhalb einer Generation auf freiwilliger Basis zu erreichen.

Erste Stolpersteine auf diesem Weg seien Fahrverbote. „Letztlich müssen wir uns daran gewöhnen, dass wir uns selbst etwas verbieten", fordert er. Die Menschheit benötige 1,6 Erden. Der Earth Overshoot Day, an dem rechnerisch Ressourcen eines Jahres aufgebraucht sind, rücke jedes Jahr weiter vor. „Freiheit gilt nicht grenzenlos, sie ist immer gekoppelt an Verantwortung." Jeder müsse verstehen, wo die Freiheit des anderen beginne – auch die der Natur. „Wir müssen umdenken, weg vom Mythos des Menschen, der sich alles untertan macht, hin zur Erkenntnis, dass wir Teil eines Ganzen sind. Darum gefällt mir das Bild vom Raumschiff Erde", sagte Lenz. Und das ist ganz nah am Ökoliberalismus. Außer in der Schlussfolgerung.

In dem Interview schießt sich Lenz auf den Coffee to go ein. Die benötigten Pappbecher habe es vor einigen Jahren nicht gegeben. „Da haben wir Coffee to sit gemacht, wir sind ins Café gegangen, haben den Kaffee aus einer Porzellantasse getrunken, und dann sind wir aufgestanden und weitergegangen." Der Appell, darauf zu verzichten, verfange nicht. Auf mein Erlebnis vom Beginn des Kapitels hat er eine Antwort: „Als unmündige Konsumenten fallen wir auch noch auf diesen Mist herein und lassen uns einreden, man sei ein ‚sportlicher Autofahrer', wenn man einen BMW oder so etwas fahre." Kognitive Dissonanz: Man kaufe etwas, das man nicht brauche. Seine Forderung: ein Führerschein für mündige Bürger, die ihr Wissen beweisen müssen.

Wer Ökogrenzen anerkennt, könnte empfänglich für Lenz sein. Und doch lohnt es, sich mit Ökonomik zu beschäftigen. John Stuart Mill und Friedrich August von Hayek sahen Gründe für Verbote, wenn Schadstoffe Bürger gefährden. Zu den erfolgreichsten umweltpolitischen Maßnahmen der

Geschichte zählen zwei Verbote: Das Pflanzenschutzmittel DDT wurde in den meisten Industrieländern in den 1970er Jahren verboten. Davor hatte die US-amerikanische Biologin Rachel Carson in „Der stumme Frühling" 1962 beschrieben, wie sich Giftstoffe in Lebewesen anreichern, über die Nahrungskette weitergereicht werden und der Fortpflanzungserfolg von Vögeln beeinträchtigt wird. 1990 beschlossen Teilnehmerstaaten auf der Londoner Konferenz zum Schutz der Ozonschicht, das Kältemittel FCKW zu verbieten.

Welche politische Maßnahme greift, unterscheidet sich danach, was sie aus der Welt schaffen soll: Schädliche Umweltgifte wie DDT sind anders zu behandeln als CO_2, das natürlich in der Luft vorkommt, und durch seine zunehmende Konzentration in der Atmosphäre den Treibhauseffekt verstärkt. Verbrennungsmotoren, Plastiktüten, Fleisch, innereuropäische Flüge, Dieselautos in der Stadt: Wann sind Verbote angemessen?

Reinhard Loske ist unverdächtig, dem ungezügelten Marktgeschehen das Wort zu reden. Der Volkswirt und Politikwissenschaftler war als Mitarbeiter des Wuppertal Instituts Autor des bahnbrechenden Umweltbuchs „Zukunftsfähiges Deutschland", in dem Ideen für eine nachhaltige Welt ausgebreitet werden. Danach zog er 1998 für Bündnis 90/Die Grünen in den Bundestag ein, gestaltete das Erneuerbare-Energien-Gesetz mit, wurde 2007 Bremer Umweltsenator und ist nach einem kurzen Abstecher an die Cusanus Hochschule in Bernkastel-Kues heute Nachhaltigkeitswissenschaftler und Autor.

Für meinen bereits erwähnten Artikel „Unser Abdruck" im April 2019 habe ich Loske interviewt. Als Ökonom vertraut er auf marktwirtschaftliche Instrumente, was seinen Schriften wie „Zukunftsfähiges Deutschland" positiv anzumerken ist. Loske strebt ein hohes Maß an Freiheit bei hoher ökologischer Effektivität an. In dem Gespräch schlug er folgendes Vorgehen vor: Emissionen, die Menschen direkt schadeten, sollten mit verbindlicher Ordnungspolitik reduziert oder durch Verbote aus der Welt geschafft werden. Davon unterschied er Masseneffekte wie den CO_2-Ausstoß und den Flächenverbrauch, für die ökonomische Instrumente taugten. Er sah eine Gefahr des Moralisierens oder Verächtlichmachens. „Man muss aufpassen, dass man nicht zum Bild einer Bionade-Bourgeoisie beiträgt, die allen kleinen Leuten erklärt, wie es zu gehen hat", sagt er.

In seinen Publikationen differenziert Reinhard Loske. Auf Grenzen einer ökonomisierten Naturbetrachtung macht er regelmäßig aufmerksam – wie in einem Gastbeitrag für die F.A.Z. im Januar 2021. Nachhaltigkeit dürfe nicht auf Naturkapital und Ökosystemdienstleistungen – also Messbares, Quantifizierbares, Monetarisierbares – zusammenschrumpfen. „Die Nutzung der Natur soll als Faktor der Mitproduktivität einen angemessenen Preis erhalten", schreibt er. Seit den 1980er Jahren sei die Frontstellung von Ökologie und Ökonomie im Nachhaltigkeitsdiskurs aufgehoben. Schon ein Jahrzehnt später sei die Vermählung so weit gegangen, dass Ökoeffizienz heute im Dienst der Wettbewerbsfähigkeit stehe. „Eine Ökonomisierung der Natur hingegen sollte jedoch nicht das Ziel sein, und auch nicht das Mittel zum Zweck", schrieb er als Fazit.

Lässt sich nun mit Herbert Lenz sagen, es brauche Verbote, und mit Annalena Baerbock, jedes Verbot sei Innovationstreiber? Mein Kollege Johannes Pennekamp hat diese Frage in der F.A.Z. nach dem Fernseh-Triell gestellt. FDP-Chef Christian Lindner hielt seiner Rivalin Baerbock auf Twitter entgegen, die Freiheit sei Innovationstreiber. Nicht ganz so ablehnend zeigte sich Dietmar Harhoff, Direktor am Max-Planck-Institut für Innovation und Wettbewerb in München, der Bedingungen für Innovation erforscht. Bei anderer Gelegenheit habe ich ihn als Wissenschaftler kennengelernt, der jenseits von Dogmen und Glaubenssätzen argumentiert und viel praktisches Wissen hat.

„Prinzipiell hat Baerbock recht", sagte er. „Politische Regulierung und Verbote rufen auch innovative Antworten hervor." Katalysatoren seien durch Auflagen gekommen. Der US-amerikanische Ökonom Michael Porter stellte die als Porter-Hypothese bekannte Formel auf, Umweltregulierung könne die Wettbewerbsfähigkeit steigern, sofern sie technologieneutral sei. In dieser Einschränkung ist Hayeks Gedanke von der Anmaßung des Wissens versteckt. Politische Regulierer könnten nicht wissen, welche Technik besser geeignet sei, als eine unübersichtliche Zahl unabhängig forschender Ingenieure und Entwickler.

Technologieoffenheit ist ein Gebot von Hayek

In den sozialen Medien ist es inzwischen ein Running Gag, sich über die FDP-Forderung lustig zu machen, ein politischer Prozess müsse technologieoffen gestaltet werden. Dabei ist dieser im ökoliberalen Sinne völlig richtig. Besonders die Grünen traten in Brüssel dafür ein, Verbrennungsmotoren zu verbieten. Aus meiner Sicht könnte der Emissionshandel reichen, um den CO_2-Ausstoß der Autoflotten zu senken. Was Hersteller innerhalb dieses Rahmens bauen, sollte ihnen überlassen bleiben.

Mich hat es erschreckt, als die Porsche-Spitze ankündigte, wegen des Verbrennerverbots, das synthetische Antriebsstoffe einschließt, ihr Engagement in einem Wasserstoff-Pilotprojekt in Chile zu beenden. Darin hatte der Sportwagenhersteller mit dem Partner Siemens im industriellen

Maßstab die gesamte Wertschöpfungskette der Wasserstoff-produktion und -logistik abgebildet. Das Verbot eines sich Wissen anmaßenden Regulierers verhindert, dass Lernfort-schritte erzielt werden, die zur Lösung von Problemen der Energieversorgung beitragen können. Solche Ankündigun-gen von Industriekonzernen können Lobbygeschrei sein. Es ist aber plausibel, dass ein Unternehmen Forschung aufgibt, wenn ein Verbot die kommerzielle Nutzung ausschließt. Wozu also verbieten?

Auf Betreiben der deutschen Bundesregierung (und hier vor allem der FDP) wurde im Juni 2022 in die komplizierte Einigung auf ein EU-weites Verbrennerverbot ab 2035 eine Ausnahme für E-Fuels aufgenommen. „Zentral für Innovati-onen sind nicht Verbote, sondern Freiräume für Menschen, die sie entwickeln", sagte Innovationsforscher Dietmar Har-hoff im Widerspruch zu Baerbock. Grüne verbinden eine große Technikskepsis mit einem hohen Regulierungsan-spruch. „Ich sehe gerade bei den Grünen die Gefahr, dass sie neue Technologien sehr früh als gute oder schlechte Tech-nologien klassifizieren – und das ist schädlich", sagte Har-hoff. Wenn man die Zukunft kenne, könne man den Weg mit Verboten pflastern, ergänzte sein Kollege Oliver Falck, Leiter des Ifo Zentrums für Industrieökonomik und neue Techno-logien. Sie sei unbekannt, allerdings glaubten einige Politiker, sie zu kennen.

Kein Akteur könne von einer Totalperspektive aus urtei-len, schreibt der Bioökonom Jan Grossarth von der Hoch-schule Biberach in seinem Essay „Freiheit und Ökologie". Er war früher mein Kollege bei der F.A.Z. und denkt ebenfalls viel über das Verhältnis von Nachhaltigkeit und Freiheit nach. Für die Zeit schrieb er über Bakterien, die Müll auffres-sen. In der Welt analysierte er die schwindende Freiheit in sozialen Medien, das chinesische Modell der Kreislaufwirtschaft aus Unfreiheit und das Greenwashing von Konzernen. In der Süddeutschen Zeitung nahm er liberale Klimaleugner, die eine Bedrohung der Freiheit wähnen, aufs Korn.

Er beobachtet eine veränderte Perspektive auf Ökopolitik. In Zeiten, in denen Umweltschäden sichtbar waren, galt sie als eine „Befreiung". Ökologische Freiheit in der globalen Ökokrise dagegen bedeute, so handeln zu dürfen, dass es gemessen an Resonanzen im Nahumfeld als stimmig wahrgenommen werde, schreibt er in seinem Essay für die digitale Publikationsreihe des Instituts Technik-Theologie-Naturwissenschaften der Münchner Ludwigs-Maximilians-Universität. Im Kanon politischer Freiheiten spiele ökologische Freiheit eine unterentwickelte Rolle. Erschwert werde ökologisches Handeln durch Greenwashing und eine Moralisierung der Märkte. Verbote schädlicher Umwelteinflüsse ließen sich nur schwer legitimieren, weil kein Akteur von einer Totalperspektive aus urteilen könne.

Individuelle Freiheit werde von politischer Übergriffigkeit bedroht. Werde sie aber als ökologische Freiheit verstanden, könne es gelingen, den Innovationsbegriff ganzheitlicher zu interpretieren, Marktwirtschaft einen Rahmen zu geben, ohne Lebewesen zu schaden. Sie sei nicht auf technische Vorfestlegungen (EEG-Umlagen, Biogas-Quoten) angewiesen. „Sie scheut etwa nicht zurück vor radikalem Ordnungs-, Steuer- und Zollrecht, das ‚wahre Kosten' – etwa der Emissionen – bepreist, und sie hat ein Herz für das ordnungspolitische Anliegen, eine Ökonomie ohne Abfall zu schaffen, einen Maschinenbau ohne Schrott, eine Lebensmittelversorgung für Mensch, Insekten und Böden", schreibt Grossarth.

Höchste Zeit für den Auftritt von Ralf Fücks, einen der wenigen wirklichen Ökoliberalen im Land, Kämpfer für die Freiheit der Ukraine schon lange vor dem russischen Angriffskrieg und im klimabewegten Deutschland gegen seine Verbotsbefürworter. Fücks ist ein „singulärer sozialökologischer Intellektueller", wie Peter Unfried in der taz schrieb. Als Bundessprecher der Grünen in den 1980er Jahren sucht er den Anschluss an die SPD für eine ökologische Erneuerung des Landes, er wird zum schwarz-grünen Vordenker, leitet die Heinrich-Böll-Stiftung und seit 2017 das Zentrum Liberale Moderne, das mit den Themen Freiheit in Osteuropa und sozialökologische Transformationen viele Streitfragen unserer Zeit intellektuell vorwegnimmt.

Kurz nachdem Fridays for Future zur Massenbewegung wurde, skizziert er Anfang 2019 in einem Essay für die Welt, welche Interessenkonflikte zwischen Transformation und Bewahrung der Freiheit sichtbar werden. Auf diesem baut sein Beitrag zum Buch „Liberalismus neu denken – Freiheitliche Antworten auf die Herausforderungen unserer Zeit" auf, das er mitherausgegeben hat. Ein genügsamerer Lebensstil erscheine vielen als Ausweg. „Wenn der Appell zum Verzicht auf taube Ohren stößt, müssen kollektive Gebote und Verbote nachhelfen. Sie schränken die Freiheit des Einzelnen ein, um das Leben aller zu schützen", schreibt Fücks. Restriktionen seien aber die falsche Antwort auf Erderwärmung und Artensterben: ökologisch unzureichend, gesellschaftlich polarisierend.

„Die Erbitterung, mit der um Tempolimits und Fahrverbote gestritten wird, ist der Vorschein des neuen Kulturkampfs zwischen den Anhängern einer moralisch aufgeladenen Politik der Restriktion und jenen, die diese Politik als Angriff auf ihre Lebensform empfinden", schreibt Fücks. Hier prallen Pole aufeinander. Er argumentiert ähnlich wie ich im Kapitel über Ökomoralismus. Privilegierte Kinder der Wohlstandsgesellschaft propagierten eine „Wende zum Weniger". Komme heraus, dass Befürworter von Fahrverboten auch Vielflieger seien, sei das ein gefundenes Fressen für die Bewahrer des Status quo. „Die moralische Überhöhung der Klimafrage frisst ihre Kinder."

Ohne das umstrittene Wort der Ökodiktatur zu bemühen, weist er auf die Nähe zum Autoritarismus eines Denkens hin, das postuliert, mit dem Klima lasse sich nicht verhandeln. „Autoritäre Regimes scheinen eher in der Lage, die notwendigen Verzichtsleistungen durchzusetzen", schreibt Fücks. So werde Demokratie zum Luxus, „Freiheit schnurrt auf die Einsicht in die ökologische Notwendigkeit zusammen". Sein Konzept heißt „Grünes Wachstum", Ergebnis eines auf Innovation und Wettbewerb setzenden Wirtschaftens, das ökologische Folgekosten einbezieht. Das ist nah am Ökoliberalismus, den ich hier vorstelle – außer dass dieser Wachstum nicht als positives Schlagwort verwendet, sondern wertneutral.

Individuelles ökologisches Handeln ist für Fücks nicht unwichtig – als freiwillige Lebensentscheidung. „Deshalb ist es gut und richtig, mit Rad oder Bahn zu fahren und keine Produkte zu kaufen, für die Menschen geschunden werden oder Tiere leiden", schreibt er. Doch die Aufgabe des Klimaschutzes sei zu groß, um sie auf einen Appell zur Genügsamkeit zu stützen. Drei Optionen habe die Gesellschaft: eine Umprogrammierung der Menschen durch Verzicht und Verbot, ein trotziges „weiter so" oder eine Synthese zwischen Natur und Technik. Darin blieben Sonnenenergie und Kreativität als Fortschrittsquellen. „Auf einer Kombination von beidem muss eine freiheitliche Zivilisation aufbauen. Wer Ökologie und Freiheit gegeneinander ausspielt, wird am Ende beides verlieren", schreibt Fücks.

Die Balance zwischen Freiheit und Nachhaltigkeit ist fragil. Grüne Sympathie für Verbote ist genauso problematisch wie naiver liberaler Technikoptimismus. Ohne Innovationen und mit der ausschließlichen Anmaßung des Wissens von Politik und Behörden wird sich der Pfad in attraktive sozialökologische Transformationen nicht finden lassen. Für ein ökoliberales Konzept ist es von zentraler Bedeutung, dass diese Innovationen frei von Vorgaben für technische Neuerungen ausprobiert werden müssen. Schöpferische Zerstörung, wie Schumpeter sie genannt hat, kann Durchbrüche bewirken, mit denen kein zentraler Planer gerechnet hätte. Hürden sollten nicht Bürokratie, Verbote und unübersichtliche Regeln sein, sondern ausschließlich eines: die biophysikalische Begrenztheit des Planeten. Wie sie mit Hilfe marktwirtschaftlicher Instrumente eingehalten werden kann, zeigt das nächste Kapitel.

9 Emissionshandel – ein ökoliberales Instrument

I Was Dropped From Moonbeams
And Sailed On Shooting Stars
Maybe You'll
Be President But Know Right From Wrong
Or In The Flood
You'll Build An Ark
And Sail Us To The Moon
Radiohead – Sail Us To The Moon

Im E-Mailfach habe ich eine schöne Nachricht. „Da bin ich gerne zu einer Kooperation bereit", schreibt Armin Maiwald, Miterfinder und bekannteste Stimme von Sachgeschichten in der „Sendung mit der Maus". In den ersten Wochen der Pandemie war er der Erwachsene, den ich nach meiner Frau am häufigsten gesehen habe, schrieb ich im April 2020 bei Twitter. Wegen Corona sendete der WDR jeden Tag eine Folge. Wenige Monate später reifte der Einfall, gemeinsam einen Artikel zu konzipieren. Ich wollte den Emissionshandel erklären und an alle Orte fahren, an denen er zu spüren ist. So wie es die Maus-Redaktion macht.

Jetzt stehe ich trotzdem allein auf dem Dach des Kohlekraftwerks Datteln 4. Trotz Höhenangst. Geradeaus Recklinghausen, rechts Haltern am See, links Castrop-Rauxel. Das mit der Maus hat nicht geklappt, weil Maiwald jenseits der 80 noch so viele Aufträge für Beiträge bekommt, dass es zeitlich nicht mehr passte. Gegenüber sehe ich Industrieruinen oder Stranded Assets, also wertlos gewordenes fossiles

Kapital. Datteln 1 bis 3 wurden sechs Jahre zuvor stillgelegt. Ineffiziente Kohlekraftwerke mit geringen Wirkungsgraden kann im Klimawandel keiner brauchen. Sie sind nicht mehr wirtschaftlich, weil der Ausstoß teurer wird.

Das hat mit dem Emissionshandel zu tun, diesem öko-liberalen Instrument, das exemplarisch die Verbindung von Grenzen und Marktwirtschaft verkörpert: Die biophysikalische Welt ist limitiert, Schadstoffsenken sind überlastet. Das erkennt die Politik an, definiert Eigentumsrechte und schafft ein marktkonformes Mittel, damit in vorgegebener Zeit nur so viel CO_2 ausgestoßen wird, wie zulässig ist. Die Rechte werden als Zertifikate gehandelt: Wer sie erhielt, aber seine Reduktion schneller erreicht, kann sie an andere Unternehmen verkaufen. Ökonomen sagen, dadurch wird CO_2 kostengünstig dort eingespart, wo es machbar ist.

Der Emissionshandel ist in der Öffentlichkeit umstritten, obwohl er messbare Erfolge hervorbringt. Das liegt an seiner Komplexität und an Geburtsfehlern. Komplex ist, dass es im Kyoto-Protokoll zur Klimarahmenkonvention von 1997 ein System gibt, in dem Staaten Rechte handeln. Die USA haben einen Clean Development Mechanism zur Bedingung ihrer Unterschrift gemacht, der Industriestaaten ermöglicht, ihr CO_2-Budget aufzubessern, indem sie von ärmeren Ländern Zertifikate kaufen. Fragwürdig, weil es keine Grenzen definiert, sondern ausdehnt: Reiche Länder können mehr statt weniger emittieren.

Davon getrennt gibt es Systeme für Unternehmen wie seit 2005 das European Union Emissions Trading System (ETS), das anfangs wenig Einspareffekte zeigte, weil Rechte zu freigiebig und zum Teil gratis vergeben wurden. Als der Reduktionspfad ambitionierter wurde und Zertifikatspreise stiegen, entstand der Anreiz, CO_2 einzusparen. So hat in Deutschland von den Sektoren Energie/Industrie, Verkehr und Wohnen nur der erste seine Einsparziele erreicht – der an das System angeschlossen ist. 2012 wurde ein Emissionshandel für innereuropäische Flüge eingeführt. Das Energiepaket der schwarz-roten Koalition schuf 2021 ein System für den Verkehr, das in der Einführungsphase steckt.

Oben auf dem Dach des Kraftwerks staunt auch Daniel Ziegler über den Ausblick. Die Anlage ist erst seit etwa vier Monaten in Betrieb. Gegen den Bau hatten Nichtregierungsorganisationen und Klimaschützer mit Blockaden und Klagen gekämpft, weil sie keine neue fossile Anlage ans Stromnetz anschließen wollten. Ein gigantischer Rebound-Effekt würde eintreten: Die höhere technische Effizienz würde dazu führen, dass deutlich mehr CO_2 ausgestoßen wird als mit den alten ineffizienteren Anlagen.

Im neongelben Schutzanzug und mit FFP2-Maske erklärt Ziegler mir, was beim Betreiber Uniper passiert, wenn er Zertifikate an der Leipziger Strombörse EEX erwirbt. „Für unsere Erzeugung müssen wir kontinuierlich Zertifikate zukaufen. Wir versuchen, zu günstigen Zeitpunkten Strom zu verkaufen, gleichzeitig die Inputfaktoren einzukaufen und damit die Marge einzufrieren." Somit wird die Profitabilität planbar, gleichzeitig verengt das für Uniper den Handlungsspielraum seit der ersten ETS-Handelsperiode 2005 bis 2007. Die kostenlose Zuteilung ist abgeschafft. Zudem verhandeln in dieser Zeit Fraktionen im Europaparlament, wie Mengen bis 2030 reduziert werden.

Das lehrt etwas über Ökoliberalismus. Mit Reduktionszielen legen Mitgliedstaaten und Parlament die Zahl der Zertifikate fest. Die liberale FDP und die bürgerliche CDU/CSU, die sich als Streiter für Emissionshandel positionieren, stimmen gegen hohe Reduktionsziele. In die Sprache des Ökoliberalismus übersetzt: Sie treten für ein marktliberales Instrument ein, aber biophysikalische Grenzen sehen sie nicht streng. Vielleicht erklärt diese Diskrepanz zwischen Programmatik und Handeln, warum die WDR-Wissenschaftssendung Quarks im Wahlkampf 2021 die FDP im Klimaschutz-Ranking zwar oben sieht, aber das Ergebnis unter dem Aufschrei des Publikums nachträglich korrigiert.

Für Daniel Ziegler auf dem Dach des Kohlekraftwerks Datteln 4 macht es einen Unterschied, wie viele Zertifikate für die vierte Handelsperiode von 2021 bis 2030 zugeteilt werden. Davon hängt ab, wie rentabel das neue Kraftwerk betrieben wird. Während wir sprechen, im Herbst 2020 lange vor dem Ukrainekrieg und russischem Gaslieferstopp, vermutet er, dass fossile Kohle in einem Jahrzehnt durch fossiles Gas ersetzt wird, weil es effizienter verbrennt. Jetzt könnten es synthetische Brennstoffe sein. Uniper braucht Staatshilfe. Man kann sagen: Das Ende der Kohlekraftwerke kommt durch den Emissionshandel ohnehin. Komplizierte Verhandlungen über einen Kohleausstieg hätte sich die Politik sparen können.

Rufen wir uns kurz eine Kontroverse aus Kapitel 2 in Erinnerung: Da hatte ich konzeptionelle Trennungen zwischen Ökologischen Ökonomen und Umweltökonomen erläutert, etwa ihr Verhältnis zur Irreversibilität, das Vertrauen in Technik sowie die Verortung der Ökonomie als Teilsystem der Natur. Diese unterschiedlichen Auffassungen führen auch zu anderen Präferenzen für politische Instrumente. Das lässt sich an zwei Interviews zeigen, die ich für die F.A.Z. mit zwei Protagonisten dieser Kontroverse der späten 1990er Jahre geführt habe: Herman Daly und Joseph Stiglitz.

Im September 2022 interviewe ich den US-amerikanischen Ökonomen Herman Daly für die Beilage „Wie wir in Zukunft leben wollen". Darin sortiert er den Klimawandel in seine Gedanken über eine volle Welt ein. „Wir haben ein Teilsystem des Wirtschaftssystems gegenüber dem ökologischen

System ausgeweitet. Das führt zu Verkehrsstaus, Umweltverschmutzung und anderen Problemen. Nach so vielen Jahren kommt es zu einer Implosion", sagt er. Daly gibt sich als Anhänger von Mengenbegrenzungen für CO_2 zu erkennen.

„Ich glaube auch an das System des Emissionshandels, weil man zuerst eine physikalische Grenze festlegt und das System sich daran anpassen lässt. Das Ökosystem interessiert sich für physische Mengen und nicht für Preise. Es ist also sicherer, eine mengenmäßige Obergrenze festzulegen und dann den Markt sich daran anpassen zu lassen. Aber Ökonomen mögen das nicht", sagt er. Es sei besser, wenn Preise schwankten und dafür die Mengen effektiv beschränkt würden.

Die Idee aber, den physischen und energetischen Durchsatz einer Volkswirtschaft zu messen und als Maß der Grenzüberschreitung zu verwenden, die auf Kenneth Boulding zurückgeht, werde von Ökonomen abgelehnt. Sie seien an Wertmaße gewohnt, nicht an physikalische Größen. Der Yale-Ökonom und spätere Nobel-Gedächtnispreisträger William Nordhaus habe in einer Daly-Vorlesung die These aufgestellt, Boulding habe einen negativen Beitrag geleistet, als er den Durchsatz einführte. Dagegen ist dieses Konzept leichter anschlussfähig an CO_2-Budgets, auf die sich Klimaforscher im International Panel on Climate Change berufen. Viele von ihnen sind Befürworter des Emissionshandels.

Nordhaus dagegen ist ein sehr einflussreicher Ökonom in der Klimadebatte. Von ihm stammt die Idee der Klimaklubs, die Bundeskanzler Olaf Scholz erfolgreich in G7-Verhandlungen eingebracht hat. Einzelne Staaten sind nicht in der Lage, Emissionen zu senken, ohne dass anderswo ein Anreiz entsteht, sie zu erhöhen. Deshalb rät Nordhaus zu Handelsabkommen zwischen großen Verursacherländern mit verbindlichen Klimazielen. Er schuf auch das Modell eines optimalen Pfads zur Klimaneutralität. Sein bevorzugtes Instrument, um CO_2 zu senken, ist eine Steuer, die den Ausstoß verteuert. Sie hat den Vorteil, dass Preise weniger schwanken als im Emissionshandel, wodurch Unternehmen Planungssicherheit haben. Nachteil: Der Preis, der einen Pfad zur Klimaneutralität begründet, muss aus Nachfragekurven abgeleitet werden, die mühsam aus empirischen Daten konstruiert werden.

„Wir werden mehrere Instrumente brauchen, um die CO_2-Emissionen zu reduzieren", antwortet Joseph Stiglitz, Nobel-Gedächtnispreisträger für Ökonomie in einem Interview für die Frankfurter Allgemeine Sonntagszeitung, das ich mit meiner Kollegin Maja Brankovic geführt habe. „Eine Maßnahme allein wird nicht den Durchbruch bringen. Ob es in Amerika einen Emissionshandel für Kohlenstoffdioxid geben wird? Daran habe ich meine Zweifel."

Präsident Joe Biden habe als eine seiner ersten Anordnungen ein Konzept der sozialen Kosten von Kohlenstoff ermitteln lassen, wie es das neoklassische Konzept von Nordhaus vorsieht. „Dabei werden die Schäden berechnet, die der Ausstoß von einer Tonne CO_2 für das Wohlergehen der Menschen anrichtet. Alle Vorschriften und alle öffentlichen Investitionen sollen sich daran orientieren", sagt Stiglitz in unserem Gespräch.

CO_2-Steuer, Emissionshandel und ihre Befürworter

Dieses Konzept liegt dem Aufsatz „An optimal transition path for controlling greenhouse gases" von William Nordhaus zugrunde. Er leitet eine CO_2-Steuer oder -Abgabe ab, unter der die soziale Wohlfahrt optimiert wird, die alle abdiskontierten künftigen Klimaschäden einbezieht. Dafür muss er viele Annahmen treffen. Die daraus abgeleitete CO_2-Steuer reichte nicht aus, um das 2-Grad-Ziel zu erreichen. Im Gegensatz dazu befürworten Klimaforscher wegen seiner Zielgenauigkeit den Emissionshandel. In den USA aber wird die Steuer stark gemacht. „Jetzt geht es darum, dafür zu sorgen, dass dieser Preis hoch genug ist", sagt Stiglitz. Es spricht einiges dafür, bei der Wahl der Konzepte auf kulturelle Begebenheiten zu achten. In den USA, wo Bürger jeder Form von planwirtschaftlichen Instrumenten skeptisch gegenüber stehen, kann auch der Emissionshandel leicht in den Ruch sozialistischer Ideen geraten.

Emissionshandel und CO_2-Steuer sind aber marktkonforme Wege zur Klimaneutralität. Auch wenn sich Politiker als Befürworter zu erkennen geben, zeigt sich in der Praxis, dass mit einem höheren Preis für den Ausstoß Zumutungen verbunden sind. Erfahrungen in Frankreich mit Gelbwesten-Protesten halten als Beispiel her. „Um ‚Gelbwesten'-Bewegungen zu vermeiden, müssen Entscheidungsträger sicherstellen, dass Kohlenstoffbepreisung nicht darauf hinausläuft, regressiv zu wirken", schreibt der niederländische Ökonom Frederick van der Ploeg in seinem Papier „Macro-Financial Implications of Climate Change and the Carbon Transition". „Das lässt sich erreichen, indem die Kohlenstoffsteuer-Einnahmen durch eine sichtbare Kohlenstoffdividende für alle Bürger und über niedrigere Einkommensteuern erstattet werden."

In der Debatte wird diese Rückverteilung der Einnahmen, die verhindert, dass sich die Einkommensverteilung zuungunsten der ärmeren Bevölkerung verschlechtert, häufig unterschlagen. Wie sehr Politiker steigende Preise für fossile Brennstoffe fürchten, zeigte sich am Tankrabatt, der kurz nach Beginn des russischen Angriffs auf die Ukraine Bürger von höheren Tankkosten entlasten sollte. Die höheren Energiepreise, durch die der Verbrauch hätte gesenkt werden können, wurden nicht genutzt und zum Beispiel durch eine Einmalzahlung an alle Haushalte abgefedert.

Auch in der Bewältigung der Energiekrise zeigte sich schnell die Priorität, den fossilen Status quo zu sichern. Neue Lieferländer mussten gesucht, LNG-Terminals für Flüssiggas aus den USA und arabischen Ländern geplant werden. Als die Koalitionsspitzen Scholz, Habeck und Lindner den Umfang von kaum zu ermessenden 200 Milliarden Euro bekannt gaben, der höhere Energiekosten durch Gasknappheit abfangen sollte, stand die Entlastung der Haushalte im Fokus. Wie mit den Autoabwrackprämien in der Finanzkrise wurde Feuer mit Feuer bekämpft. Erst im Anschluss bemühte sich eine Gaspreiskommission, wie die Entlastung mit Energieeinsparungen verbunden werden kann. Langfristig sollte verdeutlicht werden, dass widersprüchliche Preissignale für Bürger und Unternehmen verdecken, dass sich Investitionen in nicht-fossile Technik lohnen. Dass in Folge des Krieges Forderungen aufkamen, den Emissionshandel auszusetzen, ist nicht nachvollziehbar.

Bleiben wir noch bei der Mechanik des Emissionshandels. Kern ist der Cap oder Deckel. Der Gesetzgeber setzt fest, wie viel CO_2 ausgestoßen werden darf. Die davon abgeleiteten Zertifikate teilt die Deutsche Emissionshandelsstelle im Umweltbundesamt oder eine Auktion der Energiebörse in Leipzig zu. Das Prinzip haben die US-amerikanischen Volkswirte Ellison Burton und William Sanjour in den 1960er Jahren entwickelt. Es braucht keine Verbote, Vorgaben für Preise oder Auflagen. Trotzdem setzt es eine verbindliche Grenze. Neben den Geburtsfehlern schadete seinem Image ein Umsatzsteuerkarussell, an dem Mitarbeiter der Deutschen Bank beteiligt waren und das Gerichte beschäftigte.

CO2-Steuer und Emissionshandel gehen auf unterschiedliche ökonomische Konzeptionen zurück: Die Steuer baut auf dem Gedanken auf, dass durch wirtschaftliche Aktivität externe Effekte eintreten, wenn Dritte unbeabsichtigt geschädigt werden. Eine Internalisierung dieser Wirkungen lasse sich erreichen, indem der Verursacher an den Kosten beteiligt wird. Der britische Ökonom Arthur Cecil Pigou ist der Urheber dieses Konzepts. Sein Landsmann Ronald Coase, später Nobel-Gedächtnispreisträger, hat eine dritte Vorgehensweise eingeführt. Er hielt die Unterscheidung in Verursacher und Betroffene für nicht zielführend. Lasse jener diesem durch Gerichte verbieten, für ihn schädliche Emissionen auszustoßen, werde auch dieser geschädigt. Erst wirtschaftliche Verhandlungen könnten den Wert des Rechts zur Emission ermitteln. Diese Gedanken waren wiederum auch einflussreich in der Entwicklung der Zertifikate-Lösung des Emissionshandels.

Das Coase-Theorem besagt, dass unter bestimmten Bedingungen die Verhandlungslösungen von zwei Parteien effizient sein können, obwohl der Markt zuvor versagt hat. Zu diesen Bedingungen zählen: vollständig zugewiesene Eigentumsrechte, vollständige Information über die Kosten aller Parteien und vernachlässigbare Transaktions- oder Verhandlungskosten. Aus der Perspektive des Ökoliberalismus ist das bedeutsam, weil Staatseingriffe wie die Ausgabe von Zertifikaten und die Definition einer CO2-Steuer in diesen Fällen nicht gerechtfertigt ist.

Das führt uns mit Ronald Coase zurück zu Friedrich August von Hayek, einen unserer drei Urahnen des Ökoliberalismus. Der US-amerikanische Ökonom Terry L. Anderson argumentiert in seinem Aufsatz „If Hayek and Coase Were Environmentalists: Linking Economics and Ecology", dass beide besser als andere helfen können, Defizite im Denken von Ökonomen und Ökologen zu überwinden. Hayek meine, dass in einem System, in dem Faktenwissen auf viele Individuen verteilt ist, der Preis das Handeln in einer Form anrege wie es Pläne bei Individuen tun. „Hayeks Verständnis von Marktpreisen als ein Mittel, Informationen zu kondensieren und zu kommunizieren, weist darauf hin, dass Preise ein Verfahren anbieten, den Wert einer Naturprämie zu bestimmen, die heute oft als Ökosystemdienste bezeichnet werden", schreibt Anderson.

Hayek und Coase erlaubten eine andere Sicht auf die Ökologie als neoklassische Ökonomen. Coase sei ein kausaler Agnostiker, interessiere sich nicht für Ursachen. Deshalb brauche er die sozialen Kosten einer Emission nicht. „Ein Coasescher Ansatz bietet einen alternativen Weg, Ökologie und Ökonomie, oder anders gesagt, natürliche Ressourcen mit menschlichen Bedürfnissen und Einfallsreichtum zu mischen", schreibt Anderson.

Als Praxis-Beispiel führt er den neuseeländischen Fischer Roger Beattie an, der Mitte der 1980er Jahre davon profitierte, dass Eigentumsrechte für den Fischfang verteilt wurden. Er sei reich geworden, indem er Fangrechte erwarb. Die Wasserqualität verbesserte sich, Fischbestände erholten sich. So wurden auch Wasserprobleme zwischen Bauern und Ureinwohnern im Los Negros Tal in Bolivien zur Zufriedenheit aller gelöst. Coase und Hayek böten alternative Wege zur ökonomischen Neoklassik, die so dominant in der Politikberatung ist. „Obwohl Märkte, Preise und Eigentumsrechte nicht ins Nirwana führen, könnten Umweltwissenschaftler, die sich ihre Brillen aufsetzen, zur Auffassung gelangen, dass die Ökonomik ein engerer Freund der Umwelt ist, als sie denken", schreibt Anderson.

In Form des Emissionshandels kann Coases Input zu den Eigentumsrechten einen ökoliberalen Weg aus der Ökokrise weisen. Durch die limitierten Mengen entsteht ein Preis für den Umweltschaden. „Das Leitinstrument CO_2-Preis ist sehr mächtig", sagt der Physikprofessor Gunnar Luderer von der FU Berlin. Er leitet die Energiesysteme-Gruppe am Potsdam-Institut für Klimafolgenforschung. Als führender Autor an den IPCC ist er einer der am meisten zitierten Forscher der Welt. Wir haben uns im Studium in Heidelberg kennengelernt, er hat den VWL-Teil seines Studiums bei Stefan Baumgärtner absolviert, der uns im Kapitel über Biodiversität begegnet ist.

„Die Transformation, die wir brauchen, heißt: Umkrempeln in einer Generation", sagt Luderer. „Mit ein bisschen Wind und Solar ist es nicht getan. Nur 20 Prozent unserer Energie ist Strom, 80 Prozent sind noch nicht elektrisch. Das ist ein riesiger Tanker." Für die Elektrifizierung des Verkehrs werde ein CO_2-Preis womöglich genug Anreize setzen. In anderen Sektoren wie der Schwerindustrie und dem Wohnen sei der CO_2-Preis notwendige, aber nicht hinreichende Bedingung, weil es weitere Hürden gebe.

Wohnen ist eine besondere Herausforderung. In Deutschland wird weniger als ein Fünftel der Energie dafür aus erneuerbaren Quellen erzeugt. Diesen Anteil zu steigern ist schwierig, weil in Mietswohnungen der Nutzen Mietern zukommt, aber Vermieter investieren müssen. In Mehrfamilienhäusern mit vielen Eigentümern ist die Entscheidung zu investieren komplex. „Energiewende ist Koalitons-intensiv, da hilft der CO_2-Preis", sagt Luderer. „Man braucht aber mehr." Eine kommunale Wärmeplanung wie in Baden-Württemberg erhöhe die Wahlfreiheit der Eigentümer. Bestehe ein Fernwärmenetz, falle der Ausstieg aus fossilen Energieträgern leichter.

Wir haben gesehen, dass es sinnlos ist, technische Innovationen gegen maßvolleren Konsum und Suffizienz zu diskriminieren. Beides ist auf dem Weg zur Klimaneutralität notwendig. Der CO_2-Preis – ob mit Nordhaus als Steuer konzipiert oder über Zertifikate durch den Emissionshandel erwirkt – ist ein Instrument, mit dem sich biophysikalischen Grenzen Rechnung tragen lässt. Auf welche Weise der Preis die Emissionen senkt, muss kein zentraler Planer entscheiden. Was aber folgt aus ihm: Technik oder Verzicht?

„Ich zähle mich zum Team Technik", sagt Luderer. Verhaltensänderungen seien sinnvoll, sie bräuchten aber zu lang. „Dass Menschen ihr Wohn- und Mobilitätsverhalten ändern, dauert eine Generation. Aber was vom Menschen wenig erwartet, geht viel schneller: der Umstieg aufs E-Auto. Ohne einen CO_2-Preis wäre er teurer, aber durch den Preis lohnt es sich umzusteigen", sagt er. Er unterscheidet zwischen normativ und deskriptiv. „Wenn es darum geht, was das wünschenswerte Szenario wäre, gehöre ich zum Team Verhalten." Drehte sich das Konsummuster hin zu weniger Verbrauch, bräuchte es weniger Solar- und Windanlagen. Wohnten weniger Familien auf 200 Quadratmetern, sei weniger energieintensiver Zement nötig.

Mit seiner Kollegin Brigitte Knopf kooperiert er eng am Potsdam-Institut. Sie ist Generalsekretärin des Mercator Institutes on Global Commons and Climate Change in Berlin. In einem Beitrag für den Blog Politische Ökonomie hat sie dargelegt, warum es hilfreich wäre, CO_2-Preise auszuweiten. Wohnen und Verkehr ließen sich in den europäischen Emissionshandel integrieren, auch wenn sich ein einheitlicher Preis erst allmählich einstelle. Ab 2030 ließen sich die zwei Systeme zusammenführen. Deutschland solle auf EU-Ebene ein zweites System für Verkehr und Wärme anstreben. „Damit hätte das jetzt eingeführte deutsche System auch endlich die nötige verbindliche Perspektive", schreibt sie. Investitionskostenzuschüsse und ein Industrie-Bafög könnten den Umbau zu einer dekarbonisierten Wirtschaft finanzieren. Mit der Einigung auf eine Reform des Emissionshandels auf EU-Ebene im Dezember 2022 ist ein wesentlicher Schritt getan, in Europa auch für die bislang nicht einbezogenen Sektoren Emissionsgrenzen zu setzen.

Ökoliberalismus kann wirksam sein, wenn CO_2-Preise auf alle Sektoren der Wirtschaft ausgeweitet werden. Der Glaube von Kapitalismuskritikern, das System müsse überwunden werden, um das Klima zu schützen, ist falsch. „Der Effekt von CO_2-Bepreisung und anderen Maßnahmen ist viel stärker als das, was an direkten CO_2-Minderungen durch individuelles Handeln und Idealismus erreicht werden kann", sagt Physikprofessor Luderer.

Die ungenaue Kritik am Emissionshandel

Obwohl nur Industrie und Energieproduktion ihren Ausstoß zielgemäß gesenkt haben, gibt es Kritik. Zum Beispiel vom früheren Grünen-Bundestagsabgeordneten Hans-Josef Fell, Mit-Architekt des Erneuerbare-Energien-Gesetzes, das den Anteil der Stromproduktion aus Erneuerbaren auf mehr als die Hälfte hob. In einem Beitrag für das Portal Klimareporter schrieb er im April 2022: „Emissionshandel mit null Wirkung". Er verknüpfte Vorbehalte gegen den tatsächlich kritikwürdigen Clean Development Mechanism damit, dass er als Halter eines E-Autos im Emissionshandel für Verkehr Zertifikate zugeteilt bekam.

„Der vorliegende Fall ist ein weiterer Beleg dafür, wie klimaschädlich der Emissionshandel ist", schreibt Fell. „Von einer emissionsreduzierenden Wirkung der Zertifikate kann keine Rede sein." Allerdings lässt er Aspekte außer Acht: Der Erfolg in der Reduktion im Energie- und Industriesektor, in dem Geburtsfehler korrigiert sind, spricht für sich. In Großbritannien ist es mit dem EU-Emissionshandel, einem jährlichen prozentualen Aufschlag auf den CO_2-Preis und marktkonformen Subventionen gelungen, ab 2005 denselben Anteil erneuerbarer Energien zu erreichen wie in Deutschland – in kürzerer Zeit, zu geringeren Kosten.

So hatten es mein Heidelberger Professor Malte Faber und der britische Physiker John Proops 1993 in ihrem Buch „Reducing CO_2 Emissions" vorgeschlagen. Und Fell unterschlägt in seinem Beitrag den allerwichtigsten Aspekt des Emissionshandels: dass er eine abnehmende Menge festlegt und von Handelsperiode zu Handelsperiode dem Markt Emissionsrechte entzieht. Also wirklich null Wirkung?

In einem Kapitel ihres Buchs „Ecological Economics: Concepts and Methods" fassen Faber und Proops mit Ko-Autor Reiner Manstetten wesentliche Erkenntnisse zusammen. CO_2 sei für die Umweltpolitik ein neuartiges Problem. Zuvor konnte oft auf einen Produktionsprozess ein Filter gesetzt werden, der den Schadstoff auffängt. Katalysatoren, Wasseraufbereitung oder Entschwefelungsanlagen funktionieren so. „Bislang ist noch keine End-of-the-Pipe-Technologie bekannt, um existierende CO_2-Bestände in großem Umfang zu reduzieren. Experten raten von solchen Geo-Ingenieurstechniken wegen ihrer potenziell großen Gefahren ab", schreiben sie in dem 1996 erschienenen Buch.

Kohle, Öl und Gas seien Hauptenergiequellen, mit denen Wohlstand kreiert werde – und nicht einfach substituierbar. Sieben Jahre bevor die Energiewende im April 2000 startete, ermittelten sie in Szenario-Rechnungen großes Potenzial für einen Schwenk hin zu Erneuerbaren ohne wesentliche Wohlstandsverluste. Als Instrument empfahlen sie eine CO_2-Steuer, später konnten sie dem Emissionshandel mehr abgewinnen. „Wir vertreten die Auffassung, dass menschliche Bedürfnisse langfristig extrem flexibel sind. Wir sind zuversichtlich, dass sich die Ziele der Gesellschaft radikal verändern, wenn sie wirklich bemerkt, dass das gegenwärtige Muster von Produktionsmethoden und Konsumverhalten nicht nachhaltig ist", schreiben sie.

„Es ist eine Utopie zu glauben, in 23 Jahren könnten wir unsere Energie zu 100 Prozent aus Erneuerbaren ziehen", sagt dagegen Deutschlands bekanntester und einflussreichster Ökonom Hans-Werner Sinn. In einem Vortrag in einem weiteren Industrie-Denkmal, der Essener Zeche Zollverein, warnte er im September 2022, weite Teile der deutschen Industrie könnten zu Museen verkommen. Grenzwerte für Autoflotten in der Europäischen Union hätten der Wirtschaft schwer geschadet. „Durch diese Entscheidung ist die deutsche Industrie herzkrank geworden", sagte er. „Die Konsequenzen sind verheerend, und nun kommt auch noch das Gas dazu." Ökologisch-soziale Transformationen sind unter liberalen Ökonomen wirklich kein Konsens.

Die Strategie, Gas für den Übergang zu den Erneuerbaren zu verwenden, sei nicht aufgegangen, sagt Sinn. Die Energiewende habe Deutschland nicht aus russischer Abhängigkeit befreit. „Deshalb ist Deutschland jetzt wieder der kranke Mann", sagt er – eine Metapher, die wir weiter oben als Barriere zu einem Verständnis biophysikalischer Grenzen identifiziert haben. Das von ihm erforschte „grüne Paradox" belege, dass unilaterale CO_2-Einsparungen nutzlos seien, weil die Extraktion fossiler Brennstoffe sogar beschleunigt werde und Emissionsrechte in anderen Ländern frei würden. Deshalb setze er sich dafür ein, Nordhaus' Idee eines Klimaklubs voranzutreiben.

Was der Emissionshandel für Individuen in den Transformationen unserer Epoche bedeutet, ist schwer zu erfassen. Müssen wir uns ökologischer verhalten? Oder reicht das Preissignal aus, um Klimaziele zu erreichen? Achim Wambach, Präsident des Zentrums für Europäische Wirtschaftsforschung und Autor des Buchs „Klima muss sich lohnen – Ökonomische Vernunft für ein gutes Gewissen", sieht die Haushalte entlastet.

Auf die Frage in einem Interview der F.A.Z., ob ein privater Flug dem Klima schade, sagte er, die Fluglinie müsse für einen Teil der Emissionen Rechte kaufen. „Weil die Gesamtmenge an Zertifikaten gedeckelt ist, müssen andere weniger kaufen. Der einzelne Flug ändert Europas CO_2-Emissionen nicht." Auch der Bau einer Solaranlage habe keinen Klimaeffekt. „Ihre und andere Solaranlagen führen dazu, dass wir weniger konventionellen Strom benötigen. Dadurch brauchen wir weniger Zertifikate aus dem europäischen Emissionshandel. Dann stehen anderen mehr zur Verfügung." Das Weltklima werde sich nicht durch deutsche Reduktionen verbessern, allenfalls durch europäische.

Was der Emissionshandel für das individuelle Handeln bedeutet, hat Wambach ganz bestimmt korrekt beschrieben. Dennoch bin ich sicher, dass sich ein verändertes Verhalten auswirkt und weiter auswirken wird. So sieht es auch Gunnar Luderer vom Potsdam-Institut. „Es gibt Lerneffekte und Pfadabhängigkeiten: Je mehr Photovoltaik wir jetzt ausbauen, desto schneller durchlaufen wir Lernkurven und bauen Handwerkerkapazitäten auf", sagt er. Solche Verhaltensweisen führten auch dazu, dass künftige Emissionsziele mit geringeren CO_2-Preisen erreicht werden können.

Emissionshandel ist Klimapolitik. „Die Ambitionslücke bei den nationalen Zielen ist gar nicht so groß: Klimaneutralität 2045 ist ziemlich konsistent mit den 1,5-Grad-Pfaden des IPCC", sagt er. Verkehr und Wärme/Wohnen müssten aber einbezogen werden. „Entscheidend ist eine vollständige sektorale Abdeckung", sagt er. Seien Ziele eingestellt, werde ein gigantischer Wandel angestoßen: „innerhalb von weniger als einer Generation von 75 Prozent fossil auf nahezu vollständig erneuerbar".

Der Anteil des Stroms an der Primärenergie werde von 20 auf bis zu 70 Prozent steigen, unter anderem durch die Elektrifizierung des Mobilitätssektors. Für Branchen, deren Prozesse hohe Temperaturen benötigen, brächten Wasserstoff und synthetische Kraftstoffe Lösungen. Weil deutsche Kapazitäten nicht ausreichten, müsse der Import Erneuerbarer erleichtert werden: durch Stromnetzintegration, Wasserstoffimporte und die Einfuhr energieintensiver Grundstoffe wie Stahl, Alu und Ammoniak.

Thermodynamisch sei es von Vorteil, wenn Energie mit weniger Verbrennungsprozessen erzeugt werde, weil Erneuerbare geringere Umwandlungsverluste hätten. Solche Verluste sprächen dagegen, zu viel Wasserstoff einzusetzen. Würden synthetische Fuels als Antrieb für Autos genutzt, würden thermodynamische Ineffizienzen aus der Verbrennertechnik aufrechterhalten. Denn dem würde ein ineffizienter Prozess der Elektrolyse vorgeschaltet.

Vom Dach in Datteln aus geht es ins Innere des Kohlekraftwerks. Innen steht die gigantische Turbine, die für eine Million Haushalte Strom aus Steinkohle produziert. „Das fasziniert mich immer wieder von der Ingenieurleistung", sagt Uniper-Mitarbeiter Daniel Ziegler. Die Zertifikate, mit denen er jeden Tag handelt, hätten kein Verfallsdatum. So böten sie Schutz gegen hohe Kohlepreise. „Wir müssen vorausahnen, wie sich die Preise entwickeln", sagt er. „Bei hohen Preisen verzichten wir auf die Erzeugung und lösen Positionen am Markt wieder auf." Geschaffen werden Zertifikate in einem Computer. Aus dem Nichts. „Es ist ein spannendes Instrument, das die Beteiligten zwingt, sich mit allen Aspekten des Klimaschutzes auseinanderzusetzen", sagt Ziegler.

Als ich diese Aussagen eingesammelt habe, überlege ich, dass das auch Kinder verstehen. Ob mit der „Sendung mit der Maus" oder ohne. Erstmals gibt es so zur Reportage „Ein Deckel gegen Treibhausgase" auch einen Beitrag in der Serie „Wie erkläre ich es meinem Kind?" auf faz.net. So endet er: „Gegenüber von Datteln 4 stehen noch die zwei alten Schornsteine von Datteln 1 bis 3. Diese alten Blöcke verursachen für den Energieerzeuger Uniper zu hohe Kosten. Sie sind abgeschaltet. Das liegt auch am Emissionshandel. Alle, die jetzt noch viel Strom aus Kohlekraftwerken verbrauchen, können vor den nächsten Wahlen darauf drängen, Emissionsrechte stärker zu verknappen. Dann könnte man den Emissionshandel so einstellen, dass auch die Klimaschutzziele erreicht werden. Es liegt also wieder mal an uns allen."

10 Ökoliberalismus im Alltag

Ute ließ mein Herz erbeben,
Wegen ihr begann ich ein neues Leben.
Ich stieg aus, zog die Latzhose an,
Von nun an ging's bergan!
Auto weg und Fahrrad her,
Wienerschnitzel gibt's nicht mehr,
Allein mit meinen Sojakeimen,
Meditier' ich im Geheimen.

Erste Allgemeine Verunsicherung — Oh Bio Mio

Am Siegfriedplatz im Zentrum von Bielefeld steht die Bürgerwache. Ein soziokulturelles Zentrum mit Biergarten, in dem Flohmärkte, Sozialberatungen und ein arabisch-deutscher Gesprächskreis stattfinden. An diesem Herbstabend des Jahres 2013 aber etwas ganz anderes: Ein Dutzend Bielefelder ist zum Sauerkraut-Abend gekommen. Sechs große Kohlköpfe, sechzig Kilogramm Gewicht, sechs Tische, Hobel und Plastikwannen. Die lokale Transition-Town-Initiative hat zum „Re-Skilling" eingeladen. Weil der Ressourcenverbrauch planetare Grenzen überschreitet, wollen sie lernen, wie man sich versorgt, wenn das Öl ausgeht.

In meiner Reportage „Schrumpfen von unten" erzähle ich davon. Dass man richtig stampfen muss, dass man mit wenig Salz die Milchsäureproduktion anregt. „Wir eignen uns alte Techniken wieder an, die wir in einer Zeit brauchen können, in der es weniger Öl gibt", sagt ein Initiator. In Witzenhausen bei Kassel treffe ich Aktivisten, die eine Degrowth-Modellstadt errichten. „Unsere Region muss resilient werden, falls der Euro zusammenbricht oder es kein Öl mehr gibt", sagt eine Teilnehmerin.

Transition Towns sind eine ökosoziale Utopie. Gegründet vom englischen Umweltwissenschaftler Rob Hopkins, ist sie Anfang der 2010er Jahre eine der wirkmächtigsten Umweltbewegungen der Welt. Bis zu 4000 Initiativen in 40 Ländern. Selbsterziehung zu einem bescheideneren Lebensstil, schreibe ich, nachdem ich Hopkins ein Jahr später im südenglischen Totnes besucht habe. In Irland erlernte er Permakultur. Die „Peak Oil"-Debatte weitete seine Perspektive. 2005 gründete er Transition Towns. 2014 brachte er das Buch „Einfach. Jetzt. Machen" heraus.

Es gibt begeisterte Anhänger der Transition-Towns-Idee. Sie ist konstruktiv und an biophysikalischen Grenzen orientiert. Trotz dieser positiven Energie sind Begegnungen mit Ökopionieren zum Teil ernüchternd: weil ihre Utopien an Schwung verlieren, weil Teilnehmerinnen desillusioniert sind. Andere entwickeln Konzepte, die für die Masse kaum anschlussfähig wirken. Wir suchen aber nach Lösungen für viele. So wirkt es nur auf den ersten Blick überraschend, dass dieses Kapitel in Überlegungen mündet, wie Kommunen zum Zentrum ökoliberaler Prozesse werden können und wie Investitionen am Finanzmarkt helfen.

Totnes ist eine pittoreske alte Stadt nahe dem Ärmelkanal. Die Initiative Transition Towns hat am Geburtsort angeregt, 300 Obst- und Nussbäume zu pflanzen. 450 Haushalte suchten gemeinsam nach Wegen, Energie zu sparen. Verbindungen blieben bestehen. „Am Ende schwärmten die Leute nicht davon, dass sie ihre Treibhausgase reduziert haben, sondern dass sie ihre Nachbarn besser kennengelernt haben", sagte mir Hopkins eineinhalb Jahre zuvor bei unserem ersten Treffen in Berlin.

Die lokale Gruppe bemühte sich, die Resilienz der heimischen Wirtschaft zu verbessern. Händler schlossen sich zusammen. Die Stadt verweigerte großen Handelsketten Filialen in der Innenstadt, um lokale Anbieter zu stärken. Transition brachte Unternehmen dazu, ihre Ideen für eine Kreislaufwirtschaft zu präsentieren. Re-Conomy wurde zum Schlagwort der Bewegung. Später plante sie, 25 Häuser nach Kriterien ökologischer Nachhaltigkeit zu bauen, die auch für Geringverdiener erschwinglich sein sollten.

Die vielen Initiativen im Transition-Towns-Netzwerk testen einen ressourcenschonenden Lebensstil und suchen als Pioniere nach Wegen, ihn institutionell zu verankern. Dass es zu üblichen Problemen basisdemokratischer Bewegungen kommt, scheint unvermeidbar. Die Bewegung sei offen und undogmatisch und erlaube, sich von täglich einigen Minuten bis Tag und Nacht damit zu beschäftigen, sagt eine Aktivistin, die nach Jahren intensiven Engagements ausgestiegen ist. Im Frieden, wie sie sagt. Aber nach der Geburt ihrer Kinder fand sie außerhalb mehr Freiräume.

Dennoch glaubt sie, es würde Menschen in der Summe glücklicher machen, könnten Transition Towns flächendeckend umgesetzt werden. „Die Mehrheit der Menschen ist systemisch bedingt nicht glücklich", sagt sie in einem Telefonat. Der Druck sei so groß, weil sie finanziell über die Runden kommen müssten. Nach der Idee lasse sich langsamer leben, stärker im Einklang mit der Natur. Leute müssten nicht nach Einkommensniveaus streben, die sie nachweislich nicht mehr glücklicher machten.

Transition Towns mit dem umtriebigen Rob Hopkins an der Spitze steckt an. Massen erreicht hat sie noch nicht. Das Gefühl hat auch Dennis Meadows. Ernüchtert, wie wenig aus seinem Bestseller „Die Grenzen des Wachstums" entstanden ist. 2009 treffe ich ihn in Berlin. Der Systemforscher aus New

Hampshire, einflussreichster Umweltautor des 20. Jahrhunderts, wirkt frustriert. Sein Buch sei ungenau gelesen worden, man habe ihn nie befragt, was folge. Klimawandel und Wasserknappheit seien Vorboten für Entwicklungen, die er damals beschrieben hat. Statt Rat zu geben, entwickelte er Gesellschaftsspiele, die Firmen einsetzen, um schonenden Ressourceneinsatz zu lernen. Zuvor hatte er Absolventen getroffen, die sich nicht an seine Vorlesungen erinnerten, aber an einfache Spiele, die er vorstellte.

Mit „Fishbanks, Ltd." lässt sich lernen, wie man Investitionen in einem Fischereiunternehmen so einsetzt, dass Fischbestände nicht ruiniert werden. Tausende Spieler haben es in Umweltgruppen oder in der Schule genutzt. Doch weder mit seinen Spielen noch mit Globalstudien habe er das Verhalten von Menschen beeinflussen können, sagt mir Meadows. „Wir werden die Energiekrise erst wahrhaben wollen, wenn wir nicht mehr genug haben, um Auto zu fahren oder das Licht anzuschalten."

Nicht ernüchtert wirkt Niko Paech. Einer der konsequentesten Wachstumskritiker, der seine Thesen unbeirrbar lebt. Er engagiert sich in Oldenburg in einem Repair Café, besitzt eine Bahncard 100, fliegt nie, hat Gleichgesinnte wie Tim Jackson noch nie getroffen. Mit seinem Buch „Befreiung vom Überfluss – Auf dem Weg in die Postwachstumsökonomie" hat sich der VWL-Professor zum sichtbarsten radikalökologischen Vertreter gemacht. Er sieht sich als Marktwirtschaftler. „Neulich sollte ich etwas zu Marx schreiben, dabei habe ich mich von ihm, mehr noch von seinen Anhängern dermaßen distanziert, dass viele enttäuscht waren", sagte er mir, als ich ihn im März 2019 in der Lounge am Frankfurter Hauptbahnhof treffe.

Dürfte er sich von allen etwas wünschen, würden sie ihren ökologischen Fußabdruck ausrechnen und ihre wöchentliche Arbeitszeit auf 20 Stunden verringern. Von der Politik wünscht er sich ein Bodenmoratorium, um weitere Flächenversiegelungen zu verbieten. Die Volkswirtschaftslehre sieht er in der Pflicht, eine Welt zu skizzieren, in der Öko-Grenzen das Wachstum bremsen. „Es wäre unverantwortbar, wenn die Wirtschaftswissenschaft nicht an Konzepten arbeiten würde, die dann gebraucht werden, wenn der Wachstumszauber aufhört", sagt er.

Paech leitet aus seinen wissenschaftlichen Untersuchungen direkte Handlungsempfehlungen an Individuen ab. Sie sollten ihren Fußabdruck reduzieren, weniger Fleisch und Milchprodukte essen, sich anders fortbewegen, weniger arbeiten. Er selbst hält sich daran. Manche tun es ihm nach. Eine nicht ortsgebundene Utopie eines suffizienten Lebens.

Paech bezeichnet sich als konservativen Grünen ohne Parteibuch. Seine Kritikpunkte am Wirtschaftssystem teilt er mit einem Vertreter des anderen politischen Spektrums. Der konservative Politikberater Meinhard Miegel rief im Jahr 2009 die Stiftung „Denkwerk Zukunft" ins Leben, die sich die „Erneuerung unserer Kultur" zur Aufgabe gemacht hat. Menschen in Industriestaaten sollten verstehen, dass Wachstum das Wohlstandsversprechen nicht mehr erfüllen könne. Ökologisch, psychologisch und sozial sei eine alternde Gesellschaft überfordert. Auf der Gründungsveranstaltung sagte er, die Arbeit seiner Stiftung sehe er darin, einer Enttäuschung der Bevölkerung entgegenzuwirken, wenn sich die Erkenntnis durchsetze, „dass die Gleichung ‚Hohes Wachstum ist Erfolg' nicht mehr funktioniert".

„Die Länder mit dem höchsten Wachstum haben auch die höchsten unbeglichenen Rechnungen", sagt mir Miegel, als ich ihn 2011 für ein Porträt in der F.A.Z. treffe. „Wir haben nie echte Preise für den Umweltverbrauch gezahlt. Seit wir zu Beginn des 19. Jahrhunderts vom Gebrauch zum Verbrauch übergegangen sind, gehen wir an die Substanz." Es sei bemerkenswert, wie lange Gesellschaften an Denkmustern festhalten, auch wenn Anzeichen einer Krise deutlicher würden. In Büchern wie „Exit: Wohlstand ohne Wachstum" und „Hybris: Die überforderte Gesellschaft" hat er sich differenziert mit diesem Befund auseinandergesetzt.

Aus Miegels Sicht ist die Suche nach einem alternativen Paradigma die größte Herausforderung des 21. Jahrhunderts. Der hohe soziale Druck, den die Wachstumsgesellschaft entfalte, habe bewirkt, dass die Zahl der psychischen Erkrankungen in die Höhe geschnellt sei. Aus einer konservativen Werthaltung heraus empfiehlt Miegel, über einen künftigen immateriellen Konsumstil nachzudenken und neue Anreizsysteme zu entwickeln, die bei stagnierenden finanziellen Ressourcen zu Zufriedenheit führen. Immaterieller Konsum könne auch darin bestehen, dass soziale Tätigkeiten expandieren.

Die beschriebenen Sozialutopien haben einiges angestoßen. Transition Towns sind ein Experimentierfeld, um bescheidenere Lebensstile auszutesten. Niko Paechs Postwachstumsökonomie liefert Denkanstöße und gibt praktische Impulse für eine Welt, die lernt, sich an planetare Grenzen zu halten. Seine Vorschläge sind oft rigide und scheuen vor Verboten nicht zurück. Aber wenige haben die thermodynamischen Limitierungen der Welt konsequenter durchdacht als er. Und Miegel und Meadows bleiben im hohen Alter wichtige Impulsgeber für den Diskurs.

Doch was ist dadurch erreicht? Eine vierstellige Zahl auf der Welt versucht sich an Transition-Konzepten, eine dreistellige Zahl Gleichgesinnter beklatscht Paech auf gut besuchten Vorträgen. Keine der Utopien kann starke Verhaltensänderungen in größerem Stil bewirken. Dabei scheint das Thema Klimawandel Menschen stark zu bewegen. Darauf deuten

Posts in sozialen Medien hin. Das Beratungsunternehmen Vico hat mit der Hochschule für Technik Stuttgart aus mehr als einer Million deutschsprachigen Beiträgen 7200 inhaltsanalytisch ausgewertet und mit einer Analyse der Jahre 2003 bis 2007 verglichen.

Im Vergleich werde emotionaler und häufig über eigene Betroffenheit diskutiert: doppelt so viele impulsive Beiträge wie sachliche zählten die Studierenden. Von 98 Prozent im Jahr 2003 sank der Anteil der Diskussionen über Ursachen des Klimawandels zunächst auf 53 Prozent, dann auf 4 Prozent. Ging es früher darum, die Verantwortung anderen Ländern zuzuschreiben, rückt der Fokus auf eigenes Handeln. Diskutierte Maßnahmen gegen Klimawandel waren Mobilität (14 Prozent), Ernährung (11 Prozent) und das Einkaufsverhalten (10 Prozent). Wohnen, das für ein Fünftel der Treibhausgasemissionen privater Haushalte steht, wurde nur in 4 Prozent der Beiträge thematisiert.

Auch der private Konsum war in den Äußerungen im Vergleich zu seinem tatsächlichen Effekt unterrepräsentiert. „Ein hoher Anteil der Kommunikation ist geprägt von Schuldzuweisungen und nicht von Konstruktivität, wie man etwas hinbekommt", sagt mir Vico-Geschäftsführer Marc Trömel, als ich über die Studie berichte. Das mindere die Chance, konstruktiv auf Politiker einzuwirken. 79 Prozent der Beiträge wiesen eine ängstliche Haltung auf, nur 4 Prozent waren zuversichtlich. Gänzlich ausgeklammert werde alltagspraktisches Wissen wie das über Thermostate oder nachhaltige Geldanlage.

Wenn man die Ergebnisse der Studie und die Beobachtungen über ökosoziale Utopien zuspitzt, lässt sich sagen: An den echten Problemen arbeitet sich eine verschwindend kleine Minderheit freiwillig und mit großem Engagement ab. Der Rest regt sich auf und ängstigt sich, greift aber unwichtige Themen auf und vergiftet damit die Stimmung. Was passiert, wenn sich die bewährten Lager in den sozialen Medien bilden, haben wir weiter oben gesehen.

Doch welchen Hebel für Änderungen gibt es? Dass eine Verzichtsstrategie Mehrheiten gewinnt, hält Andreas Löschel für unwahrscheinlich. Der Professor für Umwelt- und Ressourcenökonomik an der Universität Bochum ist ein weiterer Schüler meines Heidelberger Professors Malte Faber. In der Klimadebatte ist er als Vorsitzender der Kommission zur Zukunft der Energie der Bundesregierung eine vernehmbare Stimme. In Experimenten zeigte er, dass die meisten Haushalte nicht bereit sind, viel für Klimaschutz zu zahlen. Mit einem höheren CO_2-Preis werde sich das ändern, weil Investitionen rentabler werden. „Ein Teil der Lösung wird Verzicht sein, aber nicht in einem Verzicht-Framing, sondern durch die Schaffung persönlicher Vorteile jenseits des Klimaschutzes", sagt Löschel.

Vielleicht hilft es, wenn man es nicht Verzicht, sondern gesund nennt, was sich erreichen lässt, wenn man seine Ernährung ändert. Behutsam, nicht radikal. Im zweiten Kapitel hatte ich die Effekte von Verhaltensänderungen auf den ökologischen Fußabdruck beschrieben. Vergleichsweise gering war die Spannbreite, die verschiedene Ernährungsweisen haben. Aber der Anreiz ist groß: Schon wenn Deutsche ihren Fleischkonsum halbieren und mehr Gemüse, Hülsenfrüchte und Vollkorn essen, können sie damit Empfehlungen für eine gesunde und ökologische Ernährung in Einklang bringen. „Die zentrale Herausforderung [...] besteht darin, dass die verzehrten Lebensmittelmengen in Deutschland und damit die Verzehrgewohnheiten der Bevölkerung erheblich von diesen Empfehlungen abweichen", schreibt die Deutsche Gesellschaft für Ernährung im Mai 2022.

Nachdenken über Konsumnormen

Aber an eigenen Gewohnheiten und Bequemlichkeiten rütteln die wenigsten gern. Die ehemalige Generalsekretärin des Wissenschaftlichen Beirats „Globale Umweltveränderungen" der Bundesregierung Maja Göpel strebt nach Standards, die ökologischen Erfordernissen gehorchen. Auch durch Verbote könnten sie erreicht werden. Fliegen, Fleisch, Fummel, Finanzen und Fläche seien fünf Felder, in denen Konsumeinschränkungen einen Hebel auf den Fußabdruck hätten. Konsumnormen veränderten sich mit den Gewohnheiten. Würden sie in Frage gestellt, gelte als Verzicht, was nur kurz selbstverständlich schien.

„Die Basis dessen, was wir Versorgungssicherheit nennen, wächst jedes Jahr, und trotzdem wird jedes Reduzieren zur Zumutung erklärt", sagt mir Göpel, als ich sie für meinen Artikel „Verzicht oder Technik?" 2021 interviewe. In ihrem Buch „Unsere Welt neu denken – Eine Einladung" hat sie diese Dynamik genauer beschrieben: „Unsere moderne Gesellschaft ist so eingerichtet, dass die Gegenwart stets versucht ist, ihre Vergangenheit zu übertrumpfen", schreibt sie. „Jede Mode, jeder Job, jede Freude, jeder Urlaub könnte morgen schon wieder von gestern sein."

Viele ihrer Ideen zu einem „Great Mindshift" (wie eines ihrer Bücher heißt), hat sie am Wuppertal Institut für Klima, Umwelt, Energie entwickelt. Dort forscht auch Michael Kopatz. In seinem Buch „Schluss mit der Ökomoral – Wie wir die Welt retten, ohne ständig daran zu denken" argumentiert er, dass Verhaltenskontrollen im Konsum und in der Mobilität kontraproduktiv seien. Stattdessen sollten Staat und Kommunen Limits setzen, um nachhaltiges Verhalten zu erleichtern. „Das Konzept der Ökoroutine beginnt nicht in den Köpfen, sondern bei der Infrastruktur", schreibt er. „Es muss einfacher und cleverer werden, mit dem Nahverkehr oder dem Fahrrad in die Stadt zu fahren." Sein Rat: „Du rettest die Welt nicht durch den Kauf von Bioprodukten oder persönlichen Verzicht."

Gleichzeitig empfiehlt er in seinen mit leichter Hand formulierten zehn Geboten, seine Leser sollten ihren Wohnflächenbedarf optimieren. In einer Grafik zeigt er, wie die Siedlungsfläche je Einwohner in Deutschland seit 1950 um den Faktor 2,5 gestiegen ist. Pro Kopf nahm die Wohnfläche von 14 auf 46 Quadratmeter zu. Nur ein Beispiel dafür, wie sich Normen schleichend verändern und mit der Zeit zum Anspruch gerinnen. Mir macht es wenig aus, auf 86 Quadratmetern zu fünft zu leben. Kopatz will einzelne von der Last befreien, sich richtig zu entscheiden. „Die Klimakrise ist ein kollektives Problem, es lässt sich nicht auf individueller Ebene lösen", schreibt er. „Es ist wichtiger, die Produktion zu verändern, statt den Konsum. Und es wird als gerechter empfunden."

Was der Wuppertal-Forscher beschreibt, dürfte eine wichtige Erklärung dafür sein, dass Ansätze ökosozialer Utopien nicht in den gesellschaftlichen Mainstream übergeschwappt sind. Der Frust von Meadows, der beschränkte Einfluss von Miegel und die begrenzte Wirkung von Paech sind eine Folge davon, dass Menschen sich ungern reinreden lassen und Suffizienz als unattraktiv gilt. Und dass Veränderungen für alle gelten sollen. Die Diskussion über den hohen CO_2-Ausstoß reicherer Haushalte belegt, dass es den meisten nicht reicht, klimaneutral zu sein, wenn sich andere weiter ihres fossilen Wohlstands erfreuen.

Eine Veränderung in den Köpfen hält Uwe Schneidewind, als langjähriger Direktor des Wuppertal-Instituts zeitweise Vorgesetzter von Göpel und Kopatz, für nötig. „Eine wichtige Rolle spielen dabei Wohlstandspioniere, die heute ausprobieren und zeigen, wie alternative Wohlstandsmodelle konkret aussehen. Sie sind sozusagen das Schmiermittel für den ‚Great Mindshift‘", schreibt er in seinem Buch „Die Große Transformation – Eine Einführung in die Kunst gesellschaftlichen Wandels", einer Ideensammlung, wie sozialökologische Transformationen umzusetzen sind. Jede große Transformation sei eine moralische Revolution, in der Ideen zu Institutionen werden. Aber nicht durch Ökomoralismus, wie sein Mitarbeiter Kopatz aufzeigte.

Schneidewind ist einer der führenden Forscher zu diesem Thema. Eines Tages reichte ihm die Theorie nicht mehr. Als Oberbürgermeister-Kandidat von CDU und Grünen gewann er die Wahl 2020 knapp. Vom Amtsantritt an habe ich ihn für die Reportage „4800 Tage bis zur Klimaneutralität" ein Jahr lang begleitet. Sie zeigt sein Ringen darum, breite Kreise der Stadt auf dem Weg zur nachhaltigen Kommune mitzunehmen. Wuppertal hat einen der am wenigsten sanierten Altbaubestände im Land und große Finanzsorgen. Trotz Ideen für eine Verkehrswende will er es sich nicht mit Autofahrern verscherzen. Sichtbarster Erfolg nach einem Jahr: ein Platz von 85 Quadratmetern in der Innenstadt, der jetzt autofrei ist. Schneidewind hat Ideen, sieht die Stiftung Circular Valley, die Impulse für die Kreislaufwirtschaft setzt, als Standortvorteil. Aber seine Mittel sind begrenzt.

Trotzdem ist Wuppertal ein Beispiel dafür, dass Kommunen die zentrale Instanz sind, in der Ideen von Ökopionieren durch geschicktes Aushandeln von Interessen zu Ökoroutinen werden können. Ein anderer Hebel sind die Finanzmärkte. Der Green Deal der Europäischen Union strebt an, Milliarden umzulenken in nachhaltigere Geschäftsmodelle. Weil die öffentliche Hand das nicht schaffen kann, müsse privates Geld mobilisiert werden.

Als ich im Sommer 2017 eine Reportage über das große Umschichten weg von der Kohle schreibe, versuche ich den

Wandel zu verbildlichen: Früher spielten Öko-Reportagen nicht im Gebäude von Allianz Global Investors, sondern in Kleingärten bei Hirsehäppchen und schiefgewachsenem Gemüse. Zu dieser Zeit beginnen Anleger, sich mit ESG zu beschäftigen, was für die englischen Worte Umwelt, Soziales, Unternehmensführung steht. „Man kann seine Verantwortung nicht am Bankschalter abgeben", sagt mir der Grünen-Politiker Gerhard Schick, später Gründer der Bürgerbewegung Finanzwende.

Fünf Jahre später haben wir eine Taxonomie, die definiert, welche Investments als nachhaltig gelten. Die Debatte vor ihrer Verabschiedung gehört zu den bizarrsten des Diskurses der vergangenen Jahre. Nicht weil das Instrument zu dirigistisch sei, wurde es angegriffen, sondern weil es französischen Investoren weiter erlaubt, ohne Abstriche in Atomkraftwerke zu investieren. NGOs machten mobil und brachten die Taxonomie in Gefahr. Welches Europa sie sich vorstellen, in dem ein Mitgliedstaat eine von uns als unsicher und nicht-nachhaltig eingestufte, für die Daseinsvorsorge dort aber unverzichtbare Energie nicht mehr finanzieren kann, konnte mir niemand erklären. Die Regeln sind wichtig, die Diskussion war eine Scheindebatte, auch wenn Atomkraft wegen der ungeklärten Entsorgung problematisch ist.

Immerhin teilt das Finanz-Establishment heute die Vereinbarung des Pariser Klimavertrags, bis Mitte des Jahrhunderts klimaneutral zu werden. Viel Greenwashing ist dabei, zum Teil aber auch echte Überzeugung. Meine Kritik an der Taxonomie ist nicht die wieder einmal recht folgenlose, dass Investoren nach der Nachhaltigkeitsdefinition weiter in Atom und Gas anlegen können. Das regelt nicht die EU-Verordnung, sondern der Wille des französischen Volkes und der von ihr gewählten Regierungen, die das Risiko nuklearer Energie für beherrschbar halten. Vielmehr – und auch das ist französischer Einfluss – steckt hinter der Taxonomie wieder das von Hayek klar benannte Problem der Anmaßung von Wissen. Dass eine so detailreiche Regelung umgesetzt wird, wäre unter Beteiligung der prinzipienorientierten britischen Regierungen schwer vorstellbar gewesen. Doch der Brexit hat neben den direkten Folgen auch bewirkt, dass eine liberale Stimme in der EU fehlt.

Der Vorteil der Taxonomie ist allerdings, dass sie das lange Jahre esoterische Thema Corporate Social Responsibility nun mit klaren Zielen und Regeln unterfüttert. Diese Verbindlichkeit setzt Investoren in Marsch. Ein vehementer Promoter dafür, dass sich Finanzdienstleister auf das Milliardenabenteuer einlassen, ist der Vorstandsvorsitzende der Gothaer Versicherungsbank Oliver Schoeller. Nachhaltigkeit verändere die Welt, Volatilitäten bedeuteten Dynamik, Versicherer und Banken müssten sich darauf einlassen. „Nachhaltigkeit wird wahrscheinlich die tiefgreifendste Transformation sein, die Europa in den vergangenen 100 Jahren erlebt hat. Man sollte es offensiv angehen", rät Schoeller in einem Vortrag, den er mehr als einmal in öffentlichen Foren gehalten hat.

Als Jahrzehnt der Klimawende dürften die 2020er Jahre unsere Prosperität verbessern, sagt er. 12.000 Kilometer Stromnetze und 4000 Kilometer Verteilnetze müssten für die Elektrifizierung errichtet werden. Der Ausbau der Ladeinfrastruktur, geteilte und intelligente Mobilität, eine Schifffahrt mit neuen Antrieben: Eine Billion Kosten für den Ausbau bedeuteten Umsatz für Investoren. 500 Unternehmen will der selbst ernannte Mittelstandsversicherer in 5 Jahren dazu bringen, 50 Prozent der Energie einzusparen. Im Markt ist also Musik. Private Investoren können profitieren, seit August 2022 werden sie von Vermittlern gefragt, ob sie nachhaltig anlegen wollen. Viel spricht nicht dagegen.

In seinem schon erwähnten Paper, wie die Wirtschaft mit Hilfe der Finanzmärkte leichtgängig in die Klimaneutralität findet, schreibt der Ökonom Frederick van der Ploeg: Die Politik könne Investitionen nicht leicht von CO_2-intensiven zu CO_2-armen Sektoren umschichten. Sie könne aber durch den CO_2-Preis einen Pfad vorgeben. „Unternehmen, Banken und Versicherer müssen sich klarmachen, dass die fossilbasierte Wirtschaft der Vergangenheit angehört und sollten ihre Aufmerksamkeit in Richtung einer Kohlenstoff-freien Wirtschaft der Zukunft lenken", schreibt er. Viele Studien zeigen, dass ESG-Investments attraktive Renditen einspielen. Allerdings müssen sich die Finanzmärkte rechtfertigen, weil die Nachhaltigkeitsbilanz von Indexfonds zum Teil besser ist als die von speziellen ESG-Fonds.

Stranded Assets machten nur einen kleinen Teil allen Kapitals aus. Mineralöl- und Kohlekonzerne hätten einen Anteil zwischen 5 und 7 Prozent an der globalen Marktkapitalisierung und einen noch kleineren Anteil an allen Vermögenswerten. „Warum also sollte sich irgendjemand mit einem ausgewogenen finanziellen Portfolio Sorgen über Stranded Assets machen?", fragt er. Fossile Unternehmen könnten das Risiko durch Investitionen in Erneuerbare abfedern, die aber ihre Exploration ausdehnten.

All diese Fragen können private Haushalte abwägen, wenn sie für die Altersvorsorge anlegen. Seit August müssen sie sich dazu im Gespräch mit Vermittlern bekennen. Greenwashing ist aber nicht leicht erkennbar. „Dass sie ihre Werbebudgets für Nachhaltigkeitsthemen ausdehnen, tun sie nicht, weil das für die Gesellschaft das Bessere ist, sondern weil sie da den Profit vermuten", sagt mir Carla Reemtsma, die Deutschlandsprecherin von Fridays for Future, im November 2021 in einem Streitgespräch mit einer Vertreterin der Fondsgesellschaft DWS und einem Finanzprofessor. Der

Energiekonzern RWE erwecke den Eindruck, nur noch Öko-strom zu erzeugen – dabei liege sein Anteil an der deutschen Erzeugung bei gerade 2 Prozent. „Da ist eine riesige Lücke zwischen dem, was versprochen wird, und was tatsächlich ist." Der Marktmacht und dem politischen Einfluss stünden überschaubare Ambitionen gegenüber.

Die Konsequenz der Klimaaktivistin: Die Politik müsse klare Grenzen setzen, die einzelne sei mit der Transforma-tion zur Nachhaltigkeit überfordert. Und selbst wenn Regeln klar seien, würden sie nicht eingehalten, weil es Anreize gebe, nicht nach ESG-Kriterien zu handeln. „Wir erleben, dass sich privatwirtschaftliche Akteure, selbst wenn es Regularien gibt, sei es steuerlich, sei es im Bereich Menschenrechte, sei es im Bereich Klima, dem ganz oft versuchen zu entziehen, weil es eben profitabler ist", sagt Reemtsma. Deshalb ruft sie nach einem urliberalen Instrument: der Wettbewerbskontrolle, die verhindern soll, dass Unternehmen zu groß werden. Hayek und die Märkte stecken also auch in den Gedanken von Fridays for Future.

Doch ob in Finanzmärkten oder im Alltag – selbst bewusst handelnde Menschen geraten ohne feste ökologi-sche Leitplanken ins Straucheln. „Das Individuum ist über-fordert", sagt mir Yvonne Zwick, die Vorsitzende des Netz-werks nachhaltiger Unternehmen B.A.U.M. mit mehr als 700 Mitgliedern im Oktober 2021. Sie erkenne ein offenes Fenster. Mit Leitplanken würden sich Menschen auf frei-heitliche Weise nachhaltig verhalten. „Ich will kein Verbot von Inlandsflügen. Ich will, dass die Alternativen attraktiver sind, weil die Rahmenbedingungen stimmen", sagt sie. Eine Mischung aus Verzicht und Technik sei nötig.

Sozialökologische Utopien wie Transition Towns haben all diese Fragen auf die individuelle Ebene heruntergebro-chen. „Es war eine rein individuelle Entscheidung, nicht mehr mitzumachen", sagt die Aktivistin, die nach vielen Jahren ausgestiegen ist. Den Wertewandel, der dort angestoßen werde, trage sie aber weiter mit. Viele Menschen setzten sich Wünsche in den Kopf, weil sie Werte auf subtile Weise erworben hätten. Zumindest bei den Transition Towns habe aber ein Mentalitätswandel eingesetzt. „In der Reflexion ändern Menschen ihr Verhalten. Sie fragen sich, warum sie ein Haus brauchen, wenn es ihnen gar nicht gut tut. Man macht, was zum Muster geworden ist. Das ist eine Idee, die man gelernt hat. Man kann sie aber auch wieder entlernen und fühlt sich besser." Wie man das expansive Wohlstandsmodell entlernt, wird das nächste Kapitel zeigen.

11 Ein Besuch in Heidelberg

Well, I've got the money
If you've still got the friends
We can really put this world to right
Or sit and watch the end, you know
We gonna take it up
We gonna move it up
   World Party — Take It Up

Wenn ich mit dem Zug nach Heidelberg fahre, ist das für mich eine Rückkehr in eine andere Welt. Sobald er sich auf Heiligenberg und Königstuhl, Schloss und Philosophenweg, Neckar und Alte Brücke zubewegt, entsteht ein erhebendes Gefühl: Nostalgie, Erinnerung an Weichenstellungen in meinem Leben und Hochachtung vor den akademischen Leistungen an der ältesten deutschen Universität. Es ist Anfang November 2019. Die meisten Bäume sind noch grün, einige gelb, andere schon braun gefärbt. Heute gilt es, eine anspruchsvolle Aufgabe zu erfüllen.

In den vergangenen Monaten hatte ich nicht nur mit meinen Freunden und der Familie intensiv über Fridays for Future diskutiert. Auch mit Malte Faber, meinem ehemaligen Volkswirtschaftsprofessor, der mich mit Thermodynamik, Neuer Politischer Ökonomie, Aristoteles und Smith und für meine Diplomarbeit mit Malthus, Mill und Daly in Berührung gebracht hat, habe ich mich regelmäßig ausgetauscht. Nach meinem Studium hatten wir mit mal längeren, mal kürzeren Abständen durchgängig Kontakt. Seit ich wieder häufiger über Nachhaltigkeit geschrieben habe, suchte ich verstärkt seinen fachlichen Rat. Auch ihn haben die Klimaproteste durch seine Erfahrung mit Nachhaltigkeit in Debatten hineingezogen.

Sieben Monate zuvor hatte er in seiner eigenen Studienstadt Berlin einen Vortrag zu sozial-ökologischen Transformationen vor Studierenden und Aktivistinnen gehalten. Darin zog er Parallelen zur Situation 1968, als er auf Rudi Dutschke traf und als junger Assistent von Anfang dreißig die Studentenunruhen miterlebte. Junge und Alte, sagte er nun, verbinde ein Unbehagen oder eine Empörung über den Stand der Umwelt. Die Erfahrung von 1968 aber habe gelehrt, dass Empörung kein bleibendes Gefühl sei. Mit zunehmender Frustration wandten sich damals viele vom eigentlichen Problem ab. „Der Fehler liegt an einem Alles-oder-Nichts-Gefühl", sagte er. „Im Bereich der Umwelt haben wir es mit langen Distanzen zu tun. Wir müssen uns daher zu diesem langen Marsch aufmachen, und unser Ziel der Nachhaltigkeit in kleinen Schritten zäh über viele Jahre verfolgen." Mit konstantem Willen zur Nachhaltigkeit sei etwas zu erreichen.

Faber kann dies mit einiger Glaubwürdigkeit berichten. Als mathematisch und stochastisch orientierter Volkswirt spezialisierte er sich nach einem Studienaufenthalt an der University of Minnesota auf die österreichische Kapitaltheorie und wurde 1974 Professor für Wirtschaftstheorie in Heidelberg. Prägende Autoren waren für ihn Karl Marx, Adam Smith, Eugen Böhm-Bawerk, Peter Bernholz, James Buchanan und Gordon Tullock. Als er sich Ende der 1970er Jahre bewusst machte, wie gravierend die globalen Umweltprobleme sind, wandte er sich Nicholas Georgescu-Roegen und der Entropie zum besseren Verständnis von Thermodynamik und Aristoteles zur Aneignung der Fundamente des ökonomischen Denkens zu.

Um Antworten auf Umweltprobleme zu finden, öffnete Faber seine Forschung in drei Richtungen: Erstens suchte er in Forschungsprojekten den Austausch mit Industrieunternehmen und Behörden, zweitens suchte er den Kontakt mit Philosophen, um Grundlagen zu etablieren und bessere Fragen zu stellen. Seit Mitte der 1980er Jahre ist der Philosoph Reiner Manstetten sein engster Kooperationspartner, im dritten Schritt suchte er interdisziplinäre Kooperationen, um eigene Verständnisgrenzen zu erweitern. Auf diese Weise wurde er neben Herman Daly, Robert Costanza und Joan Martinez Alier ein führender Ökologischer Ökonom.

Seine Forschung zwischen Praxis und Fundamenten zeichnet aus, dass sie dicke Bretter bohrt. Das hat einen unvergleichlichen Fundus an wissenschaftlichen Erkenntnissen hervorgebracht, denen sich am besten nachspüren lässt in seinem Internetprojekt „Mapping the Interplay between Nature and Economy" (MINE, gratis unter www.nature-economy.com). Wer die Seite ansteuert, bekommt sofort eine wichtige Wertentscheidung vorgeführt: Ein kleiner mit Natur betitelter Kreis ist Teil eines mit Ökonomie betitelten Dreiecks. Von selbst löst sich diese Relation auf, und das Ökonomie-Dreieck wird Teil des Naturkreises.

Aus dieser Umwertung – die Wirtschaft ist Teil der Umwelt – folgen Forschungsschwerpunkte: Umwelt (mit Unterpunkten wie Thermodynamik, Kuppelproduktion, relative und absolute Knappheit), Zeit (Unwissen, Umweltpolitik, Irreversibilität) und Mensch (Verantwortung, Urteilskraft, Nachhaltigkeit und Gerechtigkeit). Aus diesem Fundus lassen sich Erkenntnisse im Hinblick auf mein Ziel gewinnen, den Ökoliberalismus und die Nachhaltigkeit aus der Freiheit zu fundieren.

Doch zunächst zum Grund meines Besuchs. Durch die intensiv geführte Debatte über den Klimawandel fühlten sich auch Faber und Manstetten nachvollziehbarer Weise ermuntert, ihre Sichtweise darzulegen. In der Süddeutschen Zeitung hatten drei Monate zuvor Niko Paech und der Soziologe Armin Nassehi eine Kontroverse eröffnet. Nassehi war der Auffassung, es träfe die Ärmeren, wenn für den Klimaschutz das Fliegen eingeschränkt würde. Paech hielt dagegen, ohne Einschränkungen werde Nachhaltigkeit nie erreicht. Faber und Manstetten schrieben einen Gastbeitrag, der Nassehis Position stützte. Unsere Redaktion fand, dass ein Wortlautinterview ihre Haltung klarer ziehen könnte. Meine anspruchsvolle Aufgabe für diesen Besuch.

Faber sieht die Gefahr, die Klimaproteste könnten sich totlaufen. „Um das zu vermeiden, braucht es Geduld, Interdisziplinarität und Vertrauen", empfiehlt er in dem Interview. Die deutsche Umweltpolitik habe zwischen 1970 und 2000 vieles erreicht. „Das war aber einfacher: Das Wasser hat gestunken, man konnte nicht mehr drin baden. Die Abfallberge waren gigantisch", sagt er. Anders heute: „Das Klima und seine Folgen sind abstrakt. Wir sind auch nicht gewohnt, in langen Zeiträumen zu denken."

Um vom Zeichenhandeln der Klimabewegung zu konkreten Schritten zu kommen, seien Zeit, Geduld und Zähigkeit erforderlich, ergänzt Manstetten. „Beim CO_2 geht es ums Heizen, ums Verkehrsverhalten, ums Fleischessen, um Milchprodukte. Eine Umstellung auf Pflanzennahrung zum Beispiel hätte enorme positive Folgen. Aber eine Macht, die so etwas mit Gewalt durchsetzt, kann man sich nicht vorstellen."

Was zur Gewohnheit geworden ist, werde ungern unter veränderten Vorzeichen aufgegeben. Die Pflicht, Sicherheitsgurte im Auto anzulegen, wurde ähnlich lang abgelehnt wie die Sitte, in einem Raum mit Nichtrauchern keine Zigarette anzuzünden, betont Faber. „All das sollten wir bedenken." Und dann der entscheidende Satz, der zur Inspiration meines eigenen Buchs werden soll: „Nachhaltigkeit muss durch die Freiheit gehen."

Das also ist die Quintessenz von mehr als vier Jahrzehnten Forschung über biophysikalische Grundlagen des Wirtschaftens, über Aristoteles' Konzept der maßvollen Bedürfnisbefriedigung (in der mittelalterlichen Deutung Thomas von Aquins) und über das teleologische Konzept der Natur.

In ihrem Buch „Was ist die Wirtschaft? Von der Politischen Ökonomie zur Ökologischen Ökonomie" schreiben Faber und Manstetten: „Von Aristoteles her liegt es nahe zu sagen: der Mensch soll aus der rechten Einsicht in die Natur, in die zweckmäßige Ordnung, deren Teil er ist, das Maß für die Befriedigung seiner Bedürfnisse, ja überhaupt für die Gestaltung seines Lebens schöpfen." Eine Wirtschaft in diesem Geiste unterschiede sich von der eines Homo Oeconomicus, den die Annahme der Nichtsättigung kennzeichne. „Es ist eine Freiheit, die darin besteht, nach dem rechten Maß zu suchen und zu der Einsicht zu gelangen, dass in der Einhaltung dieses Maßes die Erfüllung des eigenen Lebens besteht."

Rufen wir uns meine zentralen Gedankengänge in Erinnerung. Mit Boulding, Georgescu-Roegen, Daly und dem Club of Rome haben wir das Konzept ökologischer Grenzen erfasst. Auf die Frage, wer uns den Umgang damit beibringen könnte, antwortet Malte Faber in unserem Interview: „Als erster fällt mir Nicholas Georgescu-Roegen ein, dann sein Schüler Herman Daly. Es ist erstaunlich, wie wenig Ökonomen die Grenzen des Wachstums gesehen haben. Generell haben Umweltfragen einen zu geringen Stellenwert." Im Anschluss habe ich mit Mill, Hayek, Rawls und Sen das Fundament eines Ökoliberalismus gelegt, der planetare Grenzen respektiert und Freiheit bewahrt.

Hier schließen Faber und Manstetten eine Lücke: Wie sollen wir in Freiheit zu einem Ökoliberalismus kommen, der planetare Grenzen höher wertet als Bedürfnisbefriedigung? In Manstettens Worten im Interview: „Ökogrenzen werden sich nur durchsetzen, wenn äußerlich gesetzte Einschränkungen als innerlich bejahtes Maß akzeptiert werden." Dem Konzept des Ökoliberalismus wohnt die Idee einer Ökonomie des rechten Maßes inne. Aristoteles trifft John Stuart Mill trifft Kenneth Boulding.

Moral könne nur verbindlich werden, wenn sie etwas Selbstverständliches habe, sagt Manstetten, um bei einem ähnlichen Argument zu landen wie Amartya Sen, als er ein Interesse an der Natur über eigene Bedürfnisse hinaus einforderte: „Ich glaube, wir müssen uns in der Tat den Forderungen einer Zukunftsmoral stellen. Aber dafür benötigen wir Zwischenschritte und Stadien der Vermittlung, und das heißt Zeit." In seinem Buch „Das Menschenbild der Ökonomie" hat Manstetten nachgezeichnet, wie das komplexe Bild eines moralischen, gerechten, religiösen Menschen Adam Smiths über viele Stufen, Milton Friedman und Gary Becker zur Sparversion des nutzenmaximierenden Homo Oeconomicus wurde.

Er schließt mit dem Gedanken, angesichts der Lage der Welt müsse sich ein politisch wirksames ökologisches Interesse herausbilden. Heute sei „ein starker Sinn für die Gemeinschaft alles Lebendigen in ihrer Verbundenheit notwendig, damit wir von unserer Unersättlichkeit gegenüber der Natur zu einem menschlichen Maß zurückfinden". In ihrem gemeinsamen Buch „Philosophical Basics of Ecology and Economy" schreiben Faber und Manstetten, die Vorstellung der Standardökonomik müsse erweitert werden, der Mensch sei nur von Eigeninteresse geleitet – mindestens auch vom Interesse an Gemeinschaft oder noch mehr: am Ganzen. Diese Ziele bezeichnen sie als die drei Tele.

Die deutsche Umweltbewegung habe ihre Langfristperspektive verloren, weil sie nicht zwischen Visionen und einer

Politik kleiner Schritte vermittelte. Dialog zwischen Praxis und Wissenschaft habe kaum stattgefunden. Um Umweltfragen tief zu erfassen, brauche es Interdisziplinarität. Infolge solcher Überlegungen wurde in den 1990er Jahren das Interdisziplinäre Institut für Umweltökonomie in Heidelberg gegründet, an dem Physiker, Biologen, Germanisten und Philosophen mit Ökonomen über die Ökokrise nachdachten. Nach Fabers Emeritierung 2004 schloss es. „Die Aufgabe, das bedeutsame Umweltwissen innerhalb verschiedener Disziplinen und der Praxis zu überblicken oder gar zu sortieren und systematisch weiterzureichen, würde jede Einzelperson überfordern", schreiben sie.

Faber und Manstetten ergänzen den Gedanken eines über die eigene Sphäre hinaus weisenden Interesses. Der Oikos, der Ökologie und Ökonomie als eine Worthälfte dient und mit Haus übersetzt werden kann, lasse sich in einer ökologisch-ökonomischen Perspektive als die Erde begreifen, in der neben dem Menschen alle anderen Arten zu Hause seien. Das beschriebene Interesse am Ganzen dürfe kein allein privates sein, sondern könne staatlich in der Gesetzgebung wirksam werden.

Die drei Ziele (Tele) der Menschheit seien Eigeninteresse, Gemeinschaftsinteresse und das Interesse am Ganzen. Das erste Telos habe zu lange über das dritte dominiert, die Ökokrise ausgelöst und müsse gegenüber dem dritten Telos zurückgedrängt werden. Bemerkenswerte Überlegungen in einer Zeit, in der unter Verweis auf das Artensterben und den Klimawandel entschieden wird, ob die erdgeschichtliche Phase des Anthropozäns (Geologie der Menschheit) die des Holozäns ablöst.

Es wäre zu begrüßen, fände der Mensch angesichts seines allumfassenden Einflusses zu einem Interesse am Ganzen. Die Perspektive einer Nachhaltigkeitsökonomie geht den beiden nicht weit genug, weil darin die Natur nur in ihrer Funktion erhaltenswert sei, dem Menschen zu dienen. Habe Natur eine Eigenwürde, müsse ihr zugestanden werden, sich von selbst zu entwickeln. „Dieser Fall würde die Menschheit einbeziehen, der die Verantwortung zukäme, die Würde der Natur zu respektieren und ihr bewusst ihren eigenen Raum einzugestehen."

Daraus wird ersichtlich, warum eine Hinwendung zur Ökologischen Ökonomie erlaubt, fundamentaler an Umweltprobleme heranzugehen als in der herkömmlichen Ökonomik. Das bedeutet nicht, dass diese Disziplin andere Instrumente vorschlägt. Um die Klimakrise zu lösen, setzt auch sie auf Emissionshandel oder eine CO_2-Steuer. Im Austausch mit der Chemieindustrie haben Faber und Kollegen Probleme der Soda-Chlor-Chemie gelöst.

Doch ihr Verständnis, woher Umweltprobleme kommen, weicht ab. Faber hat aus den Gesetzen der Thermodynamik ein Konzept der Kuppelproduktion abgeleitet. Zwangsläufig entstehen bei jeder stofflichen Umwandlung von Materie solche Nebenprodukte, die weitaus früher als mit dem ökonomischen Konzept externer Effekte als potenzielle Ursache von Umweltproblemen identifiziert werden können. Das Konzept hat sich in vielen wissenschaftlichen Studien bewährt.

Ihre langjährige Beschäftigung mit Umweltthemen bewahrt Faber und Manstetten vor Kurzschlüssen. So ist im Umweltdiskurs zu hören, ein vollständiges Zurück zur Natur, von der Wiese zum Wald, wäre begrüßenswert. Abgesehen davon, dass eine solche Umwidmung kaum realistisch ist, beschreiben sie, dass diese auch gar nicht wünschenswert wäre. „Kultivierte Landschaften in Deutschland im 18. Jahrhundert hatten eine viel größere Diversität von Arten als die ursprünglichen Primärwälder", schreiben sie. Eine Natur, die nachhaltig genutzt werde, könne sogar eine höherwertige Harmonie als unberührte Natur haben.

Ein zentrales Problem sei, dass Menschen der Natur entnommen hätten, was sie gerade als Bedürfnis sahen. Sie hätten vergessen, dass ihnen die Natur zur Verfügung gestellt wurde. Umweltbildung müsse sich zum Ziel setzen, neue Formen der Dankbarkeit aufzuzeigen. Ein stark von Georgescu-Roegen beeinflusster Gedanke lautet so: Interessen der Gegenwart bestimmten Strukturen der Zukunft. Änderten sich diese Interessen nicht, hinterließen heutige Generationen ihren Nachfolgern Strukturen, die häufig noch komplexer seien als die bestehenden. Damit sie sich änderten, brauche es Zeit.

Künstliche Fonds könnten anders als natürliche nur so lang Dienste leisten, wie sie von Menschen betrieben würden. „Je weiter wir fortschreiten, desto mehr verlangen sie nach unseren Diensten wegen der Umweltschäden, die sie bewirken, der Schadstoffe, die sie lagern, und der Rohstoffe, die sie verbrauchen. Weil solche Schäden oft langfristig sind, werden unsere Sorgen immer weiter in die Zukunft ausgedehnt."

Sie beschränkten die menschliche Freiheit, neue Interessen zu bilden. Übersetzt in die Politik: Wenn wir künftigen Generationen über Jahrtausende aufbürden, sich um Atomabfälle zu sorgen, die uns Wohlstand gebracht haben, mindern wir ihre Entfaltungsmöglichkeiten. Wenn unser Konsumverhalten irreversible Umweltschäden bewirkt, sollten wir uns nicht auf unsere heutige Freiheit berufen.

Immer wieder kommt Malte Faber in seinem umfassenden Werk auf die Freiheit zu sprechen. Für Adam Smith sei sie der Ausgangspunkt seiner Suche nach Bedingungen eines guten Lebens gewesen, schreibt er mit Reiner Manstetten in dem Buch, das die Reichweite ihres Forschungsansatzes am besten aufzeigt: „Was ist Wirtschaft? Von der Politischen Ökonomie zur Ökologischen Ökonomie". Die Annahme der Nichtsättigung menschlicher Bedürfnisse sei ins Spiel gekommen, weil bestimmte Rechenoperationen so erleichtert wurden. Sobald sie aber normative Wirkung bekam, wurde sie so problematisch wie die zentrale Rolle des Eigennutzes.

Indem sie den Homo Oeconomicus zunächst zum Homo Politicus erweitern und ihm dann ein Interesse am dritten Telos zuschreiben, zeigen sie Wege auf, ein Menschenbild zu entwerfen, das zur Nachhaltigkeit passt. „Bei der Nachhaltigkeit geht es um das Problem, dass die Produktions- und Konsumweise der gegenwärtig lebenden Menschen aufgrund der Erschöpfung nichterneuerbarer, der Übernutzung erneuerbarer Ressourcen und der Überbeanspruchung von Schadstoffaufnahmekapazitäten der natürlichen Umwelt die Bedürfnisbefriedigung oder sogar das Überleben zukünftiger Generationen gefährdet", schreiben sie.

Das Maß widerspricht dem Drang des Menschen

Die meisten Menschen in Industriestaaten seien gut genährt, gekleidet und mit relativ interessanter Arbeit versorgt, schreiben Faber, Manstetten und der britische Physiker John Proops im Grundlagenwerk „Ecological Economics. Concepts and Methods". „Für die große Mehrheit im industrialisierten Westen kann das Verlangen nach materiellem Wohlstand als erfüllt gelten – dennoch verbessern sich Technologien und steigern sich Konsumniveaus mit Raten, die historisch beispiellos sind", heißt es darin. Sozialwissenschaften seien blind für biophysikalische Grenzen. Ohne dass sich Ökonomen mit den Konzepten der Naturwissenschaften vertraut machten und Naturwissenschaftler die ökonomische Analyse verstünden, werde es keine Lösung geben. „Es ist offensichtlich, dass das Haus der Natur und seine Prinzipien nicht von der Menschheit erfunden wurden. Wir sind Gäste in diesem Haus, so wie alle anderen Lebewesen."

Mit dem wachstumskritischen Schweizer Ökonomen Hans-Christoph Binswanger haben sie das Faustische Motiv, sich die Erde untertan zu machen, als wesentliches Handlungsmuster des Menschen beschrieben. In einem Kapitel lassen sie Ökologen und Ökonomen einen Dialog in einem stilisierten Drama führen, um beide Sichtweisen einander anzunähern. Es ist, als hätten sie im Jahr 1996 eine Podiumsdiskussion zwischen einem Umweltökonomen und Fridays for Future um ein Vierteljahrhundert vorweggenommen.

Goethes Faust, der mit Deichen Städte schützen will, wird mit Nietzsche als Prototyp des modernen Menschen verstanden, der keinen Gott mehr brauche. Dafür aber hat dieser Typus das Leben in Einklang mit der Natur aufgegeben. „Die Vision eines nicht zu stoppenden Fortschritts bringt die Menschen dazu, ihre eigene Sterblichkeit zu vergessen." Als zweite Figur aus Goethes Werk führen sie den Zauberlehrling ein, der Kehrbesen zum Wassertragen animieren, ihren Einsatz aber nicht mehr stoppen kann. „Ich glaube, dass viele Umweltprobleme wie das Waldsterben, das Ozonloch und das CO_2-Problem entstehen, weil moderne Menschen dieselbe Einstellung haben wie der Zauberlehrling", lassen die Autoren einen neutralen, zwischen Ökologe und Ökonom vermittelnden Schreiber resümieren. Und, wie sie unter Rückgriff auf Georgescu-Roegens Vorarbeiten zur Entropie verdeutlichen: Viele dieser Probleme sind irreversibel.

Noch stundenlang ließen sich Belege ausbreiten, in denen Malte Faber und Reiner Manstetten mit ihren Kooperationspartnern Implikationen eines Ökoliberalismus weitergedacht haben. Hier soll es nur noch um zwei Facetten gehen. Das Projekt MINE (Mapping the Interplay between Nature and Economy) dient seit dem Jahr 2018 nicht nur dazu, das umfangreiche Schaffen Fabers zu systematisieren und für Einsteiger nachvollziehbar zu machen. Seither wird es von diversen Schülern des 1938 geborenen Professors in der Lehre eingesetzt. In Münster, Heidelberg, Berlin und Bochum richteten sie mehrtägige Workshops aus. Für Studierende sei das Konzept theoretisch und philosophisch schwierig, schreibt mir Faber in einer Mail.

So hätten Dozentinnen mit ihnen über offene Fragen gesprochen. Innerhalb des Workshops wurden Übungsaufgaben bearbeitet. Sie mussten konkrete Umweltprobleme skizzieren und sich ein geeignetes aus den 15 in MINE vorgestellten Konzepten auswählen. „Eine zentrale Schwierigkeit bei Umweltthemen ist, dass sie in der Regel umfassend und interdisziplinär bearbeitet werden müssen. Beides überfordert nicht selten Studierende. Hier gibt MINE Hilfestellung", schrieb er.

Als die Finanzkrise und Thomas Pikettys Buch „Das Kapital im 21. Jahrhundert" ein neues Interesse an Verteilungsfragen auslösen, frischt Faber seine Marx-Lektüre auf, ohne etwas zu finden, das die Lösung heutiger Problem erleichtere. Er regt im Interview an, nach dem französischen Historiker Fernand Braudel zwischen Kapitalismus und Marktwirtschaft zu unterscheiden: „Die Marktwirtschaft kann durch die Politik in ihrem Naturverbrauch eingeschränkt werden, wenn ein entsprechender Wille in der Bevölkerung vorhanden ist. Der Kapitalismus ist intransparent und schaltet tendenziell die Konkurrenz aus."

Dass Deutschland im Umweltschutz kaum vorankommt, erklärt der Ökonom auch mit einem fehlenden verbindenden Narrativ. „Die Dänen haben uns mit dem Slogan ,Weg vom

Öl' etwas vorgemacht. Unter diesem Begriff haben sich weite Teile der Gesellschaft gesammelt", sagt er. Umweltpolitik könne Druck und Anreize setzen, ergänzt Manstetten. „Aber irgendwann muss von Innen ein ,Ja' kommen." Mit anderen Worten: Eine ökoliberale Herangehensweise, die biophysikalische Grenzen respektiert und den Markt nutzt, habe gute Aussichten – aber nur, wenn sich der freiheitliche Wille zur Nachhaltigkeit durchsetze.

Im Kapitel „Knappheit und Maß" von „Was ist Wirtschaft?" haben sie das weiter ausgeführt. Mit der Ökologischen Ökonomik sei Ende der 1980er Jahre erstmals eine Forschungsrichtung entstanden, die sich eine Sicherung der natürlichen Lebensgrundlagen vornimmt. Sie setzen bei Aristoteles an, der die Auffassung vertrat, der Mensch habe der Natur gegenüber in einem natürlichen Maß zu gehorchen. „Das Verschwinden jeglichen Maßes gegenüber der Natur ebenso wie die Zwecklosigkeit der Natur in Bezug auf den Menschen kennzeichnen dagegen Ökonomie und Ökologie der Neuzeit", schreiben sie. Bei Aristoteles sei dieses Bild intakt.

Nun ist es nicht leicht, von einem griechischen Philosophen etwas für die heutige Zeit zu lernen, der Sklaverei befürwortete, Frauen ausklammerte und nur einem Teil der Bevölkerung Bürgerrechte zusprach. Mit Blick auf das Maß finden Faber und Manstetten Inspiration bei ihm. „Der Begrenztheit der natürlichen Lebensgrundlagen entspricht ein menschliches Leben, das von sich aus die Grenzen der äußeren Natur als die seiner inneren Natur entsprechenden Maße anerkennt und bejaht", folgern sie.

Vielfach verweisen sie auf den zentralen Gedanken des Ökonomen Lionel Robbins aus den 1930er Jahren, Knappheit sei die Grundbedingung ökonomischer Aktivität. Das gelte nur, wo der Mensch immer mehr wolle – über das

Maß hinaus, das ihm gegenwärtig möglich sei. „Würde er die gegenwärtigen Beschränkungen als Maße akzeptieren, innerhalb derer er frei ein Leben nach seinen Vorstellungen entfalten kann, so wäre er dem Zwang der Knappheit enthoben", schreiben die Heidelberger. In unserem Interview fasst Malte Faber seine Überlegungen so zusammen: „Das Maß als Ziel zu haben, aber zu wissen, dass es ein langer Weg dahin ist. Dass das Maßhalten ein gutes Leben sein kann, müssen wir uns erst einmal klar machen."

12 Die ökoliberale Wende

Foresight is the only key
To save our children's destiny
The consequences are so grave
So, so grave now
The hypocrites we are their slaves
So my friends to stop the end
On each other we depend

Jamiroquai — When you gonna learn

An den entscheidenden Stellen dieses Buchs ist immer schlechtes Wetter. Auch jetzt regnet es. Gute Gelegenheit, das Frankfurter Senckenberg-Museum zu besuchen. Ob dort oder im Wiener Naturhistorischen Museum, wo wir manchmal auf Familienbesuch sind, landen wir irgendwann bei den Dinosauriern: diese gut an ihre Umstände adaptierten Wesen, mehr als 1000 verschiedene Arten, die über 200 Millionen Jahre den Planeten dominierten. Eroberer der Kontinente, der Meere und der Luft. Groß wie Häuser, schwer wie Lastwagen. Unweigerlich kommt die Frage auf: Wie sind sie eigentlich ausgestorben?

In seinem schon ausführlich zitierten Buch „The Ends of the World" widmet ihnen der US-amerikanische Autor Peter Brannen ein ganzes Kapitel. Die Suche nach einer Antwort inszeniert er als Krimi – mit Paläontologen als Ermittlern. Keine Art vor den Dinosauriern sei so gut angepasst gewesen. Ohne äußeren Einfluss hätten sie weiterleben können, der Mensch wäre nie in Erscheinung getreten. Doch dann habe ein Asteroid in dem Moment die Erde getroffen, in dem ein riesiger Vulkan ausbrach. Sagen die einen. Die Erde habe sich durch eine hohe CO2-Konzentration nach einer Übersäuerung der Meere so stark erwärmt wie zuvor bei den großen Massenaussterben. Sagen die anderen. „Wir haben immer noch keine Ahnung, wie die letzten Tage für die Dinosaurier waren. Das einzige, was wir wissen, ist, dass sie unaussprechlich grausam waren", schreibt Brannen. Für plausibel hält er, dass beide Ursachen eine Rolle spielten. Also auch der Klimawandel. Zum fünften Mal in der Erdgeschichte.

Seit ich mit dem Wissen um die Klimakrise mit meinen Kindern in Naturkundemuseen gehe, frage ich mich, was wohl in einem Ausstellungstext über den Menschen stünde. Hypothetisch natürlich, aber mir gefällt der Perspektivwechsel. Deshalb habe ich damit experimentiert. Leser, die fiktionale Ausstellungstexte aus der Zukunft nicht mögen, dürfen weiterblättern bis nach dem kursiven Exkurs.

„Der Mensch war die intelligenteste Spezies, die bis zu diesem Zeitpunkt auf der Erde gelebt hatte. Keiner anderen war es gelungen, über Ozeane miteinander zu sprechen. Wollte jemand an der nordamerikanischen Westküste einem anderen auf dem eurasischen Kontinent eine Mitteilung machen, war sie bei diesem angelangt, kurz nachdem er auf einen kleinen Knopf gedrückt hatte. Keine andere Spezies beherrschte es, große Metallkörper in die Luft zu befördern, sodass Reisen vom australischen zum lateinamerikanischen Kontinent weniger als einen Tag dauerten. Die Welt war klein geworden.

Die Menschheit hatte es geschafft, mit Maschinen den Mond zu erreichen. Sie brachte schließlich sogar Geräte dazu, so zu denken wie sie. Im Anthropozän gab es keinen Landfleck auf der Erde, den sie nicht beherrschte. Meere und Atmosphäre waren nicht vollständig unter Kontrolle, die Menschen glaubten aber, auch sie beherrschen zu können. Und: Keine Spezies vor dem Menschen war zur Erforschung der Zeit fähig, also der Epochen, bevor er selbst auf Erden herrschte, und der Zukunft, über die er

Annahmen treffen konnte. So begriff er die fünf Massensterben. Er wusste, es war ein Zufall, dass er lebte. Nur in einem engen Temperaturband und einem ausbalancierten Verhältnis von Kohlendioxid und Sauerstoff konnten Säugetiere wie er existieren. Es gab Jahrmillionen auf der Erde, in denen kaum Leben entstand, Phasen ohne ausreichend Sauerstoff. Fünfmal wurden Massen von Arten ausgelöscht: Immer war das Gleichgewicht im Kohlenstoff-Kreislauf gestört.

Die Menschheit hat in kürzester Zeit eine rasante wirtschaftliche Entwicklung hingelegt: vom Höhlenbewohner zum Mondflieger in wenigen tausend Jahren. Auf der Nordhalbkugel und dem australischen Kontinent entwickelte sich der Reichtum schnell. Ausgehend vom Westen Eurasiens und dem Norden Nordamerikas verbreitete sich der Wohlstand in erdgeschichtlich kürzester Zeit im kurzzeitig zurückgefallenen Ostasien, in Lateinamerika und Afrika. Das hatten die Menschen dem Einsatz fossiler Brennstoffe wie Kohle, Gas und Erdöl zu verdanken.

In einer erdgeschichtlichen Sekunde verbrannte die Menschheit Überbleibsel pflanzlicher Biomasse (Bäume und Algen) in großem Ausmaß, die über Jahrmillionen durch Zersetzung entstanden waren. Das trieb ihre Technik an: Mobilität, Kommunikation, künstliche Intelligenz. Und es ließ sie bequem in den höheren Breiten der nördlichen Hemisphäre leben, indem sie diese uralten Pflanzen verfeuerten. Doch mit dem zentralen Brennstoff des Wohlstands gingen Probleme einher. Menschen hatten das in Zahlen dokumentiert: dass in kürzester Zeit das Kohlendioxid so stark anstieg wie in den fünf Phasen des Massensterbens zuvor. Doch sie kamen nicht von den Quellen ihres Wohlstands los.

Die Natur reagierte mit Fluten, Wirbelstürmen, Dürren und Temperaturanstiegen. Gleichzeitig wiesen Menschen neue Explorationsgebiete für Erdöl und Gas im Meer und in niedrigen

Erdschichten aus. Polkappen schmolzen, Meere traten über die Ufer. An anderen Stellen trockneten Flüsse und Seen aus, die zu Lebensadern geworden waren. Indem Tierarten verdrängt wurden, schrumpfte die Vielfalt. Große Migrationsbewegungen setzten ein, die zu Streit führten. Zwischen Arm und Reich kam es zu Spannungen. Die Temperaturen stiegen so hoch, dass das Leben für die Menschen immer unwirtlicher wurde."

Kenneth Boulding, Mitbegründer der Ökologischen Ökonomik, ist ein exzeptioneller Wissenschaftler, der die Situation des Menschen über lange Zeiträume reflektierte. Für seine Expansion sei der Mensch über wahrscheinlich 100.000 Jahre gut und über 10.000 Jahre sehr gut angepasst gewesen, schreibt er 1981 im Vorwort zu seinem Buch „Grants Economics – The Economy of Love and Fear": „Gewohnheiten und Institutionen, Technologien und Ideologien, die einen Wert fürs Überleben haben, waren solche, die gut angepasst an das Zeitalter der Expansion waren."

Und: „Nun, da das Zeitalter der Expansion zu einem Ende kommt, wird ein vollständiges Set neuer Ideen und Institutionen wichtig, die vorher nicht gut angepasst waren ans Überleben. Die gesamte Zukunft des Menschen hängt davon ab, ob er diese Anpassung schnell genug hinbekommt." Dafür werde ein intellektueller und moralischer Aufwand nötig sein, zu dem die Menschheit in der Lage sei, die sie aber nie zuvor erreicht habe. Kein anderer Theoretiker hat die Aufgabe klarer formuliert, die die Menschheit auf dem Weg zur Nachhaltigkeit bewältigen muss.

Stattdessen sind Klimadebatten unglaublich kleinteilig und kleinkrämerisch. Im Vakuum prallen Ökomoralismus, Aktivismus, Beharrung der Bewahrer und Überheblichkeit der nicht-handelnden politischen Akteure aufeinander. Wenige aber nehmen die Aufgabe an, nach Bouldings Ideen und Institutionen zu suchen, für die ein so hoher moralischer Aufwand nötig sei.

Dabei wird die Dringlichkeit zu handeln immer deutlicher. Doch auch die Botschaft des Ukrainekriegs, dass das fossile Zeitalter an sein Ende kommt, ist nicht richtig gehört worden. „Wenn wir diesen Ausstieg jetzt nicht forcieren, dann wird es in ein paar Jahren nicht mehr darum gehen, die Klimakatastrophe zu verhindern, sondern nur noch darum, sie zu verzögern", sagt der Wiener Politikwissenschaftler Reinhard Steurer im August 2022 in einem Interview der Wiener Zeitung. „Bei einem ‚weiter so' wird unsere Zivilisation, wie wir sie kennen, im Chaos versinken." Er beklagt, dass alle für Klimaschutz seien, aber nur sofern er sie nicht betreffe. Leichte Dinge wie Mülltrennung und Recycling akzeptiere man, nicht aber kürzere Reisen oder weniger Fleisch. „Wir verarschen uns beim Klimaschutz gerne selbst."

Diese Wahrnehmung steckt hinter den immer heftigeren Protesten von Klimaaktivisten wie Just Stop Oil oder Letzte Generation, die Tomatensuppe auf beglaste Van-Gogh-Gemälde werfen oder sich an Straßen und Pipelines festkleben. Das ist verbunden mit verkürzten politischen Argumenten („Wir hören auf, wenn ein Neun-Euro-Ticket und ein Tempolimit eingeführt werden."). Weckrufe einerseits, spaltende und hilflose Aktionen andererseits, weil in der Politik nicht verstanden wird, wie groß die Aufgabe ist. So groß, wie Boulding sie in seinen Werken beschrieben hat: Weg von der Cowboy-Ökonomie, hin zur Raumschiff-Ökonomie!

Grenzen, Markt, Maß und ökologischer Fußabdruck

Die Kritik an der lustlosen Klimapolitik entspricht dem Argumentationsgang dieses Buchs. Mit Brannen und Boulding habe ich an biophysikalische Grenzen der Welt erinnert, die erste Priorität von Politik und Individuen sein müssen. Dafür müssen wir unmittelbar damit aufhören, fossile Brennstoffe zu nutzen. Ob unter diesen Voraussetzungen Wachstum möglich ist, ist zweitrangig. Jedenfalls muss sich der Wohlstand komplett vom CO_2-Ausstoß entkoppeln. Ein Ansatz, das zu erreichen, ist der Ökoliberalismus, der sich auf John Stuart Mills Emphase für die Freiheit, Friedrich August von Hayeks Sympathie für den Wettbewerb und Amartya Sens alternatives Verständnis der Entwicklung stützt. Das Konzept vertraut auf den Markt, der über Preissignale nachhaltige Allokationen erreichen kann.

Wissenschaftler wie Partha Dasgupta, Malte Faber und Reiner Manstetten haben auf das innere Maß als Orientierungspunkt verwiesen, um Nachhaltigkeit aus der Freiheit zu erreichen. Dieses Maß müssen Politik und Individuen angesichts der Lage des Planeten anstreben: für den Konsum, für die Mobilität, für die Frage, wie Wohnungen künftig warm sein werden, für das Essverhalten. Der ökologische Fußabdruck bietet sich als Maßeinheit an. Um den Klimawandel zu bremsen, müssen wir in zwei Jahrzehnten Nullemissionen erreichen. Ideen zum Schutz seines Zwillingsproblems Biodiversität sind komplexer.

Es ist nicht so schwer, Handlungsanweisungen für sich abzuleiten. In gewöhnlich verlaufenden Jahren kommen meine Familie und ich auf 3,6 Tonnen CO_2, ein Drittel des deutschen Durchschnittsausstoßes. Kein Auto, Ökostrom, keine Heizung, vielleicht fünf Mal im Jahr Rindfleisch. Im Winter 2021/22 haben wir die einmalige Gelegenheit genutzt, zu Freunden in Uganda zu fliegen, die dort für einige Jahre leben. Einmal im Leben haben wir große Säugetiere in freier Wildbahn beobachtet. Ein Naturerlebnis, das bleiben wird. Unseren jährlichen CO_2-Ausstoß hat es verdoppelt. Ich habe mir vorgenommen, soweit ich es beeinflussen kann, nicht mehr zu fliegen, bis sich Flugzeuge kerosinfrei fortbewegen.

In Jahren ohne außergewöhnliche Reisen halten wir also unseren Teil des nachhaltigen Gesellschaftsvertrags ein.

Wird Zeit, dass die Politik dafür sorgt, die restlichen 3,6 Tonnen für beheizte Beamtenstuben, für landwirtschaftliche Erzeugnisse und nicht-nachhaltige Lieferketten zu mindern, auf die ich kaum Einfluss habe. Doch leider werden Debatten über Effekte unseres Handelns verzerrt; der Ökomoralismus regiert. Auch im öffentlich-rechtlichen Rundfunk: Als die ARD im November 2020 eine Themenwoche zum Klima ausrief, fragte sie auf Twitter: „Was ist Euch wichtiger? Eigene #Kinder oder die #Ressourcen der Erde?"

Wir alle müssen in kürzester Zeit klimaneutral leben. In dem Werbe-Tweet aber wird suggeriert, Nachhaltigkeit werde durch Verzicht auf Nachwuchs und den Verzicht auf den Erhalt unserer Art erreicht. Der Mensch schafft sich selbst ab. Dass so ein Gedanke auch nur als Antwortoption zugelassen wird, empört mich. Schon die derzeitige Geburtenrate lässt Bevölkerungen in westlichen Industrieländern schrumpfen. Das Kinderkriegen, die privateste und persönlichste Lebensentscheidung, auf diese Weise moralisch aufzuladen, vergiftet den Diskurs.

Und es führt an der Sache vorbei: Der Trade-off besteht nicht zwischen Kindern und Ressourcen. Es geht um nachhaltige und nicht-nachhaltige Lebensstile. Wer in allen fünf beschriebenen Dimensionen, die CO_2-Emissionen verursachen, klimaneutral ist, kann das genauso gut mit einer kleinen wie mit einer großen Familie. Durch den Tweet aber findet plötzlich im Kopf des Rezipienten eine moralische Abwägung statt, die von der ursprünglichen Frage wegführt: Wie kann ich nachhaltig leben?

Aus ähnlichen Gründen habe ich mich auch aufgeregt über den Song „Meine Oma ist ‚ne alte Umweltsau", mit dem ein Kinderchor des WDR das an sich freche Lied „Meine Oma fährt im Hühnerstall Motorrad" verballhornte. Kommt die Protagonistin im Original als unkonventionelle Socke rüber, wird sie hier angezählt, weil sie SUV fährt, jeden Tag Kotelett isst und auf Kreuzfahrten geht. Die Jungen gut, die Alten schlecht. Biedere Lagerparolen, die Erwachsene Kindern in den Mund legen, ohne zu merken, wie sie Gruppen gegeneinander ausspielen.

Alle sind aufgefordert, Verbrauchsmuster zu hinterfragen. Wissenschaftliche Untersuchungen zeigen, dass unter Wohlhabenderen besonders viele Emissionen eingespart werden können. Von ihnen wünsche ich mir ein freiheitliches Bekenntnis zu einem gesunden Maß. Meine Familie hat Glück gehabt: Als die Gaskrise durch den russischen Angriff auf die Ukraine begann, fühlten wir uns für den Winter gewappnet, da unsere Vermieterin vor einem Jahrzehnt entschieden hat, das Gebäude zum Passivhaus umzurüsten. Wir sind seither emissionsfrei und haben Putins Angriffskrieg mit keiner Gasrechnung unterstützt. Einmal in Dämmung zu investieren, statt das nächste Auto zu kaufen, ist möglich. Jetzt hoffe ich, dass sich die Rückgänge im CO_2-Ausstoß während Corona und im Krieg verstetigen, weil Haushalte von sich aus oder durch Verbrauchsvorgaben in Solarthermie oder Wärmepumpen investieren.

Wenn wir am Wochenende einen Ausflug an einen Badesee machen, rufe ich vorher beim Carsharing in Hannover an, um einen Wagen zu bestellen. Wer als Verzicht sehen will, dass ich zehn Minuten mit dem Fahrrad zum Auto fahren und zunächst die Kindersitze installieren muss, kann sich entspannen. Auf dem Rückweg entfällt die Parkplatzsuche, weil stationäres Carsharing anders als flottierendes feste Stellplätze mietet.

Das macht die Stadt weniger überfüllt. Erinnern wir uns an den Beginn dieses Buchs. Es ging um Nieselregen, Kindergartenfeste, volle Straßen und die geringe Bereitschaft zu strampeln statt zu verbrennen. Weil mich das als autofreier

Straßennutzer seit dem Auszug bei meinen Eltern beschäftigt, freue ich mich, dass Vorschläge zur Verkehrswende Gehör finden. Jede zweite Autofahrt ist kürzer als zehn Kilometer und damit eigentlich auch Fahrrad-kompatibel. Die Verkehrsexpertin Katja Diehl hat mit ihrem Bestseller „Autokorrektur – Mobilität für eine lebenswerte Welt" viele wertvolle Vorschläge gemacht, wie Städte (und sogar das Land) unabhängiger vom Auto werden können.

Autos hasse sie nicht, schreibt sie: „Durch das Hinterfragen von Automobilität gehe ich aber an Privilegien heran, die als Recht missdeutet werden." Die Mobilisierung der Bürger habe Siedlungsstrukturen verändert und die Abhängigkeit von fossiler Fortbewegung gesteigert. Sind in einer Straße von zwölf Metern etwa zehn reserviert, entstehen Ansprüche. Rollstuhlfahrerinnen, Kinderwagenschieber und Tretrollerfahrende kommen aber nicht durch. „Den Kater dieses Rauschs haben wir heute, weil wir alle Anzeichen seit den 1960er Jahren ignorierten, dass Automobilität Grenzen des Wachstums braucht", schreibt Diehl.

Der Platzanspruch korrespondiert mit der Erwartung, dass fürs gute Überleben schädlicher fossiler Brennstoff günstig bleibt. Trotz der Sorge vor Gelbwestenprotesten muss sich die Politik entscheiden. Zumindest die Justiz hat das schon getan. Das Bundesverfassungsgericht hat im März 2021 das Staatsziel Umweltschutz aufgewertet. Der Gesetzgeber ist dazu aufgerufen, den Klimaschutz so auszugestalten, dass künftige Generationen ihre freiheitlichen Grundrechte ausüben können.

Die Klimakrise zu bewältigen, hat höchste Dringlichkeit, solle aber nicht per Verbotslogik, sondern unter Wahrung der Freiheitsrechte geschehen. Je mehr Zeit für eine Umstellung hin zu Nullemissionen sei, desto weniger müsse Freiheit beschränkt werden. „Muss sich eine von CO_2-intensiver Lebensweise geprägte Gesellschaft hingegen in kürzester Zeit auf klimaneutrales Verhalten umstellen, dürften die Freiheitsbeschränkungen enorm sein", heißt es im Beschluss. Da der Gesetzgeber Emissionen begrenzt, muss er einen freiheitsschonenden Übergang in die Klimaneutralität sichern.

Die Herausforderung ist so groß, dass sie auch einen der reichsten Männer der Welt auf den Plan gerufen hat. „Die Menschheit hat noch nie etwas so Großes unternommen", schreibt Microsoft-Gründer Bill Gates im Buch „Wie wir die Klimakatastrophe verhindern" und klingt damit wie Boulding. Seine Antwort trägt Züge ökoliberalen Denkens, das Grenzen respektiert. Seine Quintessenz ist allerdings deutlich technikoptimistischer als die von wichtigen ökoliberalen Vordenkern. Manchmal deutet er zaghaft an, dass Suffizienz einen Beitrag leisten kann. So gesteht er ein, früher habe er die Vorstellung lachhaft gefunden, durch Energiesparen Wirkungen zu erzielen. Jetzt aber habe er das relativiert: „Technologische Lösungen sind nicht genug, aber sie sind unentbehrlich."

In seinem Urteil, was von einzelnen Investments zu halten ist, verlässt er sich auf seine Rolle als Multi-Risikokapitalgeber; er hat viel eigenes Geld investiert. Ob Meerwasserentsalzung, Mikro-Kernreaktoren, Fleischersatz – in vielen Projekten steckt Gates-Geld. Er versteht, wie sich Innovationen umsetzen lassen. Größenordnungen beherrscht er sicher und kommt so zum Ergebnis: Am meisten bringe der Ausbau von Solarstrom und Windenergie. Späte Anerkennung für Nicholas Georgescu-Roegen. Doch Stromspeicherung in Batterien habe Grenzen. Und ohne Atomkraft werde CO_2-neutrale Stromerzeugung nicht klappen.

Es ist erstaunlich, wie unter dem Eindruck des verschärften Klimawandels Positionen anschlussfähig werden, die noch vor zehn Jahren marginalisiert waren. Den Wohlstand als wachsendes Einkommen zu verstehen, verwechsle

Ziele mit Mitteln, sagte mir 2011 der britische Nachhaltigkeitsforscher Tim Jackson. „Lange Zeit hat der Zuwachs des materiellen Durchsatzes von Gütern dabei geholfen. Aber das ist heute nicht mehr der Fall, weil wir an ökologische Grenzen stoßen – und auch auf Probleme sozialer Ungleichheit." Zwischen reichen und armen Ländern müsse ein Unterschied gezogen werden. „Es geht mir nicht darum, anderen Verzicht zu predigen, die weniger Macht haben."

In seinem Buch „Wohlstand ohne Wachstum – Leben und Wirtschaften in einer endlichen Welt" führte er das aus. „Unsere Vorstellung eines gesellschaftlichen Fortschritts, der auf ständig zunehmenden Bedürfnissen beruht, ist grundsätzlich unhaltbar", schrieb Jackson. Ökologische Grenzen eines endlichen Planeten ließen sich nicht dauerhaft überschreiten. So könnten es auch liberale Ökonomen wie Sen und Dasgupta unterschreiben.

Als Maja Göpel gut ein Jahrzehnt später ihren Bestseller „Unsere Welt neu denken – eine Einladung" veröffentlicht, ist eine andere Dringlichkeit zu spüren. „In unserer heutigen Welt kommen nahezu überall gleichzeitig Systeme unter Druck, die über Jahrzehnte verlässlich funktioniert zu haben schienen und die Menschheit Tag für Tag und immer umfassender mit Energie, Nahrung, Medikamenten und Sicherheit versorgten", schreibt sie. Eine Epoche scheinbar fortwährend steigenden Wohlstands komme an ein Ende. Auch das klingt wie das, was Boulding in den 1980er Jahren forderte, nämlich wie der Aufruf, ein Set neuer Ideen und Institutionen für die Raumschiff-Ökonomie zu finden. Göpel schafft transdisziplinäre Foren, um Ideen zu verhandeln. „Meine These ist, dass wir uns geweigert haben, die neue Realität wirklich anzusehen. Wir haben uns bald fünfzig Jahre in einer Scheinrealität eingerichtet, in der wir statt physikalischen und biologischen Indikatoren lieber den monetären gefolgt sind."

So sehr sich die Lage in der Ökokrise auch verschärft, vom Klimawandelleugner bis zum Verteidiger des Benziners sind Widerstände gegen eine Weltsicht als Raumschiff-Ökonomie erbittert. Vom US-amerikanischen Sprachwissenschaftler George Lakoff haben wir gelernt, attraktive Sprachformeln zu kreieren. „Benutzt Eure Frames, nicht ihre Frames. Benutzt sie, weil sie zu den Werten passen, an die Ihr glaubt", schrieb er in „Don't think of an Elephant!" Dies gelinge konservativen Denkfabriken besser. „Die wissenschaftlichen Fakten über die Erderwärmung wurden Tag für Tag um die ganze Welt zitiert und reziтiert, aber sie fallen auf konservative taube Hirne – Hirne, mit Frames, die nicht zu diesen Fakten passen." Besonders um Hochwertworte wie Freiheit lohne sich der politische Wortstreit.

Deshalb ist so wertvoll, wie tief sich der britische Historiker Timothy Garton Ash im Dezember 2020 in der Zeitschrift „Prospect Magazine" mit der Krise des Liberalismus – auch vor dem Hintergrund der Klimakrise – auseinandersetzte. Trump, der britische Tory-Populismus, die illiberale Politik Ungarns – dazu China als erfolgreiche Autokratie: Das nimmt er zum Anlass für die Generalüberholung einer Idee. Liberalen fehlten Antworten auf Ungleichheit, Bildungsmisere, wachsende Spannungen zwischen Metropolen und Provinz. Liberale Politiker wurden zu Vertretern einer „Davos"-Oligarchie. Hayekianer störten sich nicht am Monopolkapitalismus von Google und Amazon.

In das Vakuum fehlender Lösungen dringe die Identitätspolitik. Parallel müssten schwache liberale Staaten des Westens in Partnerschaften mit China ökologische Probleme lösen. „Der Kampf des Planeten, die globale Erwärmung zu verlangsamen, wird uns abverlangen, die Macht übermächtiger Kohlenstoff-ausschlachtender Konzerne zu drosseln mit

Mitteln, die vom Divestment bis zur Regulierung reichen", schreibt Garton Ash. Die Kohlenstoffnutzung müssten wir dramatisch mindern. „Kosten unseres persönlichen Lebensstils werden besonders steil ansteigen, wenn wir die Argumente für historische und intergenerationelle Gerechtigkeit ernst nehmen", schreibt der Direktor des European Studies Centre am St Antony's College in Oxford. All diese Aufgaben müssten wir gleichzeitig lösen.

Dazu braucht es eine konstruktive Grundeinstellung. Der Wiener Ökonom Fred Luks, den wir weiter oben schon kennengelernt haben, hat in „Hoffnung – Über Wandel, Wissen und politische Wunder" der neuen Klimabewegung mit ihren kurzwährenden Emotionen wie Wut und Panik die Hoffnung als Leitprinzip vorgeschlagen. Um nachhaltige Lebensstile zu etablieren, könnten diese nicht als große Transformation durch den Staat verordnet werden. „Panik und Angst sind keine Zukunftsressourcen, Wissen und Reflexion dagegen schon. Die immer mehr grassierende Katastrophenrhetorik (‚Wir haben noch zehn Jahre, um die Welt zu retten'), ist wenig produktiv." Es brauche entschlossene Schritte, aber ohne kopflose Hektik.

Immer wieder sucht Luks nach Wegen, nachhaltige Lebensstile mit dem Lustprinzip zu verbinden. Grenzüberschreitungen zögen den Bannstrahl nichtökologischen Verhaltens auf sich, schreibt er in seinem Essay „Verschwenderische Nachhaltigkeit" im Philosophiemagazin Der Blaue Reiter: „Wo lustfeindlicher Moralismus gewinnt, droht nicht nur die Lähmung durch politische Korrektheit, sondern auch der Verlust von Offenheit und Vorstellungsvermögen", schreibt er. „Ein dauerhaftes Leben im rechten Maß ist ein Rezept für das Unglücklichsein, wenn rechtes Maß bedeutet, immer maßvoll zu leben." Ökologische Grenzen müssten ernst genommen werden, aber Raum für Fülle lassen. „Transformationsbestrebungen, die hierauf keine Antwort finden, werden krachend scheitern", schreibt Luks.

Was das alles mit dem real existierenden Liberalismus zu tun hat? Natürlich zerreißen diese Veränderungen auch liberale Parteien. Unter jungen FDP-Wählern gibt es viele, die erkennen, dass sie von der Erderwärmung betroffen sein werden. Sie wünschen sich aber keine grüne Politik der Detailregelungen, die das unnötige Verbrennerverbot mit dem schädlichen Ende der Forschung zu E-Fuels verknüpft. Es ist viel Platz für einen technologieoffenen Ökoliberalismus, aber die ältere Generation der Partei stellt lieber planetare Grenzen in Frage, sie versteht nicht, dass auf dem von Herman Daly treffend als „volle Welt" bezeichneten Planeten, in einer Raumschiff-Ökonomie wie Boulding sie nannte, jeder eigene Output ein Input einer anderen Marktteilnehmerin ist. Es braucht Freiheitskonzepte, wie sie John Stuart Mill und Amartya Sen formuliert haben: individuell, aber nicht allein auf die eigenen Bedürfnisse ausgerichtet, sondern am Ganzen.

Freiheit darf nur relativ zur Endlichkeit reduziert werden

Dabei haben Liberale das richtige Instrumentarium. Die Marktwirtschaft lässt sich in Einklang mit ökologischen Zielen bringen. Oliver Richters und Andreas Siemoneit legen das in „Marktwirtschaft reparieren – Entwurf einer freiheitlichen, gerechten und nachhaltigen Utopie" dar. Ihr Ergebnis einer langen Analyse der Implikationen einer endlichen Welt für Preise, Zinsen und Renditen, Kredite, Technik: „Die Idee der Marktwirtschaft ist eine vernünftige soziale Utopie. Sie kann Freiheit, Gerechtigkeit und ökologische Nachhaltigkeit systematisch verbinden und bietet dafür gangbare politische Gestaltungsmöglichkeiten an." Schwer nachzuvollziehen sei, warum sich erfolglosere Systeme mit so einschneidenden Schritten wie der Begrenzung des Konsums leichter tun sollten. Das geht an Naomi Klein und Ulrike Herrmann.

Wir stehen an ökologischen und sozialen Kreuzungen. „Kippmomente sind in der Regel kein Schicksal, sondern sie kündigen sich an", schreiben die Ökonomen Nils Goldschmidt und Stephan Wolf in ihrem Buch „Gekippt – Was wir tun können, wenn Systeme außer Kontrolle geraten". Unter dem Begriff der Kippmomente verstehen sie Weggabelungen, an denen große gesellschaftliche Veränderungen besiegelt werden. Die Ursachen können sozial- und naturwissenschaftlich sein. Sie sind bekennende Ökoliberale. Der Klimawandel zwinge zu neuen Konsummustern und benötige eine flankierende Sozialpolitik. „Das heißt aber eben nicht, dass wir eine völlig neue Gesellschaftsordnung schaffen müssen. Unser bestehendes System ist in der Lage, den Herausforderungen zu begegnen."

Für Politiker ist erst einmal wenig zu holen, wenn es gilt, effektive marktkonforme Instrumente zu beschließen. Die Erfolge eines Emissionshandels werden nicht in einer Amtszeit zu erkennen sein. Der Schutz der Biosphäre braucht Zeit, die Politiker nicht haben, um ihre Wiederwahl zu sichern. Im Herbst 2022 feixte ein einflussreicher Sozialdemokrat am Rande einer Veranstaltung in Berlin, der kommende Wahlkampf werde sich nicht ums Klima drehen (glaube ich auch). Bessere Aussichten für die Industriepartei. Wenn wir aber 2045 klimaneutral sein wollen, brauchen wir Entscheidungen jetzt – mit Blick auf die Biodiversität genauso wie aufs Klima –, internationale Kooperationen und lokale Initiativen, die zwischen technischen Verbesserungen und Suffizienz vermitteln. Und ein anderes Mindset: Biophysikalische Grenzen gemahnen uns an das Maß.

Diese Gleichzeitigkeit wird zunehmend zu einer Belastung von Gesellschaft und politischem System. Im Verlauf des Buchs habe ich immer wieder so argumentiert, als gebe es für die Suche nach nachhaltigen Lebensstilen noch genügend Freiheitsgrade. Doch seit 2008 häufen sich die Krisen und spitzen sich zu. Sie alle stehen im Zusammenhang mit dem Ende unseres fossilen Wohlstands. Wenn wir die Frequenz der Krisen zum Maßstab nehmen, könnte es deutlich ungemütlicher werden.

Die Muster ähneln sich: Latente Krisen entwickeln eine Eigendynamik. Fachleute warnen vor Auswüchsen und werden von der Ministerialbürokratie überhört, weil ihre Analysen gängigen Deutungen widersprechen. In meinem Essay „Wie wir uns besser gegen Schwarze Schwäne wappnen" habe ich im Mai 2022 in der F.A.Z. gefragt, was passiert, wenn die Krise zum Normalzustand wird und Normalität zur Ausnahme. Zwischen dem, was der Soziologe Ulrich Beck in den 1980er Jahren als „Risikogesellschaft" beschrieb, und dem, was der Systemforscher Nassim Taleb in „Der Schwarze Schwan" anregt, nämlich sich mit dem Unvorhersehbaren zu beschäftigen, muss die Gesellschaft nach mehr Resilienz gegen Krisen suchen. Taleb rät, sich auf Extremfälle vorzubereiten – dabei dürfe die Gesellschaft nicht aus Bequemlichkeit zur falschen Normalität zurückkehren. In der Klimapolitik zählt dazu, dass zerstörte Wohngebäude im Ahrtal nach den Fluten im Sommer 2021 gegen den Rat von Versicherern und Umweltfachleuten an den exponiertesten Stellen von vor der Flut neu gebaut wurden.

Krisen lassen sich zwar antizipieren. Aber lässt sich rechtzeitig dagegen handeln? In einem inspirierenden Gespräch sagte mir der frühere Bundestagspräsident Norbert Lammert, durchsetzbar sei immer nur, was eine Mehrheit mittrage. Die Zeitenwende im Februar 2022 mit Zusatzausgaben von 100 Milliarden Euro fürs Militär sei erst durch den kriegsbedingten Stimmungsumschwung möglich geworden. „Der Verweis auf Probleme und mögliche Risiken wie im Fall des Klimawandels bleibt in der Regel ohne Folgen. Die Mehrheit nimmt das für sie freundlichere Szenario als das wahrscheinlichere an", sagte der Präsident der Konrad-Adenauer-Stiftung. Politik, Wissenschaft und Zivilgesellschaft könnten Entwicklungen plausibel finden. Erst wenn ein Problem manifest werde, werde der Appell, Verhaltensgewohnheiten zu korrigieren, gehört.

Eine freiheitliche Verfassung tut sich am leichtesten mit Kontinuität. Eine Epochenwende, wie sie Kenneth Boulding beschrieben hat, in der ein bislang erfolgreiches Mindset zur Verschärfung der Probleme beiträgt, lässt sich nur bewältigen, wenn auf vielen Ebenen ehrlich an einem neuen gearbeitet wird. Die Idee des Ökoliberalismus soll ein Angebot sein, wie sich konstruktiv mit den ökologischen Herausforderungen umgehen lässt. Sie sind zur komplexesten Aufgabe der Menschheit geworden: einen lebenswerten Planeten zu erhalten, der nicht mehr aushält, was wir ihm tagtäglich zurückwerfen: verbrannter Kohlenstoff in Mengen, wie er sie nie zuvor aufnehmen musste.

Wird Freiheit für die Nachhaltigkeit eingeschränkt, dann nur in Relation zu dieser Endlichkeit, so haben es die Richter am Bundesverfassungsgericht dem Gesetzgeber ins Aufgabenheft geschrieben. Doch als wie dringlich wird die Ökokrise eingeschätzt? Vor der Bundestagswahl hat Die Zeit alle Spitzenkandidaten monothematisch zur Klimapolitik befragt. Die Antworten lesen sich wie Abwicklungsroutinen und nicht wie eine Reaktion auf den Boulding-Moment, also die Erkenntnis, dass ökologische Grenzen unser Leben in so vielen Facetten fundamental verändern und wir andere Ideen und Institutionen entwickeln müssen. Im Kopf fängt es an.

Der FDP, das haben wir im Verlauf des Buchs gesehen, fehlt es an einer empathischen Beziehung zur Natur. Von Mill kann sie lernen, dass sie für die Freiheit eintreten kann, aber sich nicht sorgen muss, wenn wirtschaftliche Dynamik nachlässt und Lebensgrundlagen dadurch geschont werden. Die Grünen neigen zu Detailregelungen, um ökologische Missstände zu beheben. Ich wünsche ihnen, dass sie ihren Frieden mit Hayek und seinen Nachfolgern schließen, die zeigen, dass Preissignale und Eigentumsrechte effizientere Wege als Verbote sind, um Nachhaltigkeitsziele zu erreichen.

Die SPD, diese alte und traditionsreiche Industriepartei, sollte ein autonomeres Verständnis von Nachhaltigkeit entwickeln. Erhard Eppler und Ernst-Ulrich von Weizsäcker könnten Vorbilder sein. Und eben Sen, der Freiheit als Entwicklung versteht und anregt, die Priorität menschlicher Bedürfnisse zu hinterfragen, um zur Nachhaltigkeit zu kommen. Und die Unionsparteien haben den Ball, den ihnen der konservative Wachstumskritiker Meinhard Miegel zugespielt hat, noch nicht aufgenommen und lassen auf Antworten warten, wie ein nachhaltiger Lebensstil im Lichte ökologischer Grenzen aussieht.

Kehren wir zurück zu der Passage aus Robert Musils genial-ambivalentem zwischen Möglichkeits- und Wirklichkeitssinn schwankenden Opus „Der Mann ohne Eigenschaften" aus dem ersten Kapitel, in der der Erzähler feststellt, statt Traum sei Wirklichkeit gekommen, Kraftwagen statt Siebenmeilenstiefel. Im Anschluss verteidigt er die Figur des Mathematikers. „Wenn man statt wissenschaftlicher Anschauungen Lebensanschauung setzen würde, statt Hypothese Versuch und statt Wahrheit Tat, so gäbe es kein Lebenswerk eines ansehnlichen Naturforschers oder Mathematikers, das an Mut und Umsturzkraft nicht die größten Taten der Geschichte weit übertreffen würde", heißt es da.

Lasst die Ingenieure von Nachhaltigkeit träumen! Lasst sie Häuser bauen, die man nicht heizen muss und die keinen Styropor-Abfall hinterlassen! Lasst sie Züge bauen, die Flugzeuge ersetzen! Und lasst sie Lebensmittel auf pflanzlicher Basis entwickeln, die besser als Käse schmecken! In Freiheit, mit dem Gefühl für das Maß.

Geholfen wäre auch schon damit, wenn sich Politiker häufiger fragten, zum Erreichen welcher der 17 Nachhaltigkeitsziele der Vereinten Nationen sie in letzter Zeit beigetragen haben, die für ein Leben in planetaren Grenzen wirksam sind. Ohne ein erweitertes Konzept von Nachhaltigkeit ist es kaum vorstellbar, wie sich neue Visionen und Lebensstile entwickeln sollen, die niemanden ausschließen und die es leicht machen, Ja zum inneren Maß zu sagen, wie es der Nachhaltigkeitsforscher Reiner Manstetten formuliert hat.

Die kontrovers diskutierte Frage, ob Technik oder Verzicht den Ausweg aus der Krise weist, ließe sich so beantworten: Wir brauchen Hayeks Wettbewerbs- und Innovationsgeist, um bessere Antriebe, unschädlicheres Essen und funktionierende Heizmöglichkeiten zu entwickeln. Wir brauchen die Bereitschaft von Mill und Sen, im Einklang mit der Natur zu leben. Und wir brauchen das Freiheitsverständnis von allen dreien, um zu lernen und zu erfahren, wie es sich gut und ohne Bevormundung in einer nicht-fossilen Welt leben lässt. Es wird anders sein als das Leben im Öl-Kohle-Gas-Wohlstand des 20. Jahrhunderts.

Von Politikern dürfen wir erwarten, Lösungen zu finden. Das hört nicht damit auf, den Emissionshandel auf alle Sektoren auszudehnen und Ökosystemdienstleistungen zu bepreisen. Da fängt es erst an! Wir brauchen Bilder, wie wir in einer Nullemissions-Gesellschaft leben werden. In den Antworten der Kandidaten-Interviews vor der Bundestagswahl kann ich keines erkennen. Nachhaltigkeit aus der Freiheit lässt sich konstruktiv gestalten. Was auf dem Schlachtfeld sozialer Medien als nachhaltig verhandelt wird, ist es tatsächlich nur in Ausnahmefällen.

Es kommt auf alle und auf alle Systeme an. Der Markt kann mal besser, mal schlechter helfen. Eine Denkart, die in der Waagschale liegende Werte sorgfältig abwägt, nennt sich Ökoliberalismus. Mit ihr ist ein Weg zur Klimaneutralität möglich. Er vermittelt zwischen Suffizienz und Technik, erkennt das Ende einer expansiven Epoche stetig steigenden Durchsatzes an Energie und Materie an, vertraut auf die Kreativität eines funktionierenden und durch Befürworter des Wettbewerbs überwachten Marktes. Und er bejaht das rechte Aristotelische Maß. Gern hedonistisch und mit Freude. Aber es wird kein Zuckerschlecken. Fangen wir an. Wir sind zu spät.